Ferry Ebert

Die stummen Diener ihres Herren

Ferry Ebert

Die stummen Diener ihres Herren

Die Kondom-Automaten-Story

Zeichnungen von Hans Binder

EDITION S

Edition S
Verlag Österreich

1. Auflage 1994

Umschlaggestaltung: Atelier Schiefer, Wien
Druck und Bindearbeit: Österreichische Staatsdruckerei
ISBN 3-7046-0522-0

Inhaltsverzeichnis

DANK AN DICH 7

Vorwort 9

Einleitung 10

Ein Oscar für das Kondom 15

Der Gummivertreter oder
Eine Kollektion, die es in sich hatte 18

„Bua, bleder Bua . . .“ 21

Lehrjahre eines Reisenden (Vertreters) 29

Vom Hänschen zum späten Hans oder
Weil ich als Hänschen nicht lernen wollte 31

Der Zufall war's 33

Der 8+8-Stunden-Tag 37

Die Verlockung des Schicksals 42

25× um die Erde 58

Der große Blonde 64

Kein schöner Land 70

Die österreichische Seele und das Kondom 88

Die Pille – mein letzter Wille 107

Mit 40 gelähmt 114

Der lange Weg zurück 131

Der Verfall der Sitten 139

1984 erstmals AIDS 146
Meine zehn Apostel seit 1972 150
Die älteste Kondomautomaten-Produktion der Welt 156
Die österreichische Scherz-Kondomverordnung 172
Wie Don Quichotte allein auf weiter Flur 187
Zehn Millionen Touristen im Jahre 198
Voreingenommenheit hüben wie drüben grenzenlos 203
Das Kondom am Beginn meiner Reise und heute 206
„Nun stehe ich wieder am Beginn meiner Reise“ 217
My Way – Mein Weg.
Streifzug durch mein Leben 219

DANK AN DICH

Für die Verbundenheit, die Geduld, das Verzeihen – die Liebe, die Du bis heute, immerhin **achtunddreißig Jahre lang**, als meine Frau mir entgegenzubringen wußtest.

Du hast all meine Höhen, all meine Tiefen durch all die Jahre als mein **treuester Freund** hautnah neben und mit mir erlebt, **mit mir miterlitten.**

Galt es doch zusätzlich auch noch, MICH als Deinen Lebensbegleiter nicht nur zu verkraften, **sondern bei Bedarf**, und das war beileibe nicht selten, immer wieder **neu aufzurichten**.

Dir, mein Liebling, die noch zu mir hielt, als oftmals nichts mehr zu halten schien, die mit ihrer Hände Fleiß jahrein, jahraus bemüht war, für ihre Familie das zu bewahren, was wir gemeinsam mit unseren vier Händen erarbeitet haben, widme ich *dieses Buch*!

War ich doch zeit unserer Partnerschaft jener Spieler, der für die Verwirklichung seiner Ideen bedenkenlos immer wieder alles gemeinsam erarbeitete Hab und Gut zu riskieren vermochte.

Niemals kam eine Klage über Deine Lippen, auch wenn es oftmals für Dich mehr als traurig gewesen sein mochte.

Es ist Deine Größe, die es mir erlaubt, dieses Buch **in der Form zu Papier zu bringen**, und es war für mich keine Frage, vor der Drucklegung dieses Buches mein Manuskript in Deine Hände zu legen, dabei wohl wissend, **in welch kritischen,** jedoch gerade deshalb mir überaus wohlgesinnten Händen es liegt. Daß ich mir dabei bewußt war, durchaus Gefahr zu laufen, das ganze Buch vielleicht nochmals neu zu verfassen, sei Dir an Hand dieser Zeilen nicht verheimlicht.

Aber unerwarteterweise haben sich Deine Anmerkungen dermaßen in

Grenzen gehalten, daß mir schier angst und bange wurde, ob Dir vielleicht gar mein Erstlingswerk nicht gefallen würde.

Doch Deine letzte Anmerkung enthob mich dieser Sorge, war sie doch der Entbehrungen höchster Lohn, denn nur Du vermochtest zu verspüren, daß ich dieses Buch nicht für mich, sondern für uns und damit auch für den Nächsten zu Papier gebracht habe.

In tiefer Verbundenheit
Dein Mann

P. S.: Bitte verzeih' **mir schon wieder einmal**, diese Zeilen habe ich als mein kleines Geheimnis bis zum Schluß für mich behalten.

Vorwort

Die Stummen Diener Ihres Herrn, was mögen das für Diener sein? Welcher Herr vermag sich in Zeiten wie diesen, wir schreiben mittlerweile das Jahr 1994, noch dazu *mehr* als einen Diener zu leisten?

Diener, die aufgrund Ihrer Stummheit *still und ergeben* Ihrem Herrn zu dienen vermögen, niemals über ihre kleinen und großen Wehwehchen klagen, und die *Rund um die Uhr* für ihren Herren ihre Haut jahraus jahrein zu Markte tragen.

Doch daß dem so wurde, wie es heute vieltausendfach der Fall ist, hatte vorerst einmal der Herr dieser Stummen Dienerschaft viele Jahre lang selbst *seinen Dienern zu dienen* bei jeder Witterung, bei Tag und Nacht, immer war ihr Herr durch all die Jahre darauf bedacht, einen Arbeitsplatz, einen *Standort* für seine *Stummen Diener* zu finden, die bis zum heutigen Tag, dem Tag der Niederschrift dieser Erinnerung, auf eine Dienerschaft von vielen Tausenden von

Kondom-, Brieflos-,
Pez-, Gummibären-,
Gedanken- und
Märchen-
Automaten

in ihrer Gesamtheit anwuchs.

Diese Vielfalt an Stummen Dienern stellt heute nach vierzig langen arbeitsintensiven, oftmals himmelhoch jauchzenden, zu Tode betrübten Jahren meine *Stumme Dienerschaft* dar, die von Bregenz bis Eisenstadt, von Arnoldstein bis Gmünd, von Nickelsdorf bis zum Walserberg, im wahrsten Sinne des Wortes rund um die Uhr, *ihre Haut,* ihr Äußeres, so wie Du meine Automaten, meine Stillen Diener, kennst, *für ihren Herrn zu Markte tragen.*

Und von *meiner ältesten*, heutzutage für unsere Gemeinschaft aus gesundheitlichen Gründen *wichtigsten* Dienerschaft, meinen Blausiegel-, Olla-, London-Rubber-, Men-Shop- und den Lady-Boutique-Automaten, mit einem Wort, *meinen Kondomautomaten,* will ich nun in der Folge dieses Buches berichten.

Einleitung

Kein Gesundheitsminister der Welt macht heute ein Geheimnis daraus, daß „Das Kondom" heute, und vermutlich noch für viele Jahre, den einzigen Schutz vor der körperlichen Übertragung von AIDS darstellt.

Ja, ganz im Gegenteil, für kein *„Medikament"* wird von Seiten der Gesundheitsbehörden heutzutage mehr Werbung gemacht als für *das Kondom.*

Ob von der Plakatwand, aus dem Radio, dem Fernseher oder den Zeitungen, überall blickt oder klingt Dir das Wort Kondom in Wort, Bild und Ton entgegen.

Ja, es ist sogar in der Europäischen Union daran gedacht, dem Kondom *als Medikament* die gleiche Priorität einzuräumen, wie sie dem Herzschrittmacher beigemessen wird.

Mit einem Wort, *das Kondom* ist heute im wahrsten Sinne des Wortes *IN* und gibt aus diesem Grund den damit gesundheitspolitisch Betrauten wie kein anderes Produkt die Möglichkeit, *sich in seinem Windschatten zu profilieren,* mitunter aber auch ein wenig zu blamieren.

Nämlich dann zu blamieren, wenn an Schulen gratis verteilte Kondome ungeprüfte Kondome sind und nicht jenen Anforderungen entsprechen, die der gerade abgelöste Gesundheitsminister als sein Vermächtnis seinen Berufsnachfolgern als sogenannte *österreichische Kondomprüfungsverordnung* hinterlassen hat.

Doch daß dem gerade um dieses Kondom nicht immer so war, dafür steht mein Leben, mein Schicksal, welches mir schon in den späten fünfziger Jahren eine bis heute fast 40 Jahre währende Tuchfühlung mit diesem Produkt bescherte.

Aber nicht so sehr *als Anwender*, sondern *als Verwender* dafür, dieses Produkt gegenüber der schier unglaublichen Voreingenommenheit der österreichischen Seele, landauf, landab hoffähig zu machen.

Zwei Jahrzehnte bin ich dazumal als Reisender eines Großabnehmers der Semperit AG, die zu dieser Zeit im niederösterreichischen Neunkirchen neben Schnuller, Quietscherl und Wärmeflaschen auch Kondome produzierte, von Apotheke zu Apotheke, von Drogerie zu Drogerie gepilgert und habe, selbst verschämt mit hochrotem Gesicht, mein oftmals charmantes weibliches Gegenüber um *ihren Bedarf* an Kondomen befragt.

Doch was waren beiderseits die hochroten Köpfe, wenn ich in einer Apotheke oder Drogerie um den Bedarf an Kondomen vorstellig wurde und mein Vis á Vis ein weibliches Wesen war, gegenüber *jener Verachtung*, welcher ich Jahre später im Bereich der Gastronomie bei der Aufstellung der ersten Kondomautomaten zu begegnen hatte.

Bis hin zum *tanzenden Nudelwalker* auf meinem Rücken traf mich der Bannfluch der Wirtinnen, wenn ich auf Geheiß des Herrn des Wirtshauses *endlich einmal* einen Automaten in der Unwissenheit montieren durfte, daß der Herr des Hauses diesen Kondomspender lediglich in Blickrichtung auf seinen eigenen „*Außer*-Haus-Bedarf" aufstellen ließ.

Ja sogar *den Bannfluch der Kirche* trug mir mein Bemühen ein, in den frühen sechziger Jahren für eine Verbreitung des Kondomabsatzes durch die Aufstellung von Kondomautomaten gesorgt zu haben.

Niemand kann sich heute auch nur annähernd vorstellen, *welcher Voreingenommenheit* dazumal einer zu begegnen hatte, der da ausgezogen war, *für das Kondom die Lanze zu brechen*. Doch wer da der Meinung wäre, 1994 hätte sich diesbezüglich die österreichische Seele verändert, der befindet sich *leider auch heutzutage* noch immer auf dem Holzweg.

Jedenfalls habe ich allein seit 1972 bis heute insgesamt deren *10 Gesundheitsminister* überlebt, die allesamt vor 1984, dem erstmaligen medialen Auftreten von AIDS, *das Wort* „Kondom" *nicht in den Mund genommen hätten und danach* diesen Begriff, dieses Wort „Kondom" *lediglich für die eigene Imagepflege* in Anspruch genommen haben.

Es war für den einzelnen Minister die Zeit ganz einfach zu kurz, um sich darüber ernstlich Gedanken zu machen, um was es da in Anbetracht unserer Jugend im Zeitalter von Aids eigentlich geht.

Denn nur, wie aus einem Schreiben des Gesundheitsministeriums vom 23. März 1994 an mich hervorgeht, *eine Bewußtseinsbildung* bei der Jugend zum Zweck der Verwendung von Kondomen herbeizuführen, und gleichzeitig an einer *Massenverteilung von Kondomen nicht interessiert zu sein*, zeigt doch nur *die Engstirnigkeit, die Unbedarftheit* der damit befaßten Beamten.

Die Politiker, besonders die Gesundheitsminister in unserem Land kommen und gehen in derartig kurzen Zeitabständen, sodaß immer wieder *die unselbständigen* Beamten, die niemals als selbständiger Unternehmer gefordert wurden, schlußendlich das Sagen haben.

Doch für mich, der an die vierzig Jahre *„per Zufall" (?)* mit diesem Thema konfrontiert ist, *ist heutzutage dieses Thema* in Blickrichtung auf AIDS *viel zu wichtig*, um es allein in die Hände unbedarfter Beamter oder damit vordem nie befaßter, *job-hoppender,* vorübergehend als Gesundheitsminister bestellter Menschen zu legen.

Ich glaube, es unseren Kindern und Kindeskindern aufgrund meiner diesbezüglichen Erfahrung *ganz einfach schuldig zu sein, ihnen bei Bedarf,* auch dann, wenn die Supermärkte, Drogerien und Apotheken ihre Ladenschlußzeiten einzuhalten haben, heutzutage und in der Zukunft *den Zugriff zu Kondomen zu ermöglichen,* welcher rund um die Uhr nur durch den Stummen Diener, den Kondomautomat, gewährleistet ist.

Einen Zugriff zu Kondomen zu ermöglichen, die aufgrund der anfangs auch von mir belächelten Österreichischen Kondomprüfungsverordnung mittlerweile zu den *sichersten der Welt* zu zählen sind, *für deren Prüfkosten* jedoch im Interesse aller das Gesundheitsministerium, und nicht der einzelne Unternehmer, aufkommen sollte.

Doch was diesen Werdegang des Kondoms, von den fünfziger Jahren bis heute, betrifft so ist dies eine Zeitgeschichte und ein Sittenbild nicht nur der Zweiten Republik, sondern gleichermaßen auch der selbsternannten sogenannten zivilisierten Welt.

Und einhergehend mit diesem so augenscheinlichen *Verfall der Sitten*, bedarf es heute mehr denn je der Möglichkeit sich diesbezüglich *versorgen bzw. vorsorgen* zu können.

Wenn ich daher heute, im jugendlichen Alter von erst sechzig Jahren auf meine Vergangenheit, auf meine damalige Einstellung zu meiner Tätigkeit, zum Produkt Kondom *zurückblicke*, dann war dazumal all meine Kraft, mein Wollen danach ausgerichtet, *aus dem Nichts* etwas auf die Beine zu stellen, um für den Unterhalt meiner Familie zu sorgen.

Verantwortung für die mögliche Gesundheitsvorsorge des Nächsten war dazumal für mich auch noch kein vordergründiges Thema, doch heute, so viele Jahre später, entsteht auf einmal in Anbetracht unserer heutigen Zeitqualität in mir *ein Verantwortungsbewußtsein* dem Nächsten gegenüber *in vordem nie gekannten Ausmaß.*

Auch ich war zeitlebens *als Anwender* beileibe kein Freund des Kondoms und auch heute habe ich für *zwischenmenschliche Vereinigung* volles Verständnis, wenn sie *kondomlos* Männlein wie Weiblein zu den höchsten Gefühlen finden läßt.

Doch leben wir in einer Zeit, die es ganz einfach erfordert, sich, wie beim

Autofahren auch, *sicherheitshalber* durch den Sicherheitsgurt *vor immer möglichem Schaden zu bewahren.*

Genau so verhält es sich meiner Meinung nach heutzutage beim zwischenmenschlichen Tête-à-tête.

Es liegt heute ganz einfach im Interesse beider, bei Unsicherheit über den *gerade erst* eroberten Partner, *bei Unsicherheit in Bezug auf den gerade erst eroberten Verkehrsteilnehmer,* sich den Gurt, in diesem Fall *Das Kondom* anzulegen. *Denn vorbeugen ist allemal noch besser als heilen,* noch dazu, wo im Falle von AIDS die Heilung, wenn überhaupt, *in den Sternen steht!*

In diesem Sinn betrachte ich nach fast vierzig Jahren Verkehrsteilnahme auf der Straße, zu Hause und auch anderswoooooo, meine heutige Verantwortung unserer Jugend, und nicht nur dieser gegenüber.

Doch, daß dem nicht immer so war, dafür steht mein *so herrliches, beschwerliches,* oftmals zu Tode betrübtes, himmelhoch jauchzendes Leben von welchem ich *DIR* in der Folge berichten werde.

Ein Oscar für das Kondom

Das Kondom, so wird es uns überliefert, wurde vom englischen *Mr. Contom* (Arzt am Hofe Karls II von England) erstmals aus Hammeldärmen hoffähig gemacht.

Daher gilt dieser englische Arzt, Mr. Contom, als Erfinder des später allseits als *Kondom* bezeichneten und aus Naturkautschuk (Latex) gefertigten *Kondoms.*

Niemals hätte es sich wohl dazumal Mr. Contom träumen lassen, daß dereinst seine Erfindung in wahrsten Sinne des Wortes durch aller Munde gehen würde.

Ja, daß es zum Sittenbild unserer heutigen Gesellschaft hochstilisiert werden würde, welche es aus dem Schmuddeleck der letzten Kneipe bis ins Hilton vordringen und solchermaßen aus seiner jahrzehntelangen Versenkung in der heutigen Zeit auf die Plakatwand, ins Fernsehen und damit in jedermanns Bewußtsein vordringen ließ.

AIDS, die Seuche unserer Zeit, dieser Spiegel unserer Gesellschaft, vom letzten Penner bis zu Rock Hudson, wurde zum Auslöser dieses Starkultes um dieses *einstmals verleugnete Produkt.*

Ja es wurde sogar von einem unserer angesehensten *im Trend* liegenden Wirtschaftsmagazine in den wirtschaftlichen Olymp gehoben und zum „Produkt des Jahres 1993", zum Kultobjekt „Kondom" *erhoben.*

Wen würde es da noch wundern, wenn diesem Produkt demnächst sogar noch ein *Oscar für außerordentliche Steherqualitäten* verliehen würde.

Ein Oscar für das Kondom, mit welchem ich mich dreißig Jahre landauf, landab auf Tuchfühlung befand und um welches in letzter Zeit ein Starrummel entfacht wurde, der es *vom Geburtenregler der Vergangenheit zum Gesundheitsbewahrer* der ganzen Menschheit werden ließ, ist in Anbetracht all des Aufgezeigten gar nicht mehr so utopisch.

Doch es war nicht immer so, und es bedurfte eines langen Weges von 1954 bis heute, um zu dieser Betrachtungsweise zu finden.

Dazumal, 1954, im Alter von zwanzig Jahren, mein Vater war schon früh verstorben und meine Mutter mit ihren vier Kindern stand unversorgt und allein da, war ich als ältester Sohn schon während meiner Schulzeit angehalten, zum Unterhalt meiner Geschwister mein Scherflein beizutragen.

Jedenfalls war mir damals jede Tätigkeit nach Schulschluß ein willkommener Anlaß, zwar nicht gerade die Schule zu schwänzen, jedoch auf Hausaufgaben weitestgehend zu verzichten.

Daß dies für mein späteres Leben nicht ohne Folgen bleiben würde, darüber war ich mir als junger Mensch nicht im geringsten im klaren.

Ging ich doch in den Nachmittagsstunden schon als Vierzehnjähriger einer Tätigkeit nach, die mir wesentlich interessanter erschien, als dies eine noch dazu für mich unlösbar scheinende Hausaufgabe je darstellen hätte können.

So wurde ich nebenberuflich, hauptberuflich war ich Anfang der fünfziger Jahre ja noch Schüler, der begeistertste Aushilfsglasbläser einer in der Wiener Hütteldorfer Straße zu jener Zeit beheimateten Glasbläserei, die sich hauptsächlich mit dem Herstellen diverser *aus Glas geblasenen Eprouvetten* für die Wiener Spitäler befaßte.

Ein Produkt, welches durch das Drehen einer langen, hohlen Glasstange über einer Gasflamme (Bunsenbrenner) in der Form hergestellt wird. Durch das Erhitzen wird ein Teil der Glasstange dermaßen erwärmt, daß sie fast durchschmilzt und durch laufendes händisches Drehen und Hineinblasen schlußendlich Stück für Stück die Form von Eprouvetten annimmt.

Doch nicht, daß Du etwa beim Lesen der vorhergehenden Zeilen jetzt der Meinung bist, ich will hier einen Lehrgang für Glasbläser abhalten, sondern ganz im Gegenteil, ich wollte durch diese Rückblende in meine frühe Jugend nur aufzeigen, was *aufgrund von Zufällen* alles möglich sein kann.

Wurde doch etliche Jahre später in etwa die Form dieser aus Glas geblasenen Eprouvetten *die Grundlage für jede Kondom-Produktion* und damit für jenes Produkt, welches nicht nur meinen kommerziellen, sondern auch meinen persönlichen Werdegang späterhin, durch Jahrzehnte, sehr wesentlich zu beeinflussen vermochte.

Doch dazumal, anstatt Hausaufgaben zu lösen, ein glasblasender Spund, hatte ich nicht die geringste Ahnung, daß diese Glasform in meinen Händen späterhin in nur geringer Abänderung die Grundform für jedes Kondom darstellen sollte.

Erblickt doch ein Kondom das Licht dieser Welt in der Form, daß auf einem Laufband, ähnlich einem Transportband, in endlos scheinender Reihe aus Glas geformte *Eprouvetten-Kondomformen* angebracht sind, die durch dieses langsam laufende Förderband in verschiedene mit *Latexmilch* gefüllte Bottiche nach einem gewissen Zeitrhythmus eingetaucht werden.

Und dieser dünne Latexfilm, der beim Auftauchen der Glasform auf dieser haften bleibt, stellt nach oftmaligem Eintauchen schlußendlich in seiner Endform *ein Kondom* dar.

Der Zufall war's, so scheint es heute in der Rückblende, der mich schon als 14jähriger mit der späteren Grundlage jeder Kondomproduktion, dazumal noch unbewußt, in Berührung brachte. *Und wiederum* mochte es Jahre später *der Zufall (?) gewesen sein, der mich* auf der Suche nach einer Beschäftigung als Vertreter, ich hatte mittlerweile meine Schulausbildung nach dem Konsum von *lediglich* acht verschiedenen Schulen mit dem Abgangszeugnis einer Handelsschule abgeschlossen, *mit dem Kondom für mein Leben lang in Berührung brachte*.

Es war ein *Semperit-Großhändler*, welcher mir damals *18jährigen die Chance gab*, als *Provisionsvertreter* ohne Fixum, jedoch unter Beistellung eines Uralt-VW-Firmenautos, von der Luftmatratze zur Wärmeflasche, von der Windelhose bis zum Schnuller und zu guter Letzt *bis hin zum Kondom, Marke Blausiegel*, die ganze Palette des damals von der Firma Semperit erzeugten Produktionsprogrammes an den Mann, sprich an den Einzelhandel zu bringen.

Wenn meine Mutter schon dazumal gewußt hätte, welches Produkt ich unter anderem an den Mann, an die Frau, Apotheker, Drogistin bis hin zur Friseurin zu bringen hatte, hätte sie mir mit Sicherheit *die Leviten* gelesen.

Der Gummivertreter
oder
Eine Kollektion, die es in sich hatte

Wenn ich heute, so viele Jahre später, auf den Anfang meiner Karriere als Gummivertreter zurückblicke, so kann ich ein inneres Schmunzeln, ein breites Grinsen über mein ganzes Gesicht wohl nicht verbergen.

War ich doch dazumal, vor 1960, vollkommen auf mich allein gestellt, dazu angehalten, nicht den Mund zu halten, sondern ganz im Gegenteil, aus Erfolgsgründen dazu gezwungen, den Mund gehörig aufzureißen. Kundenstock war keiner in dem mir als Arbeitsgebiet zugewiesenen Bundesland, der schönen Steiermark, vorhanden *und so lag es* an meiner Überzeugungskraft, *an meiner Selbstüberwindung,* aus der Introvertiertheit meiner Jugendjahre schön langsam zu einem gewissen Selbstbewußtsein und damit einhergehend auch zum Erfolg zu finden.

Daß dies ein jahrelanger Prozeß gewesen sein mochte, dafür stand und steht mein Leben, welches von einem in sich gekehrten absoluten Einzelgänger, *meinem Vater,* mitbegründet wurde.

Erst viele viele Jahre später wurde mir in der Rückblende auf den Sinn nicht nur meines Lebens bewußt, *welche Hypothek, welchen Bonus* wir von unseren Erzeugern, unseren Eltern, *als unseren zu bewältigenden Lernprozeß* mit hinaus ins Leben zu nehmen haben.

Doch zu dieser Zeit waren meine späteren Betrachtungen für mich jungen Spund kein Thema, stand ich doch erst am Beginn eines Weges, *der erst einmal bewältigt werden wollte.*

So begann ich also, nach der allmontägigen Überquerung der Semmering-Scheitelstrecke, von Mürzzuschlag aus, vorerst *zaghaft,* mich von Geschäft zu Geschäft durchzufragen, ob ein Bedarf an den von mir angebotenen Artikeln denn wohl bestehen würde.

Daß ich bei dieser Gelegenheit meiner Erstkontakte wohlweislich aus eingeborener falscher Scham auf meinen späteren *Bestseller,* das Kondom, nicht zu sprechen kam, lag unter anderem wohl daran, daß mir damals beim Wort „*Kondom*“ selbst noch die Röte am meisten ins Gesicht schoß.

Doch diese anfängliche Unsicherheit wich spätestens dann, als mich mein damaliger Vorgesetzter *mit Zuckerbrot*, höherer Provision *und Peitsche* sowie der Drohung des Hinausschmisses dazu zwang, diesem Produkt wesentlich mehr an Aufmerksamkeit zu widmen.

„Der gute Mann", dachte ich damals allein im Auto auf weiter Flur bei mir, „der kann hinter seinem Schreibtisch leicht den Mund aufreißen, soll er doch einmal wie ich, mit schlotternden Knien, einer reichen Frau Apotheker gegenüberstehen und den Mut aufbringen, dieser ein Kondom anzubieten". Das waren nach jedem seiner diesbezüglichen Vorhaltungen dazumal meine Gedanken.

Aber kommt Zeit, kommt Rat, kommt Mut, kommt Erfolg, und so brachte es die Zeit mit sich, daß ich so *nach und nach* zu Schnuller und Windelhoserl, Luftmatratzen und Wärmeflaschen bei der einen, dann bei mehreren, schlußendlich bei vielen Kunden zum Mut fand, auch meine Kondome der Marke Blausiegel anzubieten.

Es war keine Frage, es war die Verlockung eines höheren Provisionssatzes bei Kondomen gewesen, die mich aus dem Grund, da ich ja *nur ein Provisionsvertreter* war, meine eigene Unsicherheit, meine eingeborene Voreingenommenheit gegenüber diesem Produkt allmählich überwinden ließ.

Doch nichts wächst in den Himmel, folgte doch die Ernüchterung auf meine allmählich zu Tage tretende Aufgeschlossenheit spätestens dann, als mir damals beim Betreten eines Friseursalons im schönen Ausseerland ein Friseurmeister mit zorngeschwellter Brust einen mit einem unschuldigen Baby besetzten Kinderwagen zwischen meine allzugleich schlotternden Beine mit den Worten schob: *„Sie – Siiiiiie"*, drohte er mit erhobener, von meiner Mutter her gefürchteter Hand, „Sie werde ich zur Verantwortung ziehen", indem er nun mit gestreckter Hand nicht mehr auf mich, sondern auf das unschuldige Baby im Kinderwagen zeigte: *„Das da!!!"*, und er wies noch immer mit drohender Gebärde auf das Baby im Kinderwagen, *„habe ich Ihnen zu verdanken;* für diese Reklamation werde ich Sie und Ihre Firma, *darauf können Sie sich verlassen,* zur Verantwortung ziehen."

Damals, der Friseurmeister hatte diese furchtbare Drohung vor versammelter Mannschaft, vor seinen ganzen Friseurinnen, ausgesprochen, glaubte ich für den Moment, den Boden unter den Füßen zu verlieren, aber nur solange, bis ich mich aufgrund dieser fürchterlichen Anschuldigung wiederum schleunigst aus dem Staub machte.

Ich hatte ganz einfach reißaus genommen, da ich nicht den Mut in mir zu

mobilisieren vermochte, um diesen Vorwürfen für den Moment Paroli bieten zu können, diesbezüglich auch keinerlei Erfahrung besaß.

Da stand ich nun, ich armer Tor, so schien es mir für den Moment, vor dem Kartenhaus meiner soeben aufgebauten Existenz.

Würde doch dieser Mann, dachte ich bei mir, auch mich persönlich für den Kondomversager zur Verantwortung ziehen, dem er das unschuldige Baby im Kinderwagen wohl zu verdanken hatte.

Nichts von dieser Gefahr, dachte ich damals für den Moment bei mir, hat mir wohlweislich mein Vorgesetzter erzählt, sonst hätte er sicherlich für dieses riskante Produkt keinen Vertreter gefunden.

„Eine Gemeinheit ist das", mutmaßten meine Gedanken weiter, „wenn ich jetzt vielleicht gar noch dazu verurteilt werde, mein ganzes Leben für *diese Reklamation,* für dieses Baby, Sorge tragen zu müssen."

So in etwa mögen meine Gedanken dazumal gewesen sein, als ich mit schlotternden Knien das nächste Postamt aufsuchte, um meinem Vorgesetzten über diesen, wie ich meinte, meine Existenz gefährdenden Vorfall Bericht zu erstatten.

„Bua, bleder Bua ...“

... war nach Anhörung meines Gestammels über diesen existenzbedrohenden Vorfall, wie ich meinte, von meinem damaligen Vorgesetzten und späteren Eigentümer dieses Unternehmens lediglich aus der Telefonmuschel zu vernehmen.

Wobei ich zu Deiner Information bemerken möchte, daß mein Gesprächspartner am Telefon, mein späterer Chef, nicht nur ein waschechter Bayer war, sondern auch dem Franz Josef Strauß zum Verwechseln ähnlich sah.

„Ja mei, wenn der mit an Präserl net umgehen kann, dann soll er's halt mit'n Schnacksln bleiben lassen“, war der kurze Kommentar vom anderen Ende *meiner langen Leitung.*

„Oder willst dei ganzes Leben mit an Hänger“, gemeint war ein Autoanhänger, „herumfahren, um solche Reklamationen einzusammeln?“ war vom anderen Ende der Leitung noch zu vernehmen, als es auf einmal kurz und bündig klick machte und ich mir für den Moment *wie ein Einsiedler in der Wüste vorkam.*

„Was kann ich denn wirklich dafür“, meldete sich beim Verlassen der Telefonzelle dazumal wieder mein Unterbewußtsein, „ich kann doch nicht jedes Kondom auf seine Dichtheit probieren. Wo komm ich denn da hin“, wurde ich schon wieder ein wenig selbstbewußter, „und überhaupt, wenn der Friseurmeister beim Anlegen des Präserls *kein Meister war,* bin doch ich *aus dem Schneider*“, war mein nächster Gedanke.

Und gedacht getan, machte sich nach dem Verlassen des Postamtes derjenige, der nun glaubte, aufgrund dieser Betrachtungsweise aus dem Schneider zu sein, aus dem Staub und ward seitdem bei diesem Friseurmeister nicht mehr gesehen. Aber auch von dem angedrohten Zur -Verantwortungziehen war nie mehr die Rede, da, so vermute ich, in der Folge die Reklamation aus dem Kinderwagen von dazumal wohl zu einer hübschen Friseurin heranwuchs.

Doch dieser Schuß vor den Bug durch mein Schicksal konnte mich in der Folge nicht daran hindern, als jüngstes Mitglied der Vertretergilde meines damaligen Arbeitgebers, schon nach wenigen Jahren zum rührigsten Kondomverkäufer aufzusteigen.

Doch diesem Aufstieg folgte wiederum *der freie Fall*, da dieser Semperit-Großhändler, dem ich meine spätere Karriere zu verdanken hatte, zu sehr auf den Import aus Fernost gesetzt hatte und dabei auf unverkäuflicher Ware sitzengeblieben war und in der Folge Konkurs anmelden mußte.

Da stand ich nun wieder, wie es schien, vor den Trümmern meiner doch durch einige Jahre gerade erst aufgebauten Existenz, als auf einmal aus dem nicht allzu fernen Neunkirchen wiederum die Glocken klangen.

A star was born, hatte doch fast zum gleichen Zeitpunkt des Niederganges meines bisherigen Arbeitgebers dessen Hauptlieferant, die Firma Semperit, beschlossen, sowohl die Produktion von Windelhoserl, Schnuller und Quietscherl als auch von Kondomen einzustellen.

Doch dies wurde zur *Sternstunde* meines ehemaligen Vorgesetzten, des bewußten Doppelgängers von Franz Josef Strauß, der bis zu diesem Zeitpunkt selbst nur Produktionsleiter bei der Firma Semperit war.

„Ferry", so klang es eines Tages kurz vor Torschluß bei meinem bisherigen Arbeitgeber telefonisch an mein Ohr, „wüllst bei mir als Kondomvertreter, nur für die Marke *Blausiegel*, anfangen? Dann setz di ins Auto und kum auße zu mir!"

Das war eine Freude, hatte ich doch zu dieser Zeit schon für eine Familie, bestehend aus Tochter und Sohn, pardon, natürlich auch für die Mutter der beiden Kinder, *meinem wertvollsten Menschen,* meine Frau, zu sorgen, sodaß ich dieser Einladung zur Mitarbeit am Neuaufbau einer Firma, erstmals unter dem Markennamen *Blausiegel*, nur allzu gerne nachkam.

War das ein Angebot, welches mir mein zukünftiger Chef und nunmehriger Eigentümer der Marke Blausiegel dazumal, wir schrieben das Jahr 1962, unterbreitete.

Ein neues Firmenauto der Marke Peugeot 203, noch dazu mit Schiebedach, und als *absolutes Novum in meinem bisherigen Leben* ein monatliches *Fixum*, für damalige Begriffe in astronomischer Höhe. „Herr Huber", so hieß mein zukünftiger Brötchengeber, war aufgrund dieses Angebots von mir dazumal zu vernehmen, „ich kann Ihr Angebot nicht annehmen, uns fehlen doch alle Artikel von früher, wie wollen Sie denn bei diesem Angebot mir gegenüber auf Ihre Rechnung kommen?"

„Mach Dir doch um mich keine Sorgen" klang es dazumal an mein Ohr. „Ich habe doch jahrelang Deinen Leistungswillen beobachtet; wenn ich

nicht *vollstes Vertrauen* in Deine Loyalität mir gegenüber setzen würde, würde ich Dir dieses Angebot nicht unterbreiten."

Und dieses in mich gesetzte Vertrauen war späterhin die Triebfeder, welche ein bis dahin ungeliebtes, am liebsten unter dem Ladentisch gehandeltes Produkt namens *Blausiegel* zu einem Höhenflug sondergleichen ansetzen ließ, wo doch vordem Kondome unter der Markenbezeichnung *Olla* Jahrzehnte den Begriff Kondom darstellten und solchermaßen Kondome unter der Markenbezeichnung Blausiegel zum *Nobody verkommen ließen*.

Drei Monate hatte es damals beansprucht, bis ich das in mich gesetzte Vertrauen in der Form zu rechtfertigen vermochte, daß die mir aus meiner Vertretertätigkeit zustehende Provision schon nach diesem Zeitpunkt das mir zugedachte Fixum bei weitem übertraf.

Daß dem so werden konnte, lag sicherlich unter anderem darin begründet, daß auch mir von meinen Kunden *im Laufe der Jahre* immer mehr Vertrauen entgegengebracht wurde.

In der Form entgegengebracht wurde, daß ich bei vielen Kunden, wenn diese selbst anderweitig beschäftigt waren, anstatt, daß ich darauf warten hätte müssen, selbst die Inventur machte, sprich *selbst Nachschau halten konnte*, ob nicht von meiner Ware etwas nachzubestellen wäre. Dies in

Anbetracht dessen, daß normalerweise ein Vertreter sich solange zu gedulden hat, bis der letzte Kunde den jeweiligen Laden verläßt. Es brachte mir natürlich einen *Zeitvorteil*, der es in Summe an sich hatte und mir solchermaßen mehr Zeit für Neuakquisition gewährte.

Dieses mir dermaßen entgegengebrachte Vertrauen führte in der Folge auch dazu, daß ich aus eigenem bei manch einer meiner Kunden *Nachschau* hielt, ob nicht auch bei der übermächtigen Konkurrenz der dazumal dominierenden Marke *Olla, etwas nachzubestellen wäre.*

Daher konnte es mir oftmals passieren, daß an meinen Blausiegel-Kondomen kein Bedarf vorlag, ich jedoch meine Kunden, den Apotheker oder den jeweiligen Drogisten, aufgrund der durch mich erfolgten *Nachschau auf die erforderliche Nachbestellung bei meiner Konkurrenz*, manchmal durchaus mit einem weinenden Auge, aber fairerweise *aufmerksam machte.*

Doch so schnell wie erzählt wuchs dieses Vertrauen mitnichten, sondern es bedurfte vieler Jahre *des Dienens*, des beim jeweiligen Apotheker oder Drogisten geduldigen Wartens, bis er seine Kunden bedient hatte und endlich Zeit auch für mich erübrigen konnte. In dieser, durch die jeweiligen Gegebenheiten aufgezwungenen Wartezeit, in welcher Du Dich immer mit der Ungewißheit abzufinden hattest, ob der jeweilige Kunde denn tatsächlich an meinen Angeboten auch Interesse und Bedarf haben würde, war ich durchaus auch aus Eigeninteresse bemüht, bei den das Geschäft betretenden Kunden *einen guten Eindruck zu erwecken.*

Kaum mochte sich also dazumal ein Kunde dem Eingang des jeweiligen Geschäftes nähern, in welchem ich mich in besagter Warteposition befand, so öffnete ich von innen die Tür und hieß den Eintretenden, stellvertretend für den anderweitig beschäftigten Geschäftsinhaber, *freundlich willkommen.*

Und genauso wie beim Betreten des Geschäftes verhielt ich mich gegenüber dem jeweiligen Kunden auch, wenn er sich anschickte, wiederum das Geschäft zu verlassen.

Bei so einer an den Tag gelegten, jedoch in meinem Bewußtsein waltenden Selbstverständlichkeit jedwedem Menschen gegenüber, ob er nun mein Kunde oder nur *Kunde meines Kunden* war, konnte es durchaus auch passieren, daß ich der Freundlichkeit *aus unverhohlenem Eigennutz das* eine oder andere mal *ein wenig des Guten zu viel walten ließ*, wie dies im schönen Salzkammergut dereinst der Fall war.

Es war im Salzkammergut, ich war wie so oft in Wartestellung, bis mein späterer Freund, der zu diesem Zeitpunkt noch *unnahbarer Drogist*, endlich das Wort an mich richten würde, als sich von der Straße her ein für meinen damaligen Geschmack (wenn meine Schwiegertochter demnächst diese Passage liest, wird sie wieder lauthals im Familienkreis feststellen: „unserem Opa sind immer nur bildhübsche Mädchen über den Weg gelaufen!“) bildhübsches Mädchen dem Geschäftseingang näherte. Was lag bei diesem erfreulichen Anblick für mich zum Warten verurteilten *Gummivertreter* da näher, als freudvollst von innen die Tür aufzureißen und im Überschwang der Erwartung, was sich aus dieser Begrüßung vielleicht ergeben könnte, fürs erste einmal lauthals einen guten Tag zu wünschen, ohne in diesem Moment auch nur zu ahnen, was dies in der Folge für mich *für ein guter Tag* denn auch werden würde.

Allein das Strahlen der bei meiner so überaus freundlichen Begrüßung auf mich gerichteten Augen versetzte mich in der Folge, als ich die anmutige Mädchengestalt aus dem Winkerl, wo ich zu stehen hatte, von rückwärts beobachten konnte – denn von Angesicht zu Angesicht wurde sie ja derweil vom Drogisten bedient – *dermaßen in freudige Erregung*, daß ich den Grund meiner Anwesenheit in dieser Drogerie für den Moment als vollkommen gegenstandslos erachtete.

Doch in dieser meiner verzückten Versonnenheit betrat Kunde um Kunde die Drogerie, sodaß sich für mich *die einmalige Chance ergab*, besagtem bildhübschen Mädchen – als sie sich anschickte, die Drogerie mit prall gefülltem Einkaufskorb wiederum zu verlassen – *meine Dienste* anzubieten.

In der Form meine Dienste anzubieten, *daß ich mich erbötig machte*, den in meinen Augen *sooooooo* schweren Einkaufskorb zum vermeintlich irgendwo in der Nähe geparktem Auto zu tragen.

„Ich habe aber kein Auto“, strahlte mir auf dieses Angebot die holde Maid entgegen, „ich wohne nämlich in diesem Haus, gleich über der Drogerie, und da komme ich schon allein zurecht“, war ihre für den Moment für mich deprimierende Antwort.

Doch wenn es mir aufgrund dieser Eröffnung dazumal *für den Moment* auch die Rede verschlagen haben sollte, *so funkte es sogleich* und ich dehnte mein Angebot, diese prall gefüllte Einkaufstasche nur zum Auto tragen zu wollen, in Anbetracht der neuen Situation natürlich sofort auch auf den ersten Stock des Hauses aus.

„Das macht doch überhaupt nichts, liebes Fräulein, dann trage ich Ihnen die schwere Tasche statt zum Auto doch liebend gerne auch in den ersten Stock hinauf“, gab ich zur Antwort, *und gesagt und auch getan*, war Zeit meines Lebens die Devise, stand ich samt Tasche so schnell ich nur konnte vor ihrer Tür. Daß ich natürlich vor dieser Tür, noch dazu bei einem so anmutigen Mädchen, die Tasche nicht abstellen würde, sondern mich erbot, die Tasche auch noch auf den Küchentisch zu stellen, lag natürlicherweise, meinem – *einem Mann, wenn er ein Mann ist* - eingeborenen Jagdinstinkt zugrunde.

Da lag doch was in der Luft, vermeinte ich, seitdem ich diesen Einkaufskorb in Händen hielt, zu verspüren.

Und was da späterhin in der Luft liegen sollte!!! Nie im Leben hätte ich mir träumen lassen, in welche Bredouille man sich selbst durch *eigennützige Hilfsbereitschaft* – und meine angebotene Hilfsbereitschaft war, da gibt es nichts zu beschönigen, zu sehr von Eigennutz getragen – zu bringen vermag.

Hatte ich doch diesen Einkaufskorb nur dazu benutzt, um mit dem bildhübschen Mädchen anbandeln zu können. Und dies ist mir, auf den Mund war ich zeitlebens *trotz angeborener Schüchternheit* dann späterhin nie gefallen, auch dazumal nicht allzu schwer gefallen.

Niemand war zu Hause und gerade, als der Funken meiner Erregung auch auf mein weibliches Visavis, welches nun schon in meinen Armen lag, überzuspringen drohte, weiteten sich auf einmal ihre Augen und mit dem schrillen Aufschrei, „Oh Gott, oh Gott, mein Vater kommt“, fiel gleichzeitig *mir erprobtem Eroberer das Herz in die Hose!*

Und auf meine angstvolle Frage: „*Woooo* kommt denn Dein Vater?“, zeigte sie auf das nach dem Hof gelegene Fenster, unter welchem gerade das Dach eines gelben Postautobusses immer langsamer werdend zum Stillstand kam. „Da unten im Autobus ist mein Vater, er ist Buschauffeur und kommt gerade zum Essen nach Hause. Und wenn der Dich“, wir hatten mittlerweile zumindest die Zeit gefunden, uns zu duzen, „hier bei mir erwischt, setzt es eine Tracht Prügel, die sich gewaschen hat“, gab sie mit angstvoll geweiteten Augen zum Besten.

Doch wenn ich mir damals für den Moment wohl gedacht haben mochte, daß diese hübsche Maid bezüglich der Prügel schon einige Erfahrung aufgrund ihrer *nicht nur gegenüber mir bewiesenen Aufgeschlossenheit* gesammelt haben mochte, *so blieb mir in Anbetracht der aus dem Stiegenhaus nach oben strebenden Schritte* des väterlichen Busfahrers keine Zeit mehr, um diesbezügliche Überlegungen anzustellen.

Sondern, es blieb mir keine andere Wahl, die Schritte waren mittlerweile vor der Wohnungstür angelangt, als mich auf das zur Straße gelegene Fen-

„OLLA"
London
DROGERIE WARASSEK
B 94

sterbrett zu schwingen und rutschte *zu meinem Glück* über das wie ein Baldachin oberhalb des *Drogerie-Einganges* gewölbte Vordach *direkt in die Hände* des vor der Tür *nach seinem verschwundenen Vertreter*, noch dazu mit meinem Musterkoffer in Händen, *Ausschau haltenden Drogisten*!!!

Dem bis zu diesem Zeitpunkt so unnahbaren Drogisten muß es aufgrund meines so unverhofften Auftauchens von oberhalb aus heiterem Himmel, noch dazu von seinem eigenen Vordach, für den Moment dermaßen die Rede verschlagen haben, daß er nur mehr: *„Ja von wooooo kommen denn Sie daher?"*, hervorzubringen vermochte. Und ich, im Bewußtsein, aus dieser Bredouille nur mehr durch Frechheit meine Haut retten zu können, gab daraufhin zur Antwort: *„Von Ihrer Kunde!"*

Seit diesem Zeitpunkt, seit diesem dermaßen durch *herrlichen*, jugendlichen Leichtsinn provozierten und auch auf die geschilderte Art und Weise bewältigten Abenteuer, bot mir jungem Spund zuerst einmal besagter Drogist das Du-Wort an und daraufhin ich ihm meine Freundschaft.

Viele Jahre währte späterhin diese dermaßen begründete Freundschaft, und ich wußte es immer so einzurichten, daß ich im Verlauf meiner Reisetätigkeit mein Tagwerk bei diesem Drogisten zum Abschluß brachte, auf daß wir zur Winterszeit, wenn es abends wurde, Zeit fanden, auf die nahegelegene Tauplitzalm *zu gemeinsamen* Abenteuern aufzubrechen.

Dies war nun eine Episode aus meinem an Episoden traumhaft reichen Leben, die in ihrer Vielfalt den Rahmen dieses Buches bei weitem sprengen würden; doch will ich im Verlaufe dieses Buches, in der Rückblende auf mein dermaßen gelebtes Leben, einige Abenteuer *zur Auflockerung* der diesem Buche zugrunde liegenden, *heutzutage gar nicht spaßigen Thematik* gerne einfließen lassen.

Lehrjahre eines Reisenden (Vertreters)

Wenn ich heute die Muße finden darf, mir trotz oder gerade wegen des Dranges meiner Geschäfte die Zeit zu nehmen, um vor meinem geistigen Auge mein Leben Revue passieren zu lassen, so finde ich – *so schwer und so herrlich* es mir im Leben auch immer gekommen sein mochte – *daß absolut Alles, aber schon Alles* im Leben seinen Sinn darin hat, um aus *den scheinbar größten Niederlagen, dem größten Schmerz, dem größten Leid* für Dein späteres Leben *die wertvollsten Erkenntnisse* ziehen zu können.

Allein Deine Existenz ist der Auslöser für alle Herausforderungen, für alle Verlockungen, *die von Dir ausgehen* beziehungsweise *zeitlebens an Dich* herangetragen werden.

Du bist, ich bin mein Weg und niemand, absolut niemand anderer als immer wieder nur wir selbst sind verantwortlich für seinen Verlauf. Außer, jetzt blödel ich ein wenig, Du bist der Meinung, der Hofer war's, damit meine ich die uns immer naheliegende Ausrede, *das Schicksal oder der Zufall* mag es gewesen sein.

Wir bräuchten vermutlich gar nicht dieses Leben zu leben, wenn wir sowohl betreffend des Schicksals als auch des Zufalls und damit verwoben unserer diesmaligen Existenz eine befriedigende Antwort wüßten.

Daher ist es auch für mich müßig, *Vergangenem, Entgangenem, nicht Erfaßtem oder nicht Vollbrachtem,* ob in der frühen Kindheit im Schoß der Familie, während der Schulzeit oder im späteren Berufsleben, heute noch lange nachzutrauern.

Aber eine innere Stimme, doch frag' mich bitte nicht welche, führt heute bei der Niederschrift dieser Zeilen meine Hand, *um nicht nur für mich allein* meinem vergangenen Leben in Form dieses Buches meine Referenz zu erweisen. Doch bevor ich in der Folge meinen diesbezüglichen Erinnerungen, meinen heutigen Betrachtungen freien Lauf gewähre, möchte ich Dir an Hand eines Briefes eines mir unbekannten Menschen, welcher vor einiger Zeit in einen meiner *Gedanken-Automaten* eingeworfen wurde – *betreffend der Sinnhaftigkeit unseres Daseins* - die Gedanken dieses Unbekannten gerne vor Augen führen.

Das Leben ist eine Reise, die allemal Wert ist, gelebt zu werden. Wobei ich gerade in Zeiten wie diesen, wo wir heutzutage nur über unsere südöstliche Grenze zu schauen brauchen, *nicht verabsäumen möchte, darauf hinzuweisen, wie dankbar ich,* der diese Zeilen hier in unserer Heimat zu Papier bringen darf, *und Du,* der vermutlich auch in diesem Land mein Buch in Händen halten wird, unserem *Schicksal* sein sollten, *gerade hier, in diesem Land, unsere Lebensreise hinter uns bringen zu dürfen.*

Denn als ich ein Kind noch war, brauchten wir nicht über die Grenzen unserer Heimat zu sehen, *um das zu sehen,* was sich heutzutage, nicht nur in Bosnien, *vor aller* Augen wiederum abspielt, *um zu dem Schluß zu kommen, daß diese Menschheit, wie es scheint, wohl niemals reifer wird!*

Doch genauso verhält es sich mit *jedem einzelnen Schicksal.*

Es ist die uns *angeborene Voreingenommenheit,* die uns weiß machen möchte, daß das, was *Hänschen nicht lernt, Hans nie mehr zu Wege bringt.*

Diese auf dem Fundus der Volksweisheit beruhende *allgemeine Betrachtungsweise* gibt doch *weder dem Hänschen* noch der auch heute noch, *vielleicht mehr denn je,* in den Kinderschuhen, sprich im *Hänschen-Bewußtsein* stehenden Menschheit die Chance, falls sie in ihrer Jugend Versäumtes *nicht zum Hans-Bewußtsein heranreifen ließ* dereinst einmal, vielleicht durchaus mühsam, *aber doch, noch zum Hans zu reifen!*

Daß diese Entwicklung zum späten Hans *in bezug auf die Entwicklung der Menschheit* in ihrer Gesamtheit, aufgrund ihrer heutigen Selbstdarstellung, *wenn überhaupt viele Generationen bedarf,* mag durchaus der Fall sein, *doch diese Chance besteht, nur müßte zuerst einmal ein jeder bei sich selbst beginnen.*

Vom Hänschen zum späten Hans
oder
Weil ich als Hänschen nicht lernen wollte

Niemals würde ich von meinem Standpunkt, da wo ich heute mit Sechzig als *Später Hans* stehen darf, *es wagen,* meine vordem zu Papier gebrachten Gedanken *als das einzig Wahre* hinzustellen. Ist doch all das vordem Aufgezeigte *lediglich meine Wahrheit*, für welche ich sechzig himmelhoch jauchzende, oftmals zu Tode betrübte Jahre *des langsamen Menschwerdens* benötigte, um zu dieser *meiner* Erkenntnis zu gelangen.

Niemals hätte ich vor vierzig Jahren daran gedacht, daß jenes Produkt – Kondom genannt – für welches ich *zufällig* als junger Mensch landauf, landab in Anbetracht der Voreingenommenheit der *österreichischen Seele* im wahrsten Sinne des Wortes *Spießruten* laufen, ja teilweise durch die Hölle der *Selbstanklage* gehen mußte, dereinst einmal zum „Produkt des Jahres" (1993) gekürt werden würde. Ja noch ehrenvollere Weihe erfahren würde, indem *es*, dieses Kondom, durch die Gesundheitsbeauftragten der Völkergemeinschaft unter die wichtigsten Medikamente gereiht und dem *Herzschrittmacher* gleichgestellt werden soll.

Da ist doch *mit dem Höhenflug dieses Produktes* im Verlauf all der vielen Jahre, seitdem ich mich damit auseinanderzusetzen habe, gleichermaßen *ein Verfall der Sitten* und damit *des Selbstbewußtseins*, der Selbstverantwortlichkeit der Gesellschaft einhergegangen, die ihresgleichen im Verlauf der Menschheitsgeschichte mit an Sicherheit grenzender *Wahrscheinlichkeit* sucht.

AIDS, diese *Selbstverständlichkeit* von heute, 1994, hat es mit sich gebracht, daß dieses Kondom, *über welches* 1964, *nur hinter vorgehaltener Hand gesprochen wurde, heute in aller Munde ist,* ja mehr noch, zum Produkt des vergangenen Jahres hochgejubelt wurde. Da muß ich mir als einer, der aus beruflichen Gründen seit so vielen Jahren um die Verbreitung dieses Produktes, oftmals unter den widrigsten Umständen, wider die größte Voreingenommenheit, bemüht war, doch meine Gedanken machen, *daraus meine Schlüsse ziehen.*

Wenn mir dereinst jemand zu prophezeien gewagt hätte, daß heutzutage einer meiner Kondomautomaten im Schloß Hellbrunn, im Wiener Tiergarten, im Schloß Schönbrunn oder gar unter den Prunkräumen des Bundespräsidenten, in der Hofburg, ihre Aufstellung finden würden, hätte ich ihn beileibe nicht als Propheten, sondern *als einen Spinner betrachtet.*

Damit meine ich, nur Gottes Wege, so es einen Gott unserer Vorstellung nach überhaupt geben sollte, sind absolut unerforschlich und damit nicht vorhersehbar.

Daher ist es für mich heute auch keine Frage, warum gerade ich diesen Kanossagang gehen mußte, da es mein Weg war, der nun einmal von mir und sonst niemand anderem *gegangen werden mußte.*

Der Zufall war's

So mochte es auch dazumal, so um 1956 herum, *kein Zufall gewesen sein,* daß ich eines Freitag abends nach meiner Heimkehr die Eingangstür zu meinem Elternhaus nur einen Spalt breit zu öffnen vermochte. Kaum hatte ich mich damals durch diesen Spalt in die Hauseinfahrt gezwängt, glaubte ich meinen Augen nicht zu trauen, was sich da vor meinen Augen auftat. Hunderte übereinander gestapelte Kartons türmten sich bis in den Hof hinein, deren Vorhandensein wie auch ihr Inhalt mir fürs erste ein Rätsel aufgab.

Aber nicht allzulange blieb mir dazumal der Inhalt dieser Kartons ein Rätsel, denn unter Verabreichung einer schallenden Ohrfeige meiner mir entgegeneilenden, empörten Mutter, wurde mir alsbald *Offenbarung* zuteil!

„Daß ich das erleben mußte", begann unmittelbar nach Verabreichung der mir zugedachten Mordstrumm Watschen meine geliebte Mutter zu schluchzen. „Habe ich mir das um Dich verdient, daß Du *so was Schmutziges . . .*". Mit dem Schmutz, war mir klar, waren Kondome gemeint, von welchen meine Mutter bis zu dieser *Kartoninvasion* in meinem Elternhaus jedoch noch keine Ahnung hatte. Aus dem Grund keine Ahnung, da ich mich bis zu diesem Zeitpunkt wohlweislich gehütet hatte, über dieses Produkt aus meiner Kollektion gegenüber meiner Mutter auch nur ein Sterbenswörtchen zu verlieren.

Jedenfalls war ich im Moment selbst noch über den Inhalt der Kartons im Unklaren, doch wagte ich in Anbetracht meiner schluchzenden Mutter fürs erste nicht, selbst in die Kartons hineinzuschauen, um über den auch mir unbekannten Inhalt Aufschluß zu erhalten. Doch wurde mir alsbald durch meine noch immer schluchzende Mutter der Aufklärung genug zuteil.

„Schau' nicht so blöd", herrschte sie mich dazumal an, „da sind lauter Präservativ-Automaten drinnen, wohin Du auch schaust, und *das* in meinem Haus. *So eine Schande!*", und ihre Tränen flossen unaufhörlich weiter.

Wie ein begossener Pudel stand ich dazumal vor meiner so echauffierten

Mutter, wußte ich doch an diesem, für mich so schwarzen Freitag nachmittag doch selber nicht, was ich von dieser *Invasion an Kondomautomaten* in meinem Elternhaus zu halten hätte.

Erst als sich die Aufregung meiner Mutter, in der Zwischenzeit hatte ich mich über den Inhalt der unzähligen Kartons selbst informiert, gelegt hatte, fand auch meine Neugier zumindest einmal ihre teilweise Befriedigung.

Hatte doch laut Aussage meiner Mutter eine Spedition aus Berlin den Auftrag, wie der Chauffeur meiner Mutter zu erzählen wußte, die Ware bei dieser Adresse, und damit war mein Elternhaus gemeint, abzuliefern.

„Mutti“, versuchte ich damals vergebens meine Mutter zu beruhigen, „ich hab’ doch von dem allen selbst keine Ahnung und Du kannst mir glauben, so einen Präservativ-Automaten hab’ ich doch selber noch nie gesehen!“

Jedenfalls war es damals kein sehr erfreuliches Wochenende gewesen, bis ich endlich am darauffolgenden Montag morgen meinen Chef, besagten Ur-Bayern, am Telefon zu erreichen vermochte.

„Herr Huber“ – er hatte dazumal gerade seinen Firmensitz von Neunkirchen nach Salzburg verlegt – „bei mir zu Hause liegen dreihundert Kondomautomaten und meine Mutter ist fuchsteufelswild und macht mir die größten Vorwürfe deswegen. Wem gehören denn diese Automaten, wenn ich fragen darf?“

„*Dir*“, klang es da unvermittelt an mein Ohr.

„Mir?“, gab ich total verdutzt zurück, „ich hab’ doch gar keine bestellt! Ich kenn’ doch solche Dinger gar nicht!“

„Das glaub' ich Dir schon", signalisierte mein Chef Verständnis, „aber ab jetzt wirst Du diese Dinger schon noch kennenlernen!"

„Ich", so fuhr er weiter fort, „habe diese Automaten für eine Wiener Automatenaufstellfirma in Berlin bei der Firma Wiegand für unsere *Blausiegel-Kondome* in Auftrag gegeben, doch ist mittlerweile die Wiener Firma, für welche diese Sendung bestimmt war, in Konkurs gegangen. Daher", so erklärte mir mein damaliger Chef weiter, „blieb mir am vergangenen Freitag nichts weiter übrig, als den Berliner Spediteur an Deine Wohnadresse umzudirigieren."

Für den Moment war ich sprachlos, bekam ich doch allen Ernstes von meiner Mutter eine Tracht Prügel dafür verpaßt, daß eine mir fremde Firma in Konkurs ging und sich mein Chef das Recht anmaßte – bevor er die Lieferung ins Konkursrisiko schlittern läßt – diese Sendung ganz einfach an die Wohnadresse seines Wiener Mitarbeiters umleiten zu lassen.

Als ich diese Überlegung gerade an meinem geistigen Auge vorüberziehen ließ, um eine dementsprechende Antwort zu formulieren, kam mir mein Chef schon wieder zuvor.

„Mach Dir", so klang es an mein Ohr, „um diese Präservativ-Automaten nur keine Sorgen. *Du wirst sie schon ins Verdienen bringen!*"

Da verschlug es mir fast die Stimme. „Ich, ich weiß' doch mit den Dingern überhaupt nichts anzufangen", gab ich zu bedenken, „und, und Geld hab' ich doch auch keines, das wissen Sie doch selbst am besten!" frohlockte ich, da ich mit Rücksicht auf meine *so katholische* Mutter mit diesen Dingern absolut nichts zu tun haben wollte.

„Du brauchst dafür kein Geld", bekam ich auf diesen meinen Hinweis wiederum zu hören. *„Die Dinger verdienen sich ihr Geld von selbst.* Du brauchst sie nur bei Apotheken, Drogerien und, damit ich es nicht vergesse, am besten *bei Wirtshäusern aufzuhängen*", ließ mein Visavis am Telefon nicht locker, „und aus den Umsätzen, die Du erzielen wirst, zahlst Du mir die Geräte zurück. *Hast Du mich verstanden?*"

Und ich *Tor* gab dazumal kleinlaut *„Jawohl"* zur Antwort.

Und so wurde dieser Zufall zur *Geburtsstunde* einer Herausforderung der besonderen Art, die bis heute für mich *ihren Reiz* niemals verloren hat.

So wurde damals *dieser scheinbare Zufall* zu „der Herausforderung meines Lebens", und wenn diesem *ersten Kondomautomaten* in späterer Folge *Gummibären- und Pez-, Briefmarken- und Brieflos-, Gedanken- und Märchen-Automaten* gefolgt sind, so wurde mir späterhin zusätzlich *vom*

Schicksal auch noch die Verantwortung für den uralten Produktionsbetrieb all dieser Automaten in den Schoß gelegt.

Doch trotz all dieser Herausforderungen um die Verbreitung meiner so vielfältigen *Stummen Dienerschaft* zog sich gerade *der Kondomautomat* wie ein roter Faden durch mein bisheriges Unternehmerleben.

Warum dem so ist, diese Antwort kennt nur der Wind; doch mag dies durchaus daran gelegen haben, daß ich gerade um diesen ehemaligen *Verhüterli-Automaten zeitlebens viel Wind gemacht*, viel Herzleid erlitten habe, und gerade dies gereichte mir zu jener Leiter, die ich Sprosse um Sprosse für diesmal zu erklimmen habe.

Daher wurden gerade diese sooo zufällig in meinem Elternhaus von dieser Berliner Spedition deponierten Kondomautomaten für mich junges Burscherl von dazumal zur Bewährung schlechthin.

Der 8+8-Stunden-Tag

Hatte ich doch dazumal, bis zu diesem unvorhergesehenen Ereignis *der Kondomautomatenbelagerung* meines Elternhauses, landauf landab beim Besuch der Drogerien, Friseure und Apotheken gerade wegen der Kondome oftmals unglaublicher Voreingenommenheit und oftmaligem Spott zu begegnen gehabt, so war dies ein Honiglecken gegenüber der Voreingenommenheit gewesen, welcher ich späterhin bei der Aufstellung *dieser ersten Kondomautomaten* im Gastgewerbe und nicht nur hier, zu begegnen hatte.

Wie ein Dieb schlich ich mich damals nach 18 Uhr, bei meinen bisherigen Kunden, den Apothekern, Drogisten und Friseuren mit einem Arbeitsmantel verkleidet ums Eck, um, wie ich glaubte, unerkannt beim nächsten Gastwirt im jeweiligen Ort meinen Verhüterli-Automaten montieren zu können.

Doch um dies auch bewerkstelligen zu können, mußte ich mir dazumal zu allererst einmal das entsprechende Werkzeug samt Bohrmaschine besorgen, da ja diese *Verhüterli-Automaten* auf den damals zwar noch nicht so schön wie heute verfliesten Toilettenanlagen ja auch montiert werden wollten.

Daß darüber hinaus die Verkleidung mit einem grauen Arbeitsmantel sich aufgrund *des hygienischen* Arbeitsplatzes, welchen der stille Ort oftmals darstellte, nicht nur zum Schutz vor dem Bohrstaub, sondern auch *als Geruchsschutz* für meine übrige Bekleidung als zwingend erforderlich herausstellen sollte, lag durchaus auch daran, daß ich ab dieser Zeit tagein tagaus im wahrsten Sinne des Wortes *nochmals, in diesem Fall acht Stunden* am stillen Ort *meiner Nachtarbeit* nachzugehen hatte.

War ich also dazumal acht Stunden am Tag mit Krawatte, versteht sich, da mich ansonsten ein Apotheker oder manch ein Drogist gar nicht empfangen hätte, bemüht, für meinen Brötchengeber, die Firma Blausiegel, Aufträge hereinzuholen, so war ich ab dem Zeitpunkt der Automateninvasion bei mir zu Hause gezwungen, *nochmals bis zu acht Arbeitsstunden täglich dafür aufzuwenden,* um diese Dinger überhaupt einmal an die Wand und damit ins Verdienen zu bringen.

War das ein Unterfangen zu einer Zeit, da manch ein Apotheker, manch ein Drogist ein Kondom nicht einmal über den Ladentisch verkaufen wollte, hier auch noch einen Kondomautomaten unterbringen zu wollen, geschweige denn diesen erst in der Gastronomie an den Mann zu bringen.

Doch da anfangs, Drogerie-und Supermärkte gab es dazumal ja noch lange nicht, weder Apotheker noch Drogisten von den zu hunderten bei mir gestapelten Automaten etwas wissen wollten, war ich also gezwungen, gerade in der Gastronomie mein Heil zu suchen.

Gastwirt um Gastwirt habe ich dazumal durch viele Jahre abgeklappert, um diese Ladenhüter, wie ich anfangs fälschlicherweise selber meinte, aufstellen zu können und damit aber auch ins Verdienen zu bringen.

War das oft ein Hallo, wenn ich hinter vorgehaltener Hand einen Wirt wegen der Aufstellung eines Kondomautomaten befragte und dieser *boshafter oder feiger* Weise vor allen, manchmal Alkohol-*befriedeten* Gästen in die Küche hineinrief: *„Mutti, da is' aner, der wüll an Präservativ-Automaten montieren!"*

Mehr brauchte ich nicht bei dieser Abschiebung der Verantwortung vom Wirt zur Wirtin, da mir spätestens in diesem Moment, so kein Kondomanwender unter den Gästen weilte, von diesen in Summe der Krieg erklärt und mir die Kriegsbeile in Form von Schimpf und Schandtiraden um die Ohren flogen.

„Wer braucht denn des?" war da noch die höflichste Formulierung. „Wer schnackselt denn mit an Präserl, des braucht doch niemand. Geh' Wirt, laß' da nix einreden, hau eam auße, damit ma endlich wieder unsere Rua habn", die weiteren Formulierungen.

Und damit der Wirt, dazumal nicht nur in Anbetracht seiner aufgebrachten Gästeschar, sondern auch in Anbetracht seiner zu Hilfe gerufenen, ebenfalls schimpfenden *Mutti* wiederum seine Ruhe fand, verließ ich *für diesmal* diese Stätte meiner momentanen Niederlage, um bei nächster Gelegenheit, in der Hoffnung auf ein *anderes Auditorium*, eine andere Zusammensetzung der Gästeschar, vielleicht doch noch zum Ziel zu gelangen.

Doch gab es nicht nur so harmlose Bemerkungen von Gästen und Wirt, sondern es konnte durchaus auch passieren, daß *ein mutiger Gastwirt*, ohne dabei erst lange seine Mutti, seine Frau, zu fragen, mir die Aufstellung eines Verhüterli-Automaten erlaubte, wie dies in der schönen Steiermark dereinst einmal der Fall war.

Freudestrahlend lief ich damals zu meinem bis oben hin mit Kondom-Automaten beladenen Kombi in der freudigen Erwartung, endlich wieder eines dieser Dinger an den Mann, sprich an die Toilettenwand besagten Gasthauses zu bringen.

Ein Unterfangen, wo zuerst einmal der an die dreißig Kilogramm schwere Automat, die Kabelrolle für die Bohrmaschine, das Werkzeug und last not least die erforderlichen Kondompackungen an den nicht gerade wohlriechenden Arbeitsplatz, welchen dazumal dieser stille Ort meiner Erzählung darstellte, geschleppt sein wollten.

Wie ich dies nun alles bewerkstelligt und auch noch für meine Bohrmaschine die erforderliche Steckdose entdeckt hatte, begann ich also mein Werk, wobei zuerst einmal *der schwere* Automat ausgepackt, der sogenannte Warenschacht, wo später die Kondom-Päckchen ihren Platz finden sollten, herausgeschraubt und der Automat mit einer Hand an die immer rutschigen Fliesen gehalten werden mußte, um die erforderlichen Bohrlöcher von der Rückwand des Automaten mit einem Bleistift auf die Fliesen übertragen zu können.

Gut gelaunt über diesen aufgeschlossenen Wirt, der mit der Montage eines Kondom-Automaten so schnell einverstanden war, begann ich zuerst einmal, *Loch um Loch* in besagte Fliesen zu bohren.

Ein Unterfangen, welches aufgrund der Hartnäckigkeit von Fliesen im ganzen Haus zu hören sein mußte, als mich auf einmal von rückwärts jemand an meinem Arbeitsmantel zupfte.

Aufgrund dieses Zupfens sah ich mich veranlaßt, zuerst einmal die laute Bohrmaschine abzudrehen, um mich anschließend nach dem *Zupfer* auch umdrehen zu können.

„Oh, ich Depp, so ein linker Wirt", schoß es mir angesichts eines hochroten weiblichen Gesichts, welches mich *im Herren-WC* von rückwärts anstarrte, durch den Kopf. Und wie recht ich in der Folge bezüglich des Wirtes nur haben sollte.

„Was machen Sie da *in meinem Haus*?", richtete die Wirtin, zu welcher das hochrote Gesicht, wie sich sogleich herausstellen sollte, gehörte, auf einmal lautstark das Wort an mich.

Doch ich, für solche Vorfälle schon gewappnet, die mich meistens die Flucht ergreifen ließen, versuchte zu retten, was nicht mehr zu retten war.

„Ich montier' einen Automaten für Hygieneartikel" log ich nicht einmal so sehr, nur um gegenüber der aufgebrachten Wirtin nicht das vermutlich alles zerstörende Wort *Kondom* in den Mund nehmen zu müssen.

„Was für Hygieneartikel verkauft dieser Automat", wollte daraufhin die drohende Gestalt in meinem Rücken wissen.

„Na so Artikel für die Toilette für die Herren, sie wissen schon" wurde ich kleinlauter und kleinlauter. *„Nix was i, oba ans was i,* an Präservativ-Automaten wolln's in mein Haus montieren, *damit si mei Gatte für seine Seitensprüng gleich daham versurgen kann, göln's?"*

Und unmittelbar nach dem göln's *drosch sie mit einem vorsorglich mitgebrachten Nudelwalker* Zeter und Mordio schreiend: *„Hinaus aus meinem Haus"* auf mich Armen (Selbstmitleid ist das leidenste Leid), auf den feigen, seitenspringenden Wirt hereingefallenen Kondomautomatenmontierer unbarmherzig ein.

Und da weit und breit von diesem Hasenfuß, der, als ich mit der Montage begonnen hatte, vorsorglich vor dem von ihm vorhergesehenen Zornesausbruch seiner besseren Hälfte geflohen sein mochte, nichts mehr zu sehen war, blieb auch mir keine andere Wahl, als die Flucht vor dem auf meinem Rücken tanzenden Nudelwalker zu ergreifen.

Natürlich war so ein Vorfall nicht die Regel, aber es konnte schon das eine oder andere Mal passieren, daß mir speziell die Wirtinnen aufgrund meines Vorhabens, einen Kondomautomat montieren zu wollen, des öfteren in Blickrichtung auf *ihre bessere Hälfte* die Aufstellung eines Kondomautomaten verwehrten.

Jedenfalls wurde mir dieses Beispiel, und nicht nur dieses, späterhin zum Beweis dafür, warum der Volksmund nur das Wort: *Waschlappen und nicht das Wort Waschläppin zu seinem Wortschatz zählt.*

Doch heute, so viele Jahre später, liegt mir nicht im geringsten daran, aufgrund dieser meiner *Selbsterfahrung* Weiblein wie Männlein zu diskriminieren. *Sondern ganz im Gegenteil,* ich will mit meinen Ausführungen nur aufzeigen, mit welcher Problematik mich das Schicksal, der Zufall dazumal, durch die Einlagerung *der jemand anderem zugedachten Kondomautomaten,* zeitlebens zu befassen vermochte.

Es gab und es gibt kein Produkt, welches die Aversion der österreichischen Seele mehr zu provozieren vermochte, als es der Kondomautomat, *samt Inhalt versteht sich,* zuwege brachte und, Du liest richtig, auch heute noch zuwege bringt; doch darüber werde ich in der Folge noch ausführlicher berichten.

So war ich also dazumal nicht nur bemüht, die Erwartungen meines Chefs, des damaligen, *leider* allzu früh verstorbenen Eigentümers und Begründers der Firma *Blausiegel* zu befriedigen, sondern auch meinen *Hausvorrat* an Kondomautomaten erstens ins Verdienen zu bringen und damit gleichzeitig dem Blickfeld meiner Mutter so nach und nach zu entziehen.

Und an dieser Aufgabe, so demütigend der allabendliche Arbeitsplatz, der stille Ort, wie auch die vielleicht gar nicht so gemeinten, groben und verletzenden Worte dazumal gewesen sein mochten, *bin ich als Mensch gewachsen,* aber körperlich aus Überanstrengung dabei fast zugrunde gegangen.

Doch erzählt sich der Zeitabschnitt eines Lebens, ob er ein oder deren mehrerer Jahre betrug, gar schnell; doch ein von Zwanzig bis zur Schwelle der Sechzig *intensivst gelebtes Leben* ist eine gar lange lange Zeitspanne, die in einem Buch nur Episoden gestattet, da deren ganz einfach zu viele waren.

Daher werde ich in diesem meinem Erstlingswerk immer wieder darauf bedacht sein, Höhepunkte aus meinem Leben zu erzählen, *die ich als wesentlich für meine spätere Orientierung erachte.*

Daß dies nicht nur Höhepunkte, sondern auch die für den Moment scheinbaren Tiefschläge meines Lebensweges sein werden liegt allein in meiner Erkenntnis begründet, daß es nur die Bewältigung meiner Tiefs war, die mich zeitlebens *oft erst in sehr sehr später Folge*, zum Licht der *Erkenntnis finden ließen.*

Und dieser *8+8*, durch viele Jahre rücksichtslos gegen meine Gesundheit absolvierte *doppelte Arbeitstag* zwang mich als nicht einmal noch Vierzigjähriger, nicht eines Tages, sondern so nach und nach schlußendlich in die Knie.

Doch das ist eine lange lange Geschichte, die eine lange lange Vorgeschichte hat, die ich nun in der Folge erzählen werde.

Die Verlockung des Schicksals

Da stellte mir also so zufällig das Schicksal, der Zufall, oder wer mochte dies sonst noch gewesen sein, dreihundert Kondomautomaten nicht vor die Haustür, sondern in mein Elternhaus hinein. Läßt mich reisen ohne zu rasten und unbemerkt meine Freizeit immer mehr, statt meiner heranreifenden Familie zu widmen, in ein Aufbauwerk investieren, *welches von mir gar nicht gewollt,* dem ich anfangs nicht im entferntesten gewachsen war.

Ja mehr noch, es läßt mir am stillen Ort, an diesem Ort der Notdurftverrichtung, meine Versäumnisse der Kindheit – *dieses Als-Hänschen-nicht-lernen-Wollen,* in der Folge *mit Zuckerbrot und Peitsche* – durch viele Jahre, oftmals himmelhoch jauchzend, genauso oft zu Tode betrübt immer wieder aufs Neue verspüren.

Erniedrigt bis zur Verbeugung vor dem Brunnen, welcher in diesen Fällen immer wieder das Pissoir darstellte, indem es mich an diesem Ort *nach zu Boden gefallenen Münzen* bücken und greifen läßt, da diese einen Bestand meiner Zahlungsverpflichtungen gegenüber den von mir gar nicht bestellten Kondomautomaten darstellten.

Und läßt mich vor meinem Umfeld ohne Rücksicht auf die *Gegensätzlichkeit* des Arbeitseinsatzes zwischen meinen ehemaligen Schulkameraden und mir immer wieder als den allseits *beneideten* Besserverdiener erscheinen.

„*Warum?*“ müßte ich heute mein Schicksal zur Rede stellen, „hast Du mich *dermaßen geblendet, hast Du mich zeitlebens dermaßen geprüft?*“

Doch im Leben, wie wir beide, Du vordem in diesem Buch und ich kurz vor Dir aus dem Brief dieses unbekannten Menschen, dieser unbekannten Gedanken-Freundin entnehmen konnten, hat *alles was geschieht* im Leben *seinen Sinn. Alles.* Und genauso verhält es sich mit jedem einzelnen Leben, Deinem wie meinem.

Daher stehe ich heute, wenn ich in der Rückblende auf mein bisheriges Leben blicke, nur staunend und dankbar an meinem Wegesrand, dankbar für alles Erlebte, genauso wie für alles Erlittene.

Was durfte ich neben den materiellen wirtschaftlichen Tiefs und Hochs nicht alles im Verlaufe meines Lebens erobern und begründen? Was habe ich gewonnen? Was ist unter meinen Händen zerronnen, *wie oft habe ich wie ein Narr gesponnen* und bin lieber vor Schmerz verkommen, nur weil ich nicht bereit war, *noch nicht so weit war, dem Wink des Schicksals Folge zu leisten.*

Doch Kinder und Narren sind, wie es nicht nur der Volksmund so treffend formuliert, tatsächlich in ihrer Unbekümmertheit, in ihrer Unwissenheit dem Herrn am nächsten. Daher darf ich mich heute in der Rückblende betrachtet glücklich schätzen, im Verlaufe meines Lebens so oft ein Kind im Manne, *so oft ein Narr vor dem Herrn gewesen zu sein.*

Was habe ich nicht alles im Verlauf meines, jetzt würde ich lügen, wenn ich behaupten würde, lediglich nur Junggesellenlebens, unternommen, um *Mädchen-Herzen* zu erobern, um sie, nun spricht der eitle Mann aus mir, vielleicht gar höher schlagen zu lassen?

Wie oft habe ich bei einer meiner Lieblingskunden, der Drogerie Kortschak, im lieblichen Kindberg in der grünen Steiermark, das Telefon blokkiert und mich bei meinen hübschesten Kunden avisiert, nur weil ich des Abends nicht allein sein wollte?

Was haben wir damals mit meinem Drogistenfreund aus Zeltweg das Leben ernst genommen, wenn es zwischen uns beiden bloß um *ein* einziges Mädchen ging, so wie damals, als uns der Wettstreit um eine gar holde Maid eine *gar schmachvolle*, gemeinsame Niederlage bringen sollte, deren Ursache unser Buhlen um die Gunst eines von uns beiden umworbenen Mädchens war.

Hatten wir doch dazumal, besagtes Mädchen, mein Freund Manfred und meine Wenigkeit ein nahe dem Fliegerhorst Zeltweg gelegenes Tanzlokal aufgesucht, als Freund Manfred, der Antitänzer, beim Tanzen ohne mein Verschulden ganz einfach auf der Strecke blieb.

Doch Freund Manfred, dazumal ein toller Siegertyp, hat diese Schmach nicht überwunden und war auf einmal wie vom Erdboden verschwunden. Da aber besagter Manfred nicht nur Freund, sondern auch einer meiner besten Kondomautomaten-Abnehmer war, kamen mir ob seines Verschwindens, im Bewußtsein, daß wir nur mit einem Auto und noch dazu mit dem meinen zu diesem entlegenen Lokal gefahren waren, doch einige Bedenken.

So blieb mir gezwungenermaßen nicht viel anderes übrig, als mich von unserer, zu diesem Zeitpunkt meiner alleinigen Begleiterin, mit dem Hinweis auf das Verschwinden meines Freundes, kurz zu entschuldigen.

Doch wenn ansonsten in der Kürze auch die Würze zu liegen kommen mag, so lag für diesmal nicht die Würze in der Kürze, sondern ich hatte den Kürzeren gezogen, wie sich nur allzu bald herausstellen sollte.

Der liebe Manfred hatte nämlich seine Beine im wahrsten Sinne des Wortes in die Hand genommen und im Laufschritt auf Schusters Rappen den langen Heimweg von Sachendorf nach Zeltweg aus lauter verletztem Stolz per pedes angetreten.

Kilometer um Kilometer fuhr ich, als ich ihn endlich auf der nächtlichen Straße entdeckt hatte, mit geöffnetem Autofenster neben ihm einher, wie auf ein krankes Roß einredend, *heilige Schwüre schwörend,* auf besagtes Mädchen aus Freundschaft zu ihm für diesmal verzichten zu wollen.

Doch die Dickköpfigkeit meines lieben Freundes, bis er sich endlich überreden ließ, zu mir ins Auto einzusteigen und mit mir an den Ausgangspunkt seines Marathonlaufes wiederum zurückzukehren, zog und zog sich in die Länge, daß es keine Freude war.

Und so mußte es ganz einfach passieren, daß, als wir beide, die sich solchermaßen über die Aufteilung der (*Damen bitte das nächste Wort nicht*

zu beachten) Beute einig waren, wiederum besagte *Medaluna-Bar* betreten hatten, zwar noch Gäste da waren, aber nicht mehr unser *Opfer*. Das hatte, wie uns die Serviererin *mit hämischem Grinsen bemerkte*, während unserer Abwesenheit ein Fliegeroffizier aus dem nahegelegenen Fliegerhorst für sich alleine *erbeutet*!

Doch das war dazumal beileibe nicht *die einzige Niederlage*, über die im nachhinein zu schmunzeln wäre.

War ich doch in etwa zur gleichen Zeit mit meinem Freund namens Otto, *dazumal bereits maximal* – wo vom heutigen Otto Maximal aus Salzburg weit und breit noch nichts zu sehen war – im schönen Kärntnerland auf nächtlicher Brautschau unterwegs gewesen.

Und so wie in der Medaluna-Bar mit Freund Manfred, wurden Otto, dazumal bereits maximal, und ich leider an besagtem Abend auch nur bei *einer* holden Maid, wie es fürs erste schien, fündig.

Diese holde Maid nun war Serviererin an einer Tankstelle im Stadtzentrum von Villach und vertröstete uns beide Balzhähne auf die Zeit nach der Sperrstunde mit dem Versprechen, nachher mit uns gerne noch wohin zu fahren.

Wir beide, voll der Vorfreude auf Kommendes, warteten und warteten vor dem Ausgang des Tankstellen-Espressos an jenem Novembertag fröstelnd in meinem Auto, als endlich lange nach Mitternacht die Tür des Espressos aufging und unsere so freudvoll erwartete zukünftige Begleiterin in ein aus der Dunkelheit dieser nebligen Novembernacht heranrollendes Auto sprang und gleich darauf an Bord dieses Autos aufgrund des herrschenden Nebels unseren Augen entschwand.

„Na so eine Gemeinheit“, mochte es damals, uns beiden solchermaßen aus ihrer Vorfreude gerissenen Freunden durch den Kopf geschossen sein, als wir auch schon mit unserem Wagen in die Dunkelheit der Nacht dem enteilten Mädchen samt vermeintlichem Kavalier trotz des herrschenden Nebels nachbrausten.

Doch der Wagen vor uns fuhr und fuhr, wie mir schien, bis ins nahegelegene Italien.

Und da der Nebel außerhalb von Villach immer dichter und dichter wurde, hielt ich mich als derjenige, der am Steuer unseres Wagens saß, so knapp ich nur konnte hinter den Rücklichtern des vorauseilenden Fahrzeuges, sooooo lange, bis endlich einmal die Bremslichter durch ihr Aufleuchten mir signalisierten, *daß der Vordermann, der solchermaßen von uns Verfolgte, endlich stehenbleiben würde.*

So blieb ich gezwungener und beabsichtigter Weise knapp hinter dem im Nebel, nur den Konturen nach erkennbaren Wagen stehen, als auf einmal jemand an mein Wagenfenster mit der gleich darauffolgenden Feststellung klopfte: „Darf ich Sie darauf aufmerksam machen", bekam ich, nachdem ich mein Seitenfenster heruntergekurbelt hatte, zu hören, „daß Sie sich auf meinem Grundstück *hinter meinem in der Garage stehenden* Wagen befinden, mit welchem ich", und jetzt wurde die Stimme aus dem Nebel, wie mir schien, mehr als zynisch, „gerade meine Frau nach Hause gebracht habe!"

„Darf ich Sie daher bitten, mein Grundstück zu verlassen", bekam ich aus der Ferne noch zu hören, da ich aufgrund dieser niederschmetternden Eröffnung bereits den Retourgang eingelegt hatte und bei diesem Nebel, der mich ja wie im Blindflug diesem Auto bis auf dieses fremde Grundstück folgen ließ, dieses zwar im Schrittempo wie ein begossener Pudel, jedoch wiederum fluchtartig verlassen ließ.

„Wummmms, war das eine Niederlage, so ein Mist, die hat uns zwei Deppen gehörig an der Nase herumgeführt", hatten wir zwei dann noch lange bei diesem Nebel die Gelegenheit zu fluchen, bis wir zu ziemlich später Stund' wiederum in das Stadtgebiet von Villach *zurückfanden* und wenig später auch unsere zum Glück bereits vorausbestellte Bleibe für diese Nacht zu erreichen vermochten.

Doch wenn ich heute in der Rückblende auf dazumal so nach und nach die eine oder andere diesbezügliche Begebenheit vor meinem geistigen Auge Revue passieren lasse, so kommen *mir mehr der Niederlagen, da lehrreichen Begebenheiten,* in den Sinn als es die in der Überzahl meiner *vagen* Erinnerung nach gelegenen Erfolgserlebnisse zu Wege bringen hätten können.

Werde ich doch allein wegen wiederum einer so aus dem Bauch, aus der Situation heraus entstandenen Begebenheit, die auch nach hinten hätte losgehen können, des öfteren durch meinen damaligen Retter, den Sohn der Waldschenke am Tulbinger Kogel, *Maximilian,* mit den Worten; „Herr Ebert, können's ihna noch an die Braut erinnern, die Sie entführt haben?", wiederum an einen Streich erinnert, der sich aus heiterem Himmel, *ohne mein Zutun,* eines Tages ergeben sollte.

Es war eines Samstags in besagter Waldschenke am Tulbinger Kogel im schönen Wienerwald, als wie üblich im allseits beliebten Grill-Stadl des Hauses eine Hochzeitsgesellschaft sich zum Hochzeitsschmaus einfinden sollte.

Derweil also im Nebenhaus, besagtem Stadl, gefeiert wurde, stand ich als einsamer Gast an der Theke, die mehr Durchreiche für Mehlspeisen als Theke ist, als sich auf einmal zu meiner Freude die Braut und ihre beiden Kranzljungfern ohne männliche Begleitung zu mir gesellten. Keine von den dreien war, wie soll ich es, ohne meine weiblichen Leser zu vergrämen, formulieren, eine Schönheit, aber lieb waren sie doch, und so ergab ein Wort das andere, bis es, wie sich in der Folge herausstellen sollte, zu meiner verhängnisvollen Frage: *„Seid Ihr noch gar nicht entführt worden?"* kommen sollte.

„Entführt?", klang es fragend aus dreifachem Mund an mein Ohr, „wieso soll uns jemand entführen? Wie kommen Sie darauf?" forschten die drei Grazien weiter. „Weil das am Land so üblich ist und wir da, wo wir gerade sind, am Land und nicht mehr in der Stadt sind", gab ich zum Besten.

Da ritt mich auf einmal in Anbetracht des, so schien mir für den Moment, tatsächlich unschuldigen (Damen, bitte Fortsetzung dieser Zeile überspringen) Ganserlstalles neben mir wiederum einmal der Teufel der Versuchung, dem ich auch umgehend erliegen sollte.

„Soll ich Euch entführen?" raspelte ich daraufhin süß wie Ebenholz, um die drei für eine Entführung herumzukriegen, Braut samt Kranzljungfern, die ob dieses unerhörten, doch wie es sich allsogleich zeigen sollte, verlockenden Angebotes mit hochroten Köpfen sich gegenseitig Mut zum Abenteuer zusprachen.

Als mich angesichts ihrer Unentschlossenheit schon wieder der Teufel ritt: „Mein Auto steht gleich hinter dem Ausgang der Küche. Ich mach' alle Türen auf und wenn Ihr *Lust* habt, eine Brautentführung mitzumachen, dann nichts wie rein, der Chauffeur wartet schon", und gesagt getan, weg war ich, um mein Auto für die angebotene Brautentführung startklar zu machen.

Und es dauerte nicht lange, so schlichen die drei Grazien unbemerkt von Bräutigam und sonstigen Hochzeitsgästen durch die Küche in Richtung meines bereits startklaren Wagens ihrem Abenteuer, der *Brautentführung*, noch dazu mit einem für sie wildfremden Mann, entgegen.

Einzig Maxi, der Sohn des Hauses hatte diesen Vorgang, wie sich späterhin ergeben sollte, als *Retter aus der Not* genüßlich beobachtet.

Waren *die drei* im Fond meines Wagens sitzenden Damen anfangs aufgeregt!

„Stimmt das wirklich, daß am Land die Braut entführt wird?" klang es anfangs meiner dermaßen inszenierten Brautentführung des öfteren ängstlich an mein Ohr und nicht nur ich, sondern auch die Gäste jenes Lokales, wohin ich schlußendlich Braut samt Begleitung zum Umtrunk einlud, mußten die drei Grazien diesbezüglich immer wieder beruhigen.

Mittlerweile brauten sich jedoch in der fernen Waldschenke, wie ich später erfahren sollte, bedrohliche Gewitterwolken über dem Brautentführer zusammen.

Die Hochzeitsgesellschaft, weniger unter Federführung des Bräutigams, sondern des gestrengen Brautvaters, hatte, wie konnte es auch anders sein, das Verschwinden der Braut samt Kranzljungfern bemerkt und da ansonsten außer der Braut und den beiden Damen ihrer Begleitung alle Hochzeitsgäste anwesend waren, schrillten beim gestrengen ministerialen Brautvater die Alarmglocken.

„Frau Wirtin, die Braut wurde von einem Unbekannten entführt. Rufen Sie sofort die Gendarmerie!" beauftragte daraufhin der Brautvater die Wirtin und die vorerst in Unkenntnis der Sachlage Gewesene tat in Anbetracht der aufgeregten Hochzeitsgesellschaft, wie ihr geheißen wurde.

Wenn ich gewußt hätte, in welche Aufregung durch meinen Schabernack ich Hochzeitsgäste, Hausleut' und Gendarmen versetzten würde, hätte ich es mit meiner Einladung *zum Brautraub*, wie es für die restlichen Hochzeitsgäste schien, wohl bleiben lassen.

Aber *Maxi*, der Sohn des Hauses, wurde mir zum Retter.

„*Der Herr Ebert* war's doch, der die drei entführt hat", bemerkte er, wie er mir später erzählt hat, gegenüber den Gendarmen, um gleich darauf mit

dem trostreichen Hinweis: „So schön woarn de alle drei net, der Bräutigam soll sie doch kaane Sorgen mochen, die kriegt er scho wieder“ die aufgeregten Gendarmen, und nicht nur die, bezüglich der vermuteten Entführung in Sicherheit zu wiegen.

Und mit dieser Information gaben sich gezwungenermaßen sowohl Bräutigam, ministerieller Brautvater, Wirtin und wartende Gendarmen vorerst einmal bei einem gemeinsamen Umtrunk so lange zufrieden, bis wenig später der glückliche Bräutigam seine überglückliche Braut wiederum in die Arme schließen konnte, die in Anbetracht ihres, wie es mir schien, überaus ängstlichen Bräutigams sich wohl zeitlebens *an dieses Abenteuer ihrer letztmaligen Entführung vermutlich gerne erinnern wird.*

Dies waren nun wiederum einige jener Episoden aus meinem Leben, die mir dazumal meinen 8+8-Stunden-Tag immer wieder aufzulockern vermochten und über deren Vielfalt ich einmal meinen beiden damals vielleicht zehn und zwölf Jahre alten Kindern ein wenig zu viel erzählt haben mochte.

Um jedoch aufgrund meiner diversen amourösen Abenteuer, von welchen ich meinen beiden interessiert lauschenden Kindern erzählt hatte, nicht nur den beiden gegenüber allzu sehr ins schiefe Licht zu geraten, datierte ich zum Abschluß meiner Erzählungen natürlich alles in den Zeitraum vor meiner Eheschließung zurück.

Doch leider haben Lügen kurze Beine und so hatte ich anderntags das

Vergnügen, einer Unterhaltung zwischen Mutter und Kindern zu lauschen. Alle drei befanden sich in der Küche, meine Frau war am Kochen und unsere Tochter Silvia und Sohn Andreas hockten auf der Anrichte herum und ich schmökerte zur gleichen Zeit im nebenan liegenden Wohnzimmer in der Zeitung, um dabei Zeuge folgenden Disputes zu werden:

„Du, Mutti, was der Papa bei seinen Reisen alles erlebt hat! Was uns der gestern alles erzählt hat! Der muß aber, bevor Ihr geheiratet habt, *ein paarmal gelebt haben!*"

„Jawohl" kann ich dazu heute nur sagen. Ich habe gelebt, geliebt, gekämpft, gelitten und immer wieder auch kräftige Niederlagen erlitten, *doch niemals in meinem Leben* habe ich für meinen persönlichen Vorteil auch nur ein Wochenende mit meiner Familie verpaßt und nicht anders halte ich es heute als Opa mit *meinen Enkelkindern.*

Mochte mich dazumal, so um 1960/62 herum, meine Reisetätigkeit bis ins fleißige Vorarlberg geführt haben, so schnürte ich im bildlichen Sinn Freitag nachmittag nach Besuch bei meinem letzten Apotheker oder Drogisten-Kunden meinen Ranzen, sprich schloß meinen Kollektionskoffer und ritt mit diesem meinen dazumal schon nostalgischen VW im wahrsten Sinne des Wortes lediglich über Bundesstraßen wiederum heim nach Wien, in Richtung meiner Familie.

Bis zu *neun* Stunden war ich dazumal Freitag für Freitag am Weg und oftmals konnte es passieren, daß ich erst in den frühen Morgenstunden nach Hause kam.

Alles schlief, wenn ich um drei oder vier Uhr früh das Schlafzimmer meiner Kinder betrat, mich über ihre Betten beugte und überglücklich *ihrem ruhigen Atem lauschte.*

Daß ich um dieser Glückseligkeit, dem ruhigen Atmen der schlafenden Kinder zu lauschen, vordem acht oder neun Stunden oftmals todmüde hinter dem Lenkrad zugebracht hatte, ward in diesen Momenten stets vergessen.

Doch um aus meiner aufkommenden Müdigkeit hie und da wiederum für einige Zeit hellwach zu werden, hatte unter anderem bei Schwarzach-St. Veit im Salzburgerland eine Unebenheit des Straßenbelages gesorgt, die, wenn ich sie mit Höchstgeschwindigkeit anging, mein alter VW schaffte dazumal höchstens 95 Spitze, mich mit allen vier Rädern wie ein Rallye-Auto in die Luft katapultierte und durch die Spannung des Absprunges samt anschließender Landung mich auf längere Zeit meine Müdigkeit vergessen ließ.

Doch eines Tages wurde ich aus gegenteiligem Grund an meinem vermeintlichen Sprunghügel *pumperlmunter.*

Wie üblich näherte ich mich eines Freitags, aus Vorarlberg kommend, wiederum wie gewohnt zu später Stund meinem Muntermacher, besagter Straßenkuppe, um, wie gewohnt, mich fest am Lenkrad anzuhalten in Erwartung, daß die Post nach oben gleich losgehen würde.

Doch an diesem Abend war es nur mein Körper und mein Kopf, der den vermeintlichen Sprung simulierte und mich mit dem Kopf gegen die Windschutzscheibe stoßen ließ, *doch das Auto selber machte keinen Hopser!*

So munter war ich schon lange nicht mehr. Hatte doch tatsächlich die Straßenverwaltung *nach Jahren* diese Unebenheit, diesen meinen Sprunghügel begradigt, und ich, in Unkenntnis dieser Ungeheuerlichkeit, hatte mich wie üblich im Auto vorm Absprung automatisch geduckt, um alsdann mit dem Kopf gegen die Windschutzscheibe zu krachen. Bis nach Wien hatte ich damals über meine eigene Blödheit zu lachen darüber, *was Gewohnheit nicht alles zu verursachen vermag.*

Mit einem Wort, mein Leben war reich an Episoden, die ich heute in der Rückblende niemals missen möchte und *die* trotz oder *gerade deswegen*,

weil es deren *im Verlaufe* meines Lebens unzählige gab, *meinem Leistungswillen,* auf welchen ich vermutlich noch des öfteren zu sprechen komme, *immer wieder neue Kraft verliehen.*

Mit welchem Ernst und welcher Akribie ich sowohl meiner Vertreter- wie auch meiner Aufbauarbeit, die schlußendlich zu einer eigenen Kondomautomaten-Aufstellung in späterer Folge führte, auch immer nachging, so war Übermut, Schabernack und Spitzbübereien immer mit auf Reisen, mit auf meinem Weg.

Hatten da nicht einstmals in unserem Grazer Haus- und Hofhotel meine kartenspielenden Vertreter und reisenden Kollegen, von welchen ich mich gerade in meiner *Stillen-Ort-Kluft*, sprich mit Arbeitsmantel und Werkzeugtasche eines Abends verabschieden wollte, um meiner allabendlichen Tätigkeit, dem Kondomautomaten montieren und kontrollieren, nachzugehen, folgende provozierende Fragen an mich gerichtet:

„Sag Ferry, was ist mit Frauen? Kannst nimmer mehr?" wollte einer wissen, als der nächste bemerkte: „Den Ferry kannst vergessen, der bohrt doch nur mehr Luftlöcher mit der Bohrmaschine und (darf ich die Damen wiederum bitten, mir die nächste Zeile zu *verzeihen*!) Weiber aufreißen kann er ah nimmer mehr", meldete sich da noch einer zu Wort, ohne daß sie dabei auch nur im geringsten ihr Kartenspiel unterbrachen oder mich dabei auch nur eines Blickes gewürdigt hätten.

„Ihr *G'sindel*", dachte ich damals bei mir, „könnts leicht das Maul aufreißen, euch hat ja keiner dreihundert Automaten ins Haus gstellt, *aber mir!* Euch zeig ich noch, wer wer ist, das garantiere ich Euch."

Und gedacht war zeitlebens bei mir auch schnell getan und so lenkte ich meinen Schritt eilends aus dem alten Hotel Goldener Ochs zu Graz auf die Straße hinaus. Für den Moment noch unentschlossen, ob ich zuerst meiner Nachtarbeit, der Automatenmontage und Automatenkontrolle oder meinem Verlangen nachgehen sollte, mir mit den kartenspielenden Freunden einen Jux zu machen, als mir zufällig – mit den Zufällen ist das so eine Sache bei mir – die erste Maid über den Weg lief.

„Hallo Fräulein, ich benötige Ihre Hilfe" rief ich ihr nach und wider Erwarten zeigte sich die holde Maid in der Folge mehr als hilfsbereit. „Wissen Sie", ich stellte mich zuerst einmal höflich vor, „da drinnen", ich wies auf das gegenüberliegende Hotel, welches ich gerade erst verlassen hatte, „da drinnen sitzt eine faule Bande, meine kartenspielenden Freunde, die mir allen Ernstes jeden Erfolg bei Frauen gerade in Abrede gestellt haben.

Helfen Sie mir?" fragte ich unverblümt, „ich möcht' denen da drinnen zeigen, wer ihr Freund ist!!!! Haben Sie ein paar Freundinnen, die wir vielleicht noch anrufen könnten?" bohrte ich weiter, und *nur wer wagt gewinnt,* manchmal zwar nicht sofort, damals jedenfalls gewann ich noch am gleichen Abend insgesamt *sieben Mädchen* dazu, die ich mit meinem und mit ihrem eigenen Auto zu *meinen kartenspielenden Provokateuren* alsdann karrte, nur um diesen zu beweisen, *wer wer ist.*

War mir das damals eine Genugtuung! Kaum zwei Stunden später meinen Begleiterinnen von außerhalb des Hotels ein Zeichen zu geben, an welchen der Tische, wie vorher besprochen, sie sich mit den Worten: „*Meine Herren, wir sollen Sie vom Ferry schön grüßen lassen*" hinzuzugesellen hätten.

Das mag dazumal ein Hallo gewesen sein, doch meine Pflicht rief mich, hatte ich doch, bis ich diesen Mädchenschwarm beisammen hatte, zwei wertvolle Nachtarbeitsstunden geopfert, und so ging ich *Tor*, statt an dem Hallo des erstmaligen Kennenlernens teilzunehmen, in die Nacht hinaus, um meiner per Zufall auferlegten Pflicht nachzukommen, da auch die bereits aufgestellten Kondomautomaten ihrer Betreuung harrten.

Als ich dazumal weit nach Mitternacht nach getaner Arbeit wiederum ins Hotel zurückkehrte, *war naturgemäß* weder von den Schönen dieser Nacht noch von meinen kartenspielenden Freunden weit und breit mehr etwas zu sehen.

Aber eines war ab diesem Abend klar, daß mir gegenüber alle miteinander niemals mehr den Mund aufgerissen haben, doch erst einige Zeit später, nachdem mir einer meiner damaligen Freunde reinen Wein einschenkte, wurde mir bewußt, warum es damals mir gegenüber zu dieser Provokation überhaupt gekommen war.

„Ferry“, erklärte mir bewußter Freund, welchen ich so wie alle anderen Vertreterfreunde auch schon viele Jahre vor meiner Automateninvasion kannte, „wir glauben alle, seitdem Du auch in den Nachtstunden wegen der blöden Automaten herumrennst, daß Du spinnst. Warum tust Du das? Wir arbeiten alle tagsüber genauso wie Du und wenn wir dann abends herumsitzen, kartenspielen oder sonstigen Vergnügungen nachgehen, kommst Du meistens mit Deinem Arbeitsgwandl daher und merkst gar net, wie Du uns provozierst! Du hackelst ganz einfach zu viel und das stört uns, weil wir, wenn Du spät in der Nacht auftauchst, immer ein Schuldgefühl haben. Das mußte ich Dir einmal sagen“, erzählte mir damals jener Freund, der auch heute noch ein Freund ist.

Das war eine Eröffnung, nur weil ich diese Dinger, diese Kondomautomaten, die dieser in Pleite gegangenen Firma zugedacht waren, ins Verdienen zu bringen hatte, was beileibe kein Honiglecken war – prügeln und beschimpfen mich Wirtinnen, kündigt mir manch ein Apotheker, ein Drogist, wenn er bei *seinem* Wirt am stillen Ort den von mir montierten Kondomautomaten entdeckt, die langjährige Freundschaft und zu guter Letzt bin ich auch noch meinen Freunden, statt zum leistungsbewußten Vorbild *zum Dorn im Auge geworden.*

Dazumal verstand ich die Welt nicht mehr, *wollte ich doch niemandem etwas zuleide tun,* ja ganz im Gegenteil, war ich aufgrund meiner 8+8-Stunden-Leistung der Meinung gewesen, *ein beispielhaftes Vorbild zu sein.*

Ich armer armer Tor, nicht nur von dazumal, der zeitlebens nicht und nicht begreifen wollte, daß da, *wo gehobelt wird, auch die Späne fliegen,* und der Neid immer nur denjenigen zu treffen vermag, der durch ein mehr an Geld und Gut, an Erfolg und Einfluß den weniger Erfolgreichen, *den weniger Leistungsfreudigen,* sich solchermaßen ganz unbewußt zum Neider macht.

Danach, was Du für diese scheinbaren Werte zeitlebens zu opfern bereit warst, opfern mußtest, *was Du alles riskiert und alles probiert hast,* danach fragt Dich kein Neider, *das bleibt allein Dein leidvolles Geheimnis.*

„Drum scher Dich niemals um das Fluchen Deiner Neider, wenn Dein Weg rechtens war", sagt ein chinesisches Sprichwort, dem ich mir nichts hinzuzufügen erlaube.

Doch die Prüfungen, die das Schicksal mir auferlegte, waren gar mannigfaltig.

Wie oft fielen mir beim Öffnen der Automaten eine oder deren mehr Münzen leider nicht in den Brunnen, sondern in die übel riechende Pissoir-Rinne, *und ich hatte mich nach ihnen zu beugen,* da ich sie zur Bezahlung der Automaten benötigte.

Wie *wurden, waren und werden* meine Automaten *bespuckt, beschmiert und demoliert* und ich hatte am stillen Ort meine Not, diesem Vandalismus oftmals mit viel Zeitaufwand zu begegnen.

Wie oft haben im Verlauf der Jahre Vandalen nicht nur meine Automaten geknackt und sie gleich zu Schrott gemacht, sondern sie auch noch aus der Wand gerissen.

Und all dem hatte ich jahrein jahraus zu begegnen, ob ich wollte oder auch nicht; und niemand litt darunter so wie ich, nur, darum hat *mich auch niemand beneidet.*

Denn so unglaublich es heute klingen mag, vielleicht weil ich wegen diesen *meinen* Automaten der *ersten Stunden so viele Demütigungen über mich ergehen lassen mußte, so viele Niederlagen einzustecken hatte,* stieg ihr ideeller Wert in meinen Augen ins Unermeßliche, wurden sie *rein ideell* Teil meiner selbst.

Und wenn ich endlich wiederum für einen dieser meiner Kondomautomaten der ersten Stunde einen Aufstellplatz gefunden hatte, dann wußte ich, daß dieser Automat, dieser mein *Stummer Diener rund um die Uhr*, auch dann, wenn meine Familie oder ich schliefen, uns zu Diensten sein würde.

In diesem Bewußtsein habe ich damals, vor über dreißig Jahren, mein Werk, die Aufstellung zuallererst von Kondomautomaten, begonnen. Sie betreut und bei Bedarf repariert und stets auch auf Hochglanz selbst poliert.

Vermutlich war aufgrund all dieser Herausforderungen drumherum so viel meines Herzblutes geflossen, daß ich sie allesamt als Teil meiner selbst betrachtet haben mochte.

Vielleicht habe ich schon damals unbewußt gespürt, daß diese meine Stummen Diener dereinst einmal meiner Familie noch dienen würden, auch wenn ich meine Augen schon geschlossen habe.

Daher war jeder Spucker, jeder Kratzer und jeder Schlag, der von Unbekannt einem meiner Automaten-Kinder zugefügt wurde, *mir wie ein Spucker, ein Kratzer oder ein Schlag in mein eigenes Gesicht.*

Mag ich durchaus diesbezüglich Dir als Spinner erscheinen, ich habe es dazumal so verspürt *und leide heute unter dem in den letzten Jahren immer stärker* um sich greifenden Vandalismus um nichts geringer als damals.

Nur damals, durch immerhin zwanzig lange Jahre, habe ich für meine *Stummen Diener* den Arbeitsplatz, sprich, Aufstellplatz selbst besorgt, sie montiert und poliert und ihre Funktion kontrolliert.

Doch heute *könnte ich dies nie und nimmer,* nicht nur, daß ihrer im Verlauf der Jahre unzählige wurden, sondern auch *der Lauf der Zeit an mir nicht spurlos vorüberging*, so wäre das tägliche mit ansehen müssen, welches Leid, *welche Gewalt meinen Stummen Dienern heutzutage angetan wird,* mir vermutlich schon zum frühen Grab geworden.

Doch heutzutage liegt die Betreuung *dieser meiner Stummen Diener-*

schaft in Händen einer ganzen Mannschaft von Betreuern, und wenn ich im Drang meiner Geschäfte die Zeit finde, von Zeit zu Zeit einen Blick in unsere Werkstätte zu werfen, *dann weint* beim Anblick der vielen, von Vandalen zerstörten Automaten, diesen meinen Stummen Dienern, die sich gegen keine Beschädigung zu wehren vermögen, *meine Seele* **und für den Moment verstehe ich dann diese unsere Welt nicht mehr.**

455 Mio. S Automaten-schäden

Geradezu dramatisch hat sich die Höhe der Automatenschäden entwickelt. Die Verluste aus Aufbrüchen , Geräte-Diebstählen, Schloßöffnungen, Trickdiebstählen, haben sich gegenüber 1992 auf rund 455 Mio. S verdoppelt. Nimmt man die Basis 1991, dann ergibt sich für 1993 eine Verdreifachung der Schäden in Automaten.

DER TRAFIKANT 7/8/94

Pressebeispiel aus Deutschland

25× um die Erde

Jedoch nicht in 80 Tagen und auch nicht in Wirklichkeit um die Erde bin ich dazumal in fünfundzwanzig langen Jahren bei Sturm und Regen, Hitze und Kälte, *Sonnenschein und Vollmondnacht* mit den wunderlichsten Vehikeln, die nicht gerade selten aus Altersschwäche oder aufgrund meiner ungestümen Fahrweise unterwegs ihren Geist aufgaben, *kreuz und quer* durch unsere Heimat gefahren.

Und wie oft hatte ich dabei die Gelegenheit, wenn ich allein auf weiter Flur gerade wieder eine Niederlage, *einen Hinausschmiß hinter mir hatte,* an der Gerechtigkeit des Schicksals zu zweifeln.

„*Warum*", fragte ich dann immer mein Schicksal, „warum muß ich mich so oft demütigen lassen, so viele Niederlagen erleiden?", und war blind aus lauter Selbstmitleid, blind gegenüber den Erfolgen, die ich doch ebenfalls hatte.

Natürlich war es deprimierend, wenn Du nach einer Woche täglich an die 16 Stunden so nebenbei durch die Montage der Automaten *körperlich schwer gearbeitet* hattest, *dazwischen mit ganzer Überzeugungskraft bemüht warst,* die Voreingenommenheit Deiner jeweiligen Gesprächspartner gegen Deine Kondomautomaten zu zerstreuen und so nebenbei auch *noch Hunderte von Kilometern heruntergespult hast,* am Heimweg noch mit folgendem Vorfall konfrontiert zu werden, der nicht nur dazumal leider kein Einzelfall bleiben sollte.

Es war zur Winterszeit, die Straßen waren tief verschneit, als ich mich nach einer anstrengenden Woche, die mich bis nach Lienz in Osttirol geführt hatte, eines Freitag nachmittags auf den Heimweg zu meinen Lieben machte. Es mochte an diesem *schwarzen Freitag* in den frühen Abendstunden gewesen sein, als ich von einer Kunde aus meine Gattin über meine, wie ich glaubte, bevorstehende Heimkehr telefonisch informieren wollte.

Doch statt Freude in der Stimme meiner Frau, die sich genauso wie die Kinder Woche für Woche auf meine Heimkehr freute, klang es an besagtem Freitag gar nicht freudig an mein Ohr, da meine Frau wußte, daß ich seit über einem Jahr hinter einem unbekannten Gauner, der mit einem Trick meine damaligen Automaten *zu Hunderten um ihren Inhalt erleichtert hatte*, erfolglos hinterher fuhr.

War ich doch auch in jener Woche schon deprimiert von einem Automaten zum anderen bis nach Osttirol hineingefahren und statt der erhofften Münzen im Brunnen, in diesem Fall meine ich natürlich in der Kassa des jeweiligen Automaten, sah mir gähnende Leere aus der Kassa entgegen und die sonst im Automaten vorrätigen Kondompackungen waren ebenfalls ohne Gegenwert verschwunden.

Es war ganz einfach zum Verzweifeln, war doch dazumal ein Unbekannter auf einen Trick gekommen, meine Automaten dermaßen zu knacken, ohne daß von außen der solchermaßen erfolgte Einbruch am Automaten auch nur im geringsten ersichtlich gewesen wäre.

Doch dieser Kerl war dazumal schon über ein ganzes Jahr weder durch die Polizei, Gendarmerie, den einzelnen Gastwirt, oder wo immer ich meine Kondomautomaten auch montiert haben mochte, auch nicht durch mich selber zu fassen, da er an meinen Automaten einen Schwachpunkt entdeckt hatte, welcher es diesem Menschen erlaubte, die Geräte weitgehend ohne Beschädigung und damit ohne Spuren zu hinterlassen, zu öffnen.

Der Kerl war wie ein Phantom, einmal machte er das Stadtgebiet von Wien unsicher, um gleich darauf in Innsbruck und statt, wie es naheliegend gewesen wäre, anschließend in Bregenz sein Unwesen zu treiben, in Graz und von da wieder, *unerklärlicher, sprunghafter Weise* wie in besagter Woche, in Lienz *sein Unwesen zu treiben.*

Meine Gattin, *im Bewußtsein meiner* diesbezüglichen *Ohnmacht, ja meiner Verzweiflung,* da ich ja alle solchermaßen *manipulierten* Kondomautomaten nicht nur, daß sie um Geld und Ware erleichtert wurden, auch noch aus ganz Österreich zusammentragen und damit erst einmal wiederum abmontieren mußte, traute sich an diesem *schwarzen Freitag* ihren aufgrund all dieser Herausforderungen schon ziemlich *deprimierten,* auf der Heimfahrt befindlichen Mann vorerst gar nicht zu eröffnen, daß neuerlich Einbruchsmeldungen von Gastwirten sowohl aus Lienz, aus Innsbruck aber auch aus Neusiedl und Kittsee im Burgenland eingegangen waren.

Doch allein aufgrund der Stimmlage meiner Frau wurde ich dazumal hellhörig und wollte natürlich umgehend den Grund hierzu wissen, und als ich alsdann über den Grund und die wiederum vor mir liegenden *nutzlosen, endlosen leeren* Kilometer Bescheid wußte, die schon wieder auf mich zukommen würden, war ich im wahrsten Sinne des Wortes am Boden zerstört.

Keine Kraft, kein Saft war dazumal für den Moment in mir, da ich in dieser Woche schon mehr als 2000 Kilometer nutzlos heruntergeradelt hatte und dabei gerade wegen dieser *von außen nicht erkennbaren Einbruchsserie* zusätzlich noch mit jenem Mißtrauen fertig werden mußte, welches mir all jene Kunden entgegenbrachten, *die mir bisher* beim Inkasso der Automaten freie Hand, *sprich ihr Vertrauen geschenkt hatten.*

Wurde doch gerade jenes Vertrauen, welches mir das alleinige Inkasso meiner Automaten gestattete, ohne darauf warten zu müssen, bis der jeweilige Gastwirt für mich Zeit finden würde, um gemeinsam die Befüllung wie auch die Geldentnahme am Automaten vorzunehmen, durch diese Einbruchsserie *mehr als auf die Probe gestellt.*

Aus dem Grund auf die Probe gestellt, da ich beim Aufsperren des – ohne, daß es nach außen hin ersichtlich gewesen wäre – *bereits vordem bestohlenen Automaten* fürs erste selbst einmal *vor der leeren Kassa stand.*

Nicht nur, daß ich aufgrund dieser Einbruchsserie *selbst der am meisten Leidtragende war*, mußte ich auch noch dem jeweiligen Gastwirt gegenüber Rede und Antwort stehen, warum er für diesmal vo*n mir kein Geld zu erwarten hätte.*

Das waren dazumal die peinlichsten Situationen in meinem jungen Leben, *selbst als Bestohlener – mit den Augen des jeweiligen Gastwirtes betrachtet, als wäre ich selbst der Dieb gewesen* - diesen Ort wiederum zu verlassen. Dabei war dieses mir dazumal entgegengebrachte Mißtrauen des jeweiligen Gastwirts diesem gar nicht zu verübeln. *Da ja von außen am Automat* durch den so überaus fachgerecht erfolgten Einbruch dieses Serieneinbrechers oftmals *absolut keine Einbruchsspuren erkennbar waren* und dadurch der jeweilige Gastwirt meiner Einbruchsdarstellung *glauben konnte oder auch nicht*!

Doch da, wo's ums Geld geht, auch wenn dies, wie im Fall der Kondomautomaten, keine großen Beträge gewesen sein mochten, so ging diesbezüglich trotz allem immer wieder ein gewisses Mißtrauen mit einher.

Zumindest so lange, bis ich auch dieser Notsituation aufgrund ihrer Häufigkeit zumindest in der Form zu begegnen wußte, als daß ich, um dem *aufkommenden Mißtrauen gerade meiner vertrauensvollsten Kunden begegnen zu können*, zu jedem Inkasso darauf bestand, egal wie lange ich auf die Begleitung auch warten mußte, daß der Wirt gemeinsam mit mir zum Automaten mitging. Aus dem Grund auf die Begleitung durch den jeweiligen Gastwirt bestand, damit dieser bei erfolgtem Einbruch sich an Ort und Stelle selbst davon überzeugen konnte, ob der bei ihm aufgestellte Automat denn tatsächlich von besagtem Einbrecher heimgesucht wurde und solchermaßen mir gegenüber kein Mißtrauen mehr entstand.

Doch an diesem besagten Freitag blieb mir aufgrund der Information meiner Gattin nur die Überlegung, ich mochte zum Zeitpunkt meines Telefonanrufes in der Höhe von Judenburg in der Steiermark gewesen sein, meine Heimfahrt zu unterbrechen und gleich nach Innsbruck weiterzufahren – und in diesem Fall das bevorstehende Wochenende statt bei meiner Familie mit dem Einsammeln der in Tirol aufgebrochenen Automaten zu verbringen, oder von der Steiermark aus ins nähergelegene Burgenland zu fahren und vorerst hier gleichfalls mit dem Einsammeln der aufgebrochenen Automaten zu beginnen.

So entschloß ich mich damals aus dem Grund, da ich meinen Kombi schon fast bis unters Dach mit den in Osttirol aufgebrochenen Automaten vollgerammelt hatte, für das Burgenland, da es näher zu Wien und damit auch näher zu meiner Familie lag.

Endlos zog sich dazumal dieser durch den unbekannten Serieneinbrecher oder deren mehrere aufgehalste Umweg von der Steiermark ins Burgenland, da, wie es mir schien, einer alleine gar nicht an so vielen Orten gleichzeitig zulangen konnte.

Aus dem Grund endlos, da ich an diesem Wintertag bei Eis und Schnee schon genug anstrengende, durch Witterungsunbill verursachte Kilometer hinter mich gebracht hatte.

Doch der Wettergott meinte es an diesem Tag gar nicht gut mit mir, indem er es nach dem an und für sich ruhigen, aber dichten Schneefall in der Steiermark – je mehr ich mich der Ebene des nördlichen Burgenlandes und damit der Parndorfer Heide näherte – *es bis zu einem orkanartigen Schneesturm kommen ließ.*

So kam es, wie es ganz einfach an diesem Tag kommen mußte. Hatte ich doch gerade noch knapp vor Mitternacht die in Neusiedl aufgebrochenen Geräte abzumontieren vermocht, so fuhr ich dazumal zu mitternächtlicher Stund' meinem letzten, durch diesen Einbrecher aufgezwungenen Ziel, einem knapp vor Kittsee und damit nahe der damaligen tschechischen Grenze gelegenen Rasthaus, entgegen. Doch dieses Ziel sollte ich an diesem schwarzen Freitag nicht mehr erreichen.

Aus dem Grund nicht mehr erreichen, da ich schon die ganze Woche durch das bis ins Osttirolerische hineinreichende Einsammeln unzähliger aufgebrochener Automaten nicht nur psychisch, sondern auch physisch mir zuviel zugemutet hatte. Dadurch wurde die teilweise gesicherte Straße *mir an diesem schwarzen Freitag* zur Endstation.

Ich war ganz einfach groggy, und die von meinen Scheibenwischern nicht mehr zu bewältigenden, vom Sturm quer über die Straße gepeitschten Schneemassen hatten mir nicht nur die letzte Sicht, sondern auch für diesen Tag, wie es schien, den letzten Lebenswillen genommen. Dermaßen genommen, daß ich aus lauter Erschöpfung meinen Wagen in die rechts am Straßenrand sich auftürmenden Schneemassen ohne Bremsmanöver hineinrollen ließ in der Hoffnung, er würde von sich aus ohne mein weiteres Zutun von selbst zum Stehen kommen.

Doch ganz im Gegenteil, aus meinem erhofften und in dieser eisigen Schneehölle vielleicht letzten Einnicken wurde nichts, sondern so munter und so sehr durchgefroren wie dazumal war ich nicht allzu oft in meinem Leben.

Hatte sich doch nach meinem aus Erschöpfung verursachten Hineinlenken in die seitlichen Schneemassen folgendes zugetragen:

Kaum daß mein Fahrzeug dazumal auf dieser um diese Zeit und bei diesem Wetter außer durch mich von niemandem mehr befahrenen Straße seine Nase in den Schnee getaucht hatte, drang auf einmal ein *Zischen und Fauchen* von unterhalb der Schneemassen dermaßen laut *an mein zum Schlummern geneigtes Ohr*, daß auf einmal blitzartig sowohl die Müdigkeit wie auch die Erschöpfung von gerade eben wie weggeblasen war.

„Was war da vorne unter dem Schnee passiert?“, war mein erster angstvoller Gedanke und der zweite, „Du Idiot, wie kann man sich nur *so gehen lassen, jetzt kannst bei dem Sauwetter vermutlich selber gehen!*“

Und genauso verhielt es sich dann auch. Hatte sich doch unterhalb der Schneemassen, genau an jenem Ort, wo mich meine Energie zu verlassen schien, ein Mordstrumm Holzpflock befunden, der sich, wie hätte es denn an diesem schwarzen Freitag anders sein können, in den Kühler meines Wagens bohrte und solchermaßen das auch noch bei diesem Schneesturm zu vernehmende Zischen des sich in die Schneemassen ergießenden Kühlerinhaltes meines Autos verursachte.

Der anschließende Fußmarsch zurück nach Gattendorf hatte es damals bei dem herrschenden Schneesturm in sich und wurde mir *zur bleibenden Mahnung dafür*, den Grenzen meiner Belastbarkeit Rechnung zu tragen, damit mir nicht *jemand Höherer* eines Tages aufgrund der Mißachtung meiner menschlichen Grenzen *das Steuer vorzeitig aus der Hand nimmt.*

Doch bis diese Mahnung von dazumal sich dereinst fast bewahrheiten sollte, *zogen noch etliche Jährchen ins Land.*

Der große Blonde

Jedenfalls hat dazumal dieser Einbrecher mich *zwei lange lange Jahre* im wahrsten Sinne des Wortes auf Trab gehalten und es schien mir, daß meine ganze, mit so großer Mühsal begonnene, Aufbauarbeit, die die Aufstellung der mir vom Zufall ins Haus gestellten Kondomautomaten verursacht hatte, durch diesen nicht und nicht zu fassenden Übeltäter ihr frühes Ende finden würde.

Dabei waren es gar nicht die *Automaten der ersten Stunde gewesen,* die so leicht zu berauben waren, sondern aufgrund des nicht vorhersehbaren wirtschaftlichen Erfolges der ersten Geräte, *hatte ich natürlich Lunte gerochen* und war *auf der Suche nach einem neuen Lieferanten* für zusätzliche Kondomautomaten. Die Berliner Firma Wiegand hatte mittlerweile ihre Pforten für immer geschlossen, aber ich war *bei einer Wiener Firma fündig geworden.*

Doch gerade diese neuen Geräte, die ich zum überwiegenden Teil noch gar nicht bezahlt hatte, hatten es dazumal diesem herumreisenden Einbrecher angetan.

Kreuz und quer durch Österreich, hat mich dieser Mensch zwei Jahre lang zusätzlich zu meiner sonstigen Tätigkeit auf Trab gehalten und wenn der oder die Täter es auch *nur* auf den Kasseninhalt meiner Geräte abgesehen hatten, so bedienten sich an den oftmals vermutlich Hals über Kopf verlassenen stillen Örtchen die nachfolgenden Besucher kostenlos an den durch den offenen Automaten solchermaßen für jedermann *zur freien Entnahme dargebotenen* Kondompackungen.

Es war schier zum Verzweifeln, *ka Geld, ka Musi,* nur leere Kilometer und bei den Banken in der Kreide, daß es keine reine Freude war.

Doch zum Glück ging auch in diesem Fall, wenn auch sehr sehr langsam, *der Krug so lange zum Brunnen, bis er endlich bricht,* in diesem Fall der Einbrecher so lange zu meinen Automaten, bis er endlich dingfest gemacht werden konnte.

Es ist die Frechheit, die durchaus zu siegen vermag, die aber genauso vor den Fall kommt, *wenn du des Guten zuviel tust,* wie in diesem Fall, wo sich der Täter aufgrund *seines Erfolges* immer mehr in Sicherheit wog und aus diesem Grund immer frecher, *damit aber auch immer unvorsichtiger wurde.*

Frechheit siegt? Hatte der Kerl doch nach einem Jahr nicht tatsächlich die Frechheit, bei einem meiner Kunden als mein Mitarbeiter aufzutreten. Die Wirtin, die zu meinen vertrauensvollsten Kunden gehörte, ließ diesen meinen vermeintlichen Mitarbeiter gewähren und ohne etwas zu argwöhnen alleine zum Automaten gehen, welchen dieser Gauner sogleich um seinen Geldinhalt erleichtert hatte und dabei die absolute Frechheit besaß, *von dem gestohlenen Geld* nicht nur der Wirtin *ihren Mietanteil auszuzahlen*, sondern damit auch noch genüßlich sein Mittagessen zu begleichen.

Es war der Zufall, welcher mir damals zu Hilfe kam, um dieser bodenlosen Frechheit überhaupt einmal auf die Spur zu kommen.

Was glaubst Du, was ich anderntags, der Zufall führte mich genau zu dieser Wirtin in Linz-Ebelsberg, *um das Inkasso an meinen Automaten selber vorzunehmen,* ich für *ein Gesicht* gemacht haben mochte, als ich von der Wirtin mit folgenden Worten begrüßt wurde:

„Ja, Herr Ebert, was machen denn Sie heute da, wo doch gestern erst *Ihr Mitarbeiter* den Automaten ausgeräumt hat?" Es mag dazumal seine Zeit gedauert haben, bis ich ob dieser Eröffnung wiederum meinen Mund fürs erste zu schließen und anschließend wiederum zu öffnen vermochte.

„Frau Leeb", so hieß besagte Wirtin, „wie hat denn mein *Mitarbeiter* überhaupt ausgesehen?" richtete ich dazumal nach der ersten Schrecksekunde mein Wort an diese.

„Sehr fesch, Herr Ebert, groß und blond und ein sehr nettes Auftreten hat er gehabt, der junge Mann, da können's Ihnen gratulieren zu diesem Glücksgriff", bekam ich gleich darauf zu meiner Beruhigung zu hören.

Ich war über diese Frechheit für den Moment fassungslos, doch forschte ich weiter. „Wie hat er Ihnen denn die Miete ausbezahlt, Frau Leeb?" „Direkt aus seinem *Leinensackerl* hat er die Zehner herausgenommen, nur Beleg konnte er mir keinen ausstellen, weil, so hat er mir gesagt, er leider das Inkassobücherl daheim vergessen hat."

Da war es endgültig mit meiner Fassung vorbei und jetzt lag es an Frau Leeb, wiederum den Mund zu schließen über das, was sie nun meinerseits von mir zu hören bekam.

„*Das war ein Gauner, Frau Leeb,* hinter welchem ich schon über ein Jahr her bin und der meine Automaten, genauso wie gestern bei Ihnen, kreuz und quer durch Österreich aufbricht und um ihren Kassainhalt erleichtert und der jetzt auch noch *die Frechheit besitzt, meinen Kunden mit dem gestohlenen Geld eine fiktive Miete auszuzahlen* und als absoluten Gipfel der Frechheit sich Ihnen gegenüber auch noch als mein Mitarbeiter zu erkennen gibt."

Wer dazumal aufgrund dieser wechselseitigen Eröffnung *der Betroffenere* war, ist mir nicht mehr gegenwärtig, doch zumindest *ein Gutes hatte* dieser Vorfall, daß ich ab diesem Zeitpunkt *dieses Phantom,* hinter welchem ich schon so lange als Leidtragender hinterher fuhr, allen meinen Kunden zumindest einmal zu beschreiben vermochte.

Ein großer Blonder war's, hörte ich in der Folge immer öfters von dem einen oder anderen meiner Kunden, die der große Blonde, *absahnend* beehrte hatte, doch bis es soweit war, daß der große Blonde endlich auch hinter Schloß und Riegel landen würde, hatte ich noch einiges zu überstehen.

SOS aus dem Club-West-Kino. „Herr Ebert, Herr Ebert, kommen's schnell", rief mich da eines Tages der Geschäftsführer des ehemaligen *Club-West-Kinos* auf der Wiener Mariahilfer Straße zu Hilfe. *„Ihr Automat hat einen Kinobesucher am Klo erschlagen.* Kommen's, kommen's nur schnell, die Rettung ist schon da."

Was mochte da schon wieder passiert sein. Mit schlotternden Knien sprang ich dazumal ins Auto und raste dem zum Glück in meiner Nähe gelegenen Kino entgegen.

„Hast Du vielleicht den Automaten schlecht an der Wand montiert, sodaß er jemandem, *der gerade seiner Notdurft im Pissoir ‚freien Lauf ließ',* auf den Kopf gefallen ist?" waren während der rasenden Fahrt meine Selbstvorwürfe, bis ich endlich das Kino erreicht hatte.

Das ganze Personal war in heller Aufregung. Doch zu meiner grenzenlosen Beruhigung *saß unter mitleidsvoller Teilnahme aller Umstehenden* der vermeintlich Erschlagene, zwar mit einer Riesenbeule versehen doch lebend, auf einem der vorhandenen Barhocker des diesem Kino angeschlossenen Espresso.

Was war da bloß geschehen? Der gute Mann, wie mir dazumal von den Umstehenden berichtet wurde, wurde tatsächlich beim Verrichten der Notdurft am Pissoir von meinem Automaten am Kopf getroffen und ging anschließend K. O. Glücklicherweise verspürte just zur gleichen Zeit ein Billeteur besagten Club-West-Kinos ebenfalls menschliches Rühren, jedoch festerer-kompakterer Weise und wurde solchermaßen, *in einer der WC-Kabinen hockend,* Ohrenzeuge dieses Dramas, das sich nebenan im Pissoir zutrug.

War doch tatsächlich mein Automat der Täter gewesen, nur auf vollkommen andere Weise, als allseits vermutet und ich es mir vordem zur Selbstanklage gemacht hatte. War doch *zum Glück* nur der Deckel des Automaten diesem *unschuldig zum Handkuß Gekommenen* alleine auf den Kopf gefallen. Aus dem Grund nur der Deckel des Automaten, da nicht, wie ich fälschlicherweise vermutet hatte, ich selber den Automaten vielleicht schlampig montiert hatte, sondern ganz im Gegenteil, war auch dieser Automat vom bewußten Großen Blonden aufgebrochen worden, doch hatte er diesen Automaten in diesem Fall leider ganz gegen seine sonstige professionelle Art wiederum unsachgemäß zugemacht.

Jetzt ging also auch schon ein am Pissoir K. O. Gegangener auf *das Konto des großen Blonden*, wo hingegen sich auf *mein Konto* die Schadenersatzansprüche des solchermaßen K. O. Gegangenen zu Buche schlugen.

So ein Bandit und nicht und nicht zu erwischen. Ich war nahe am Verzweifeln, als ihm, *dem großen Blonden,* endlich die Stunde schlug.

Es war eines Tages das menschliche Rühren eines Bahnhofsvorstandes, welches diesen just im Moment der Beraubung eines Kondomautomaten durch den großen Blonden die Bahnhofs-Toilette aufsuchen ließ.

Aber der große Blonde konnte fürs erste nochmal in der Form Reißaus nehmen, indem er auf einen gerade aus der Station anfahrenden Zug aufsprang und sich solchermaßen dem Zugriff besagten Bahnhofsvorstandes für diesmal noch zu entziehen vermochte. Doch in der nächsten Station war *dann endgültig Endstation für diesen langgesuchten Gauner.* Besagter Bahnhofsvorstand hatte nämlich seinen Kollegen in der nächsten Station über das bevorstehende Eintreffen des von mir schon so lange gesuchten Einbrechers telefonisch informiert, sodaß dieser Zeit und Muße fand, sich mit einem herbeigerufenen Gendarm am Herren-WC des Bahnhofes in Siegmundsherberg auf die Lauer zu legen, um der Dinge zu harren, die da, *wie erhofft,* folgen würden.

Und tatsächlich, der *große Blonde* tappte endlich, nach mehr als zwei Jahren, in die solchermaßen gestellte Falle, denn gerade als er sich auch in diesem Bahnhof am Kondomautomaten zu schaffen machte, ertappten ihn sowohl der Bahnhofsvorstand als auch der Gendarm bei *der Arbeit* und so schlossen sich wenig später die Handschellen um diese Hände, die mir *so viele schlaflose Nächte, so viele Kilometer und so viel nutzlose zusätzliche Arbeit* verursacht hatten.

Der Prozeß gegen diesen Serieneinbrecher, welcher mir für damalige Begriffe in der Höhe fast einer halben Million Schilling einen existenzbedrohenden Schaden zugefügt hatte, ging aus wie das Hornberger Schießen.

Der gute Mann war gar nicht, wie ich aufgrund seiner Cleverness die ganze Zeit über vermutet hatte, ein Profi-Einbrecher gewesen, sondern ein *entmündigter Bauernbursch* aus der Gegend um Ernstbrunn in Niederösterreich, der mit einem ÖBB-Rundreiseticket nach seinem Belieben zwei lange Jahre *kreuz und quer* durch Österreich gefahren war und der, wie er dem Richter zu erzählen wußte, während dieser Zeit auf Kosten seiner Beute *und damit auf meine Kosten* ein *Leben in Saus und Braus* geführt hatte.

Keinen müden Schilling habe ich von dem erlittenen Schaden je wieder gesehen, aber was schlußendlich sich als viel wertvoller, da beruhigend, erweisen sollte, den großen Blonden auch *nie* mehr wieder.

Von außen sind solche Eigenheiten eines Geschäftes natürlich für Außenstehende nicht ersichtlich, *genausowenig wie Du von außen in die Seele eines Menschen zu blicken vermagst.*

Wie oft trägt sich außen etwas Hui und ist innen Pfui, *und wie oft verbirgt äußere Bescheidenheit innere Größe.* Jedenfalls, aus wie vielen Tausenden von diversen Warenautomaten heutzutage auch mein *von Außenstehenden so bezeichnetes* Automaten-Imperium bestehen sollte, *so weiß nur ich persönlich, wieviel Herzblut ich Zeit meines Lebens bis heute dafür zu bezahlen hatte.*

Wie gewonnen, so zerronnen. Dieser wahre Spruch aus dem Volksmund stand auch mir zeitlebens zur Seite, doch habe ich so nach und nach zur Kenntnis genommen, daß all das, was mir *scheinbar aus den Händen,* wie in dem soeben geschilderten Fall, *genommen* und damit für mich *zerronnen war,* auch wenn ich es für den Moment nicht im geringsten wahrhaben mochte, oft in viel späterer Folge seine guten Seiten hatte.

So mochten es dazumal erst wenige hunderte Geräte gewesen sein, die aufgrund eines Konstruktionsfehlers besagten Blonden, *der diesen per Zufall entdeckt haben mochte,* für kurze Zeit sein Leben in Saus und Braus führen ließen und mir dazumal schlaflose Nächte bescherten.

Doch wie viele schlaflose Nächte wären daraus erst geworden, *wenn ich ohne diese Warnung* weiterhin tausende mit diesem Konstruktionsfehler behaftete Automaten zur Aufstellung gebracht hätte.

So schmerzlich diese zwei langen Lehrjahre dazumal auch gewesen sein mochten, so wurden sie, in der Rückblende betrachtet *zum Auslöser einer Konstruktionsänderung,* die mich in späterer Folge vielleicht vor einem *nicht wiedergutzumachenden weitaus größeren Schaden bewahrte.*

Kein schöner Land

Wenn ich auch dazumal aufgrund der durch diese Einbruchsserie erforderlichen zusätzlichen Kilometer kein Auge für die Schönheiten der Natur haben mochte, so war dies zum Glück im Verlaufe meiner jahrzehntelangen Reisetätigkeit nicht immer so gewesen.

Es gibt kein schöner Land als jenes, *welches wir beide unsere Heimat nennen.* Dies wage ich auch, *gerade* nach hunderttausenden, ja mehr als zwei Millionen, in fünfunddreißig Jahren in diesem Land zurückgelegten Straßenkilometern zu behaupten.

Was glaubst Du? Wie himmelhoch jauchzend und zu Tode betrübt ich oftmals Kilometer um Kilometer herunterzuspulen hatte, ohne darauf Rücksicht nehmen zu können, ob mir danach wäre oder auch nicht.

Mein Schicksal hatte mich ganz einfach in die Pflicht, *in meine Pflicht* genommen, und mich wie jeden anderen auch solchermaßen durch seine Mangel dreht.

Es fällt ganz einfach in keinen Bereich unserer Entwicklung *ein Gelernter vom Himmel*, wie mir dies nicht augenscheinlicher *mein jahrzehntelanges Buhlen* um Aufstellplätze für meine Kondomautomaten unter Beweis gestellt haben mochte.

Wie oft mochte ich am Beginn dieser meiner Verhüterli-Reisetätigkeit, *wenn für den Einkauf von Kondomen* ein weibliches, noch dazu junges und obendrein auch noch *adrettes Visavis* zuständig gewesen sein mochte, nicht bis hinter die Ohrenwurzeln rot angelaufen sein – und wie souverän habe ich dann späterhin diese anfängliche Unsicherheit mit Routine gemeistert.

Jeder für sich ist *seines Glückes oder Unglückes Schmied* und hat im Verlauf der Zeitspanne, um vom Hänschen irgendwann einmal zum Hans zu reifen, solchermaßen gegenüber dem Schicksal *seinen Obolus, sein Lehrgeld zu entrichten.*

Genauso ist es mir anfangs auch im wahrsten Sinne des Wortes mit dem Autofahren ergangen. Was habe ich da anfangs nicht alles für einen Mist gebaut, um schlußendlich zum beispielhaften Straßenkamerad *heranzureifen.*

Wie oft hat mich, so wie dazumal in den späten Fünfzigern auf der Heimfahrt von Kärnten, der Beelzebub geritten, ist mir mein Temperament durchgegangen, um mir wenig später mitten auf der Straße mit hochrotem Kopf und gesenktem Blick von den Umstehenden *die Leviten* lesen zu lassen. Und das war anfangs meiner *Rennfahrer-Karriere* nicht gerade selten der Fall.

Es mochte so um das Jahr 1958 herum, am Beginn meiner Verhüterli-Reisetätigkeit gewesen sein, als sich meine in diesem Fall, wie sich alsbald herausstellen sollte, *zu* vertrauensvolle Mutter *von mir überreden ließ*, ihre jährliche Reise zum väterlichen Bauernhof im schönen Kärntnerland anstatt mit der Bahn als mein Beifahrer *mitzumachen.* Heute noch bewundere ich den Mut meiner Mutter, daß sie sich zu dieser Zeit, dem Beginn meiner *Autofahrer-Laufbahn*, meinen Fahrkünsten anvertraute und neben mir am Beifahrersitz Platz genommen hatte.

Hinunter, hier meine ich Richtung Kärnten, verlief die Fahrt dazumal ja noch einigermaßen reibungslos. Es regnete nicht und auch meine Mutter mischte sich wider ihrer sonstigen Gewohnheit nicht allzusehr in die Angelegenheiten des Fahrers, durch Kritik an meinem Fahrstil, ein.

Dies änderte sich jedoch schlagartig, als eine Woche später – ich hatte mittlerweile *unfallfrei* meine Kärntner Kunden besucht, sich auf der Heimreise *Nieselregen* uns zum Begleiter machte.

„Fahr' nicht so schnell, paß' auf, daß nur nichts passiert, Du wirst schon sehen, wenn Du so weiterfährst, was uns noch alles passieren wird", begann dazumal auf der Heimreise meine Mutter auf einmal zu lamentieren und beschwor, wie sich leider nur allzu bald zeigen sollte, solchermaßen durch ihre Unkenrufe kommendes Unheil herauf.

Bei jeder der wenigen Ampeln, welchen wir uns dazumal auf der Heimfahrt nähern mochten, *sah sie schon rot, wenn diese noch auf Grün stand* und war solchermaßen immer bemüht, mich zu einem Bremsmanöver zu verleiten, obwohl dies dem damaligen Verkehrsaufkommen wie auch den Verkehrszeichen entsprechend nicht im geringsten erforderlich schien.

Hatten mich beim Hinweg ins schöne Kärntnerland die wenigen Einflüsterungen meiner Mutter nur geringfügig, wenn überhaupt gestört, obwohl diese Reise in ihrem Beisein auch für mich Anfänger *ein spannendes Abenteuer war, so verunsicherten mich ihre Unkenrufe* auf der Heimfahrt, wo wir noch dazu mit überladenem Kofferraum unterwegs waren- wir hatten von meiner Tante einige Säcke Kartoffel mitbekommen –, in Anbetracht meiner *bescheidenen Fahrkünste ganz gehörig.* Meine Mutter, die nicht gerade als Leichtgewicht an Bord zu bezeichnen war, mitsamt den von meiner Tante im Kofferraum mitgeführten Kartoffelsäcken, trugen dazumal schon auf trockener Straße nicht gerade unwesentlich zu einer spürbaren Instabilität meines Fahrzeuges bei.

So konnte es das eine oder andere Mal durchaus passieren, daß beim Überfahren einer Bodenwelle sich die, der Wagen hatte Vorderradantrieb, angetriebenen Vorderräder fast in der Luft befanden, wo hingegen *die Kartoffelsack-belasteten Hinterräder* beim Durchfedern am Radkasten äußerst geräuschvoll streiften.

Dieses Scheuern der Hinterräder im Radkasten war mit Sicherheit kein vertrauenerweckendes Geräusch und wurde demnach für meine Mutter immer wieder zum Signal für nahendes Unheil verbunden mit neuerlichen unheilschwangeren Beschwörungen.

„Du wirst schon sehen“, drangen dazumal diese ihre *beschwörenden* Belehrungen, „was uns noch alles passieren wird, wenn Du so weiterfährst!“ nicht nur minutenlang, sondern stundenlang an mein Ohr, so lange, daß nach einiger Zeit ihrer diesbezüglichen Berieselung nicht nur meine noch in den Kinderschuhen steckende *Virtuosität als Lenkraddreher* dahin war, sondern auch das Schicksal seinen unheilvollen Lauf ganz einfachen nehmen mußte.

Wobei der immer stärker werdende Regen das späterhin im Stadtgebiet von Wiener Neustadt über uns hereinbrechende Unheil nur noch zu beschleunigen vermochte.

Dieses Verhängnis näherte sich mir dazumal in Form der einzigen Verkehrsampel in Wiener Neustadt, die an der Kreuzung der Wiener Straße mit der nach Mattersburg führenden Straße zur Verkehrsregelung diente.

Diese Ampel nun wurde mir dazumal *zum Waterloo*, da ich, durch die dauernd auf mich wie Nadelstiche niederprasselnden, durchaus gut gemeinten Belehrungen meiner Mutter *weichgeklopft*, die bei meinem Herannahen *auf Rot* stehende Ampel *tatsächlich* übersehen sollte.

Vielleicht mochte ich auch dazumal mit meiner Mutter in eine verbal geführte Auseinandersetzung verstrickt gewesen sein, als mir auf einmal angesichts *der rot leuchtenden*, unheimlich schnell näherkommenden Ampel *der Schreck durch alle Glieder fuhr.*

Jedoch zu unserem Verhängnis *leider am schnellsten in mein rechtes Bein*, welches in diesem Fall die Bremse nur allzu schnell und damit *viel zu intensiv betätigt haben mochte.*

Doch der Wagen nahm mir diese Behandlung mehr als übel und geriet aufgrund dieses abrupten Bremsmanövers auf der regennassen Straße nicht nur außer Kontrolle, sondern aufgrund seines *Kartoffelsackballastes* auch noch ins Schlingern und überquerte gegen meinen Willen die für uns durch die auf Rot stehende Ampel gesperrte Kreuzung, um in der Folge *bei der Wiener Neustädter Feuerwehr Katastrophenalarm auszulösen.*

Folgendes war passiert: Der ins Rutschen und Schlingern geratene Wagen blieb nach dieser Rutschpartie wie von Geisterhand gebremst von selber stehen und begann, wie es schien, *unter Zischen und Fauchen seinen Geist aufzugeben.*

Doch nicht zu sehr mein Wagen hatte dazumal seinen Geist aufgegeben *als wie jener Wasserhydrant*, durch den unser Wagen seinen abrupten Stillstand wie durch Geisterhand finden sollte.

Auch dieses Zischen und Fauchen, welches ich für den ersten Moment für den letzten Seufzer meines solchermaßen zu Bruch gegangenen Fahrzeuges gehalten hatte, stellte sich, wie sich jedoch sogleich zeigen sollte, als gewaltiger Irrtum meinerseits heraus.

Verursachte doch dieses Zischen und Fauchen nicht enden wollende Wassermassen, welche, wie sich später herausstellen sollte, diesem durch den Aufprall meines Autos zu Bruch gegangenen und dadurch unter meinem Wagenboden zum Liegen gekommenen Wasserhydranten entwichen.

Von überall her, aus der Pedalerie, aus dem Wagenboden, von oben und unten ergossen sich dazumal die Wasserfontänen auf uns zwei Wageninsassen hernieder, als ob der Himmel alle seine Schleusen geöffnet hätte. Hatten wir doch in voller Fahrt nicht nur diese Kreuzung, sondern auch einen gegenüberliegenden Gehsteig samt einem genau an dieser Stelle befindlichen Hydranten überquert und waren gerade durch diesen und auf diesem, *solchermaßen im Tiefflug einherkommend, zum Stillstand gekommen.*

Nach diesem Intermezzo war auf einmal Funkstille in meinem Wagen, und meine Mutter habe ich erstmals sprachlos erlebt. Doch dürfte ihr dazumal fürs erste nicht so sehr der Aufprall, als die aus allen Fugen, auch aus dem Motorraum auf sie hereinstürzenden Wassermassen die Rede verschlagen haben.

Doch die Stille währte nicht allzulange, als mir nun um einiges bestimmter *ihre vertraute Stimme* in gewohnter Weise wiederum ans Ohr drang.

„*Lausbub, Du verflixter Lausbub.* Habe ich es Dir nicht schon *die ganze Zeit prophezeit*, daß wir einen Unfall haben werden? Jetzt haben wir die Bescherung, und was für eine noch dazu. Nur weil Du nicht so gefahren bist, wie *ICH* es Dir schon immer gesagt habe!“

Und unter: *„So ein Malheur, so ein Malheur,* wie werden wir denn jetzt mitten in der Nacht nach Hause kommen?“, jammerte sie für mich Schuldbewußten in einem fort unüberhörbar vor sich und damit neben mir unaufhörlich dahin.

Aber für den Moment hatte ich dazumal andere Sorgen, denn nicht nur, daß ich bei Rot die Kreuzung mit meinem Fahrzeug wie ein schlingerndes Schiff überquert und den Hydranten den Boden gleichgemacht hatte, standen wir beim Öffnen der Wagentüren bereits bis zu den Knöcheln in jenem Wasser, welches unter Fauchen und Zischen aus dem zerborstenen Hydranten unter meinem Wagenboden nach innen und gleichermaßen auch nach außen entwich.

Da stand ich nun, meine Mutter dachte nicht daran, das Auto angesichts der herabstürzenden Wassermassen zu verlassen, nach dem Öffnen der Wagentür nicht nur bis über die Knöchel im Wasser, sondern zusätzlich noch wie ein begossener Pudel inmitten des von mir solchermaßen ausgelösten Chaos, welches meine Mutter über hunderte Kilometer durch ihr *andauerndes Dreinreden und Lamentieren im wahrsten Sinne des Wortes herbeigebetet hatte.*

Ohne Unterlaß sprudelte und sprudelte es unter unserem Auto hervor und es war Glück im Unglück, daß zu dieser mitternächtlichen Stunde kaum ein anderes Fahrzeug unterwegs war, da ich diese Kreuzung in Anbetracht der sich immer mehr ausweitenden Wassermassen tatsächlich außer Verkehr gesetzt hatte.

Es dürfte ein später Passant gewesen sein, der von sich aus die Polizei informiert haben mochte und die erst erschien, als die Kreuzung keiner Kreuzung mehr ähnlich, sondern mehr einem See gleich schien.

„Was ist denn da überhaupt passiert?" wollte der Polizist vom anderen Ufer des Kreuzungs-Sees fürs erste wissen. „Ich steh' mit meinem Auto auf einem Hydrant, Herr Inspektor", gab ich kleinlaut zur Antwort, „Und von da unten und nicht von oben kommt das viele Wasser daher!"

Der Polizist, zu welchem sich auf der anderen Seite des *Sees* noch ein Kollege hinzugesellt hatte, dachte fürs erste, nachdem ich noch versichert hatte, daß außer dem Hydranten niemandem etwas passiert wäre, nicht im geringsten daran, diesen kalten See zu durchwaten, *sondern fand Worte des Trostes,* indem er lautstark versicherte, zuerst einmal den Verkehr umzuleiten und anschließend Feuerwehr und Wasserwerk zu verständigen.

Es hat damals seine Zeit gedauert, bis die Feuerwehr zum Abpumpen der mittlerweile beachtlich angeschwollenen Wassermassen, das Wasserwerk zum Absperren der Zuleitung des verunfallten Hydranten und schlußendlich auch das Unfallkommando zur Stelle waren.

Doch alle, wie mir schien, zeigten aufgrund meiner Erzählungen, wie es meiner Meinung nach aufgrund der dauernden Unkenrufe meiner Mutter zu diesem meinem Fehlverhalten kommen konnte, größtes Verständnis. Stand ich doch bei dieser Beichte im wahrsten Sinne des Wortes unten bis über die Knöchel im Wasser und oberhalb davon im wahrsten Sinne des Wortes wie ein begossener Pudel im Regen.

Sensationellerweise hatten dazumal nicht nur meine Mutter und ich, sondern auch mein Wagen diesen Aufprall so heil überstanden, daß wir, nachdem das Wasserwerk die Wasserfontänen zum Versiegen gebracht und die Feuerwehr den See weitgehend trockengelegt hatte, die Heimfahrt wider Erwarten aus eigener Kraft wiederum fortsetzen konnten.

Doch so verständnisvoll alle Außenstehenden mir gegenüber auch gewesen sein mochten, so sehr las mir nach dieser unfreiwilligen Unterbrechung auf der Heimreise meine Mutter wiederum die Leviten.

„Du wirst schon sehen, was das alles kosten wird. Die Feuerwehr, das Wasserwerk, der Hydrant und die Rechnung für das viele Wasser wird auch nicht so ohne sein. Und erst die Rechnung für das Auto und so weiter und so fort", prasselte es bis vor unsere Haustüre dazumal auf mich hernieder.

Meiner Mutter zu sagen, daß sie mit ihrer Voreingenommenheit gegenüber meinem Fahrkönnen und ihrem dauernden Dreinreden diesen Unfall vielleicht mit heraufbeschworen hatte, *dazu war ich nicht nur zu feige*, sondern hätte ich auch keine Berechtigung gehabt.

Ich war der Fahrer und niemand anderer. Und wenn sich dazumal meine Mutter als Mitfahrer durch meine forsche Fahrweise verunsichert fühlte, so hätte ich eben Rücksicht darauf nehmen und meinen Fahrstil darauf einstellen müssen.

Doch diese Einstellung, diese Rücksichtnahme *erfährt* sich der eine vielleicht im Verlaufe seines Lebens, der andere wird damit geboren und nicht gerade wenige gelangen zu dieser Rücksichtnahme auf den Nächsten, wie sich heutzutage nur allzu deutlich zeigt, vermutlich nie. *Und auch bei mir hat es halt so seine Zeit gedauert!*

Jedenfalls gehört seit damals dieser wiederhergestellte Hydrant Ecke Wiener Straße und der nach Mattersburg führenden Straße zu Wiener Neustadt ausschließlich mir, richtiger formuliert, meiner damaligen Versicherung, und gilt für mich als Mahnmal dafür, *wohlgemeinte Ratschläge anderer*, so sehr sie einem auch den Nerv zu ziehen vermögen, nicht in den Wind zu schlagen, da vielleicht das Schicksal in Windeseile auf Dich selber zurückschlägt.

Zu dieser Zeit also, am Beginn meiner Tätigkeit als Reisender, *ließ mir die Konzentration* auf das vor mir ablaufende Asphaltband nur wenig Gelegenheit, mich in die links und rechts dargebotenen Schönheiten unserer Heimat zu vertiefen, ja mich in sie zu verlieben.

Es bedurfte vieler Jahre, vieler bei Tag und Nacht, bei jeder Witterung zurückgelegter Straßenkilometer, die mir die laufende Betreuung der unter so viel Mühe aufgestellten Kondomautomaten in Folge bescherte, welche mir die Schönheit unserer Heimat immer mehr erkennen und schätzen ließen.

Mochte es dieses zu jeder Tages-, zu jeder Nachtzeit allein auf weiter Flur gewesen sein, welches mich trotz all dem Drang meiner Geschäfte immer wieder dazu veranlaßte, die Heimat zu schauen, mich in sie zu verlieben.

Wie oft mag ich zur Winterszeit bei klirrender Kälte, beim Überqueren der Turrach, des Radstädter-Tauern-Passes, des Arlberges und der unzähligen vielen unserer Paßstraßen mein Auto zum Anhalten gebracht haben und offenen Mundes in finsterer Nacht ober mir in die flimmernde Unendlichkeit des Sternenhimmels und bei Vollmond die Schönheit einer Vollmondnacht ehrfurchtsvoll geschaut haben.

Und wie oft war ich Frühlings wie Sommers versucht, den Geruch frischen Heus auf mich einwirken zu lassen, um daraus neue Kraft zu schöpfen. Habe im Bewußtsein auf die Kraft der Sonne, die die Blumen der Wiese sich gegen den Himmel recken läßt, meinen Kopf in das frisch gemähte Heu gesteckt *und mir eine Prise Himmel* auf meinen Weg mitgenommen.

Es war mein Leben, welches diese seinerzeit so zufällig bei mir zu Hause gelandeten Kondomautomaten nach beiden Seiten hin, sowohl zum Negativen, genauso aber auch zum Positiven hin zu verändern vermochten, doch vor allem hatten sie mir eines beschert:

Eine Freiheit auf Rädern, in meinem Fall auf vier Rädern, die wohl ihresgleichen suchte und sucht!

An die vierzig Fahrzeuge, die anfangs aufgrund ihres Zustandes mehr Schrott wie Auto waren und oftmals nach wenigen tausend Kilometern schon ihren Geist aufgaben, habe ich in diesen fünfunddreißig Jahren nicht gerade zu Schrott, aber zum Teil auch *ohne mein Zutun* zu Bruch gefahren, wie jenen Neuwagen, welchen mir ein befreundeter Autohändler eines Tages zum Kennenlernen borgte.

Der Tacho dieses japanischen Allradlers, welchen mir mein Freund, bis zu diesem Zeitpunkt pedanter Autohändler, eigenhändig *putzlappengerei-*

nigt übergab, wies sage und schreibe vierzig Kilometer auf, als ich mich eines Tages Richtung Westen aufmachte, diesen Allradler auch auf seine Bergtauglichkeit hin zu testen.

Was lag daher näher, diesen Test anläßlich einer Fahrt auf den Radstädter Tauern durchzuführen, auf welchen ich erstmals in Österreich auch in den entlegensten Almhütten Kondomautomaten zum Test aufgestellt und nebenbei schon seit vielen Jahren zur Winterszeit meinen Wohnsitz in einer abseits gelegenen Hütte aufgeschlagen hatte.

Wir, meine Frau hatte ich zu dieser erstmaligen Ausfahrt mit dem funkelnagelneuen Auto als zweiten Testpiloten eingeladen, fuhren dazumal in Absprache mit Freunden, die wir in Obertauern als unsere Gäste nicht nur willkommen heißen, sondern auch bewirten wollten, unter anderem mit einem bis oben hin mit Rindsgulasch gefüllten Zehn-Liter-Kochtopf, dessen Inhalt, besagtes Rindsgulasch, mit über den Deckel gespannten Einsiederingen weitgehend transportgesichert erschien, *in den Abendstunden* Richtung Obertauern.

Es war bis zur letzten Kehre – wenn Du von Radstadt aus nach Obertauern fährst – eine absolut problemlose Fahrt gewesen, außer, daß ich aus Rücksicht auf die geringe Kilometerzahl, die der Wagen bei der Übergabe aufwies und im Bewußtsein auf die Pedanterie meines Freundes, äußerst behutsam unterwegs war.

Da klingelten, wie sich leider nur allzu bald zeigen sollte, bei mir *Zweitwohnsitzobertaurer* etwas zu spät alle Alarmglocken, als auf einmal in finsterer Nacht da, wo, wenn überhaupt, mir nur die Scheinwerfer eines Pistengerätes entgegenleuchten könnten, auf einmal aus dieser Richtung Scheinwerferlicht entgegenkam.

Doch diese Scheinwerfer wanderten in den wenigen Sekunden, *bis es um uns herum finstere Nacht werden sollte,* auf einmal nach links, dann wieder nach rechts und ich stieg, in Vorahnung kommenden Unheils, meinerseits *auf die Bremse,* um sicherheitshalber dieses von meinem Freund eigenhändig *putzlappengepflegte Fahrzeug* zum Stillstand und damit in Sicherheit zu bringen.

Allein, es war zu spät. Die Irrlichter von vordem schossen wie vom Himmel gefallene Sternschnuppen an unseren Augen vorbei, als es auf einmal mit einem furchtbaren Knall um uns herum finstere Nacht wurde, wir beide nach vorne in die Sitzgurte geschleudert wurden *und es gleichzeitig rundherum nach Rindsgulasch roch.*

Zuerst einmal fehlten mir die Worte, ohne für den Moment bei dieser

Finsternis zu erkennen, was da überhaupt passiert war, als mir auf einmal der Schreck nochmals durch Mark und Bein fuhr. Meine Frau hing, wie mir in der Dunkelheit schien, leblos in ihrem Sicherheitsgurt, gab keinen Ton von sich und zitterte am ganzen Körper und ich in meiner Angst um ihr Leben gleichfalls *mit ihr.*

Doch es blieb mir nicht viel Zeit, um mich um meine Frau, die ich mittlerweile auf ihren Sitz besser plaziert hatte, zu kümmern, da es auf einmal penetrant nach Benzin zu riechen begann.

Die Fahrertür ließ sich zu meiner Überraschung problemlos öffnen, doch konnte ich bei dieser Finsternis den Schaden an meinem Fahrzeug aufgrund des vorangegangenen Aufpralls fürs erste nur ungefähr erahnen.

„*Wer war der Unfallgegner? Wo war er geblieben?*" fragte ich mich, als auf einmal rechts, hinter meinem Fahrzeug aus der meterhohen Schneewand heraus, nicht nur die Konturen eines umgestürzten, in den meterhohen Schneewänden steckenden PKWs sich abzeichneten, sondern auch gleichzeitig bei dem auf auslaufendes Benzin zurückzuführenden Benzingestank äußerst bedrohliche Startversuche an mein Ohr drangen.

Auf den auf der Seite liegenden Wagen aufspringen und die mir nahegelegene Autotür aufreißen war eines. Der unten im Wagen kauernden und den Starter bei dieser Explosionsgefahr betätigenden, in dieser Finsternis nicht zu erkennenden Figur eine Mordstrumm Watschen anzukündigen, *wenn er noch einmal zu starten versuchen würde,* das Nächste.

Doch blieb es vorerst bei der Androhung, da ich wieder zu meinem mitten auf der Straße durch Fremdeinwirkung geparkten Wagen zurücklief und mich über das Befinden meiner noch immer am ganzen Körper zitternden, keines Wortes fähigen Frau zu erkunden, um gleich darauf wieder zu dieser vermeintlichen Sternschnuppe, diesem umgekippten, auf der Seite liegenden, in den Schneemassen steckenden Auto zurückzulaufen und den sich darin verschanzenden Unglückslenker *lauthals meine Rache anzukündigen,* wenn meine Frau durch diesen von ihm verursachten Unfall einen bleibenden Schaden davontragen würde.

Es schien mir dazumal wie eine Ewigkeit, bis sich endlich aus Richtung Obertauern Scheinwerferlicht der Unfallstelle näherte.

Jetzt, im Licht der Scheinwerfer dieses herannahenden Fahrzeuges, konnte ich erstmals erkennen, wie sehr mein Testwagen durch diesen Crash im wahrsten Sinne des Wortes bei diesem Aufprall *verstümmelt wurde.*

War doch der noch immer unter Schockeinwirkung in seinem Fahrzeug hockende Unglücksrabe eingangs dieser Kurve, aus Richtung Obertauern kommend, zu schnell unterwegs gewesen; aus diesem Grund drehte er sich auf diesem sehr breiten Straßenstück um seine Achse und krachte schlußendlich mit seiner Breitseite gegen mein bereits stehendes Fahrzeug. Dabei ist der Wagen umgekippt und durch die Wucht des Aufpralls seitlich hinter meinem Fahrzeug in die Schneemauer hineingeschleudert.

Doch fürs erste hatte ich keine Zeit, um weitere Überlegungen betreffend des Unfallablaufes anzustellen, da meine größte Sorge dem Zustand meiner Gattin galt.

Aber der nach so langer Zeit endlich als Erster an dieser Unfallstelle eingetroffene Autofahrer erwies sich in der Folge als wahrer Straßenkamerad und brachte meine Frau zuerst einmal zum Arzthaus nach Obertauern, um wenig später wiederum mit der erfreulichen Nachricht zu kommen, daß es sich bei diesen Zuckungen und Beben am ganzen Körper meiner Frau um die Symptome eines Peitschenschlages handelt, dessen Auslöser nicht nur im Aufprall alleine, sondern ebenso am Sicherheitsgurt und wie sich erst später herausstellen sollte, *auch am Rindsgulasch gelegen war.*

Es war die Nackenstütze am Beifahrersitz meiner Frau gewesen, die, wie sich später herausstellen sollte, ihr vielleicht zum Lebensretter wurde, da im Moment des Aufpralls der auf der Ladefläche des Kombis nur mit den Einsiederingen gesicherte Gulaschtopf nach vorne katapultiert und durch besagte Nackenstütze in seinem Vorwärtsdrang zum Glück eingebremst wurde. *Daß sich dabei das Rindsgulasch selbständig machte* und dem Topf in seinem Drang nach vorne in der Form entfloh, daß es über unseren Köpfen hinweg zuerst von innen an die Windschutzscheibe klatschte, um anschließend im Zurückschwappen uns auch ins Gesicht zu spritzen, klingt zwar heute lustig, doch konnte ich dazumal für den Moment gar nichts Lustiges daran finden.

Für mich am wesentlichsten bei dieser Materialschlacht war, daß meine Frau wenig später das Arzthaus wiederum nervlich beruhigt verlassen konnte und von besagtem Straßenkamerad zur Unfallstelle zurückgebracht wurde.

Alles weitere besorgte anschließend die in dieser Nacht durch zwei weitere Unfälle auf Trab gehaltene Gendarmerie, aus deren Unfallprotokoll späterhin hervorging, daß der Lenker des uns entgegenkommenden Fahrzeuges, ein Kochlehrling, erst sechzehn Jahre jung und damit ohne Führerschein war, die Autoschlüssel zu diesem Fahrzeug einem Koch, seinem Chef, aus dem Spind gestohlen hatte und obendrein auch noch im alkoholisierten Zustand unterwegs gewesen war.

Mein Auto, besser dieser von meinem Freund, dem pflegebewußten Autohändler eigenhändig polierte und mir *unter dem Hinweis auf pflegliche Behandlung* ausgefolgte, bei der Abfahrt aus Wien erst vierzig Kilometer junge Neuwagen hatte solchermaßen nur wenige Stunden später und vierhundert Kilometer weiter *seinen Neuwert eingebüßt.*

Der Wagen war ganz einfach schrottreif, genauso wie das gegnerische Fahrzeug, welchem beim seitlichen Aufprall noch dazu der Benzintank aufgeplatzt war.

Doch Glück im Unglück brachte uns unser Retter in Not, dieser Straßenkamerad, welcher als Erster an der Unfallstelle eingetroffen war, mitsamt unseren Utensilien und dem *restlichen Rindsgulasch* bis in die Nähe der zur Winterszeit nur zu Fuß erreichbaren Hütte.

Jedoch als wir bei der Verabschiedung unter herzlichem Dankeschön für diese dermaßen unter Beweis gestellte Straßenkameradschaft aufgrund der vorgerückten Stunde *so zufällig fragen*, wo er, der Straßenkamerad, denn hier in Obertauern logieren würde, hatten wir gleich darauf die Gelegenheit, unseren Dank nicht nur als leere Worthülse abstatten zu können.

„Wissen Sie", gab uns unser Retter in Not zur Antwort, „ich bin erst in den Abendstunden nach Obertauern gekommen und konnte nirgends mehr ein Quartier finden. Aus diesem Grund bin ich dann Richtung Salzburg weitergefahren und dabei auf Sie gestoßen." Was lag da für uns beide näher, als diesem hilfsbereiten Menschen über das Wochenende unsere Gastfreundschaft anzubieten, und gemeinsam machten wir uns daraufhin zu später Stund' auf den Weg zur Hütte.

Doch beim Anstieg zu dieser, zu später Stund' in der Einschicht gelegenen Hütte – meine Gattin hatte mittlerweile den Schock überwunden – ritt mich auf einmal in der Form der Teufel, daß ich versucht war, meinen Freund, den überheiklen Autopfleger, trotz vorgerückter Stunde *über die erste und letzte Ausfahrt* seines Testautos zu informieren.

Gedacht ist bei mir meistens auch schon getan, und so rief ich, nachdem wir die Hütte zu vorgerückter Stunde erreicht hatten, besagten Freund umgehend an. „Was gibt's", meldete sich dazumal aus verständlichem Grund eine verschlafene Stimme. „Ich bin's Helmut, der Ferry", gab ich mich fürs erste einmal zu erkennen. „Ich glaube, Du spinnst. Um diese Zeit mich aus dem Schlaf zu wecken", klang es allsogleich unfreundlich an mein Ohr.

„Der einzige, der sich aufregen könnte, bin ich", setzte ich nach. „Du gibst mir ein Auto zum Testen, *welches nicht einmal höhentauglich ist.*"

Da merkte ich auf einmal, wie am anderen Ende der Leitung der Adrenalinspiegel stieg. „Du willst mich wohl für blöd verkaufen?“ klang es schon etwas gereizter zurück.

„Wenn Du meinst, dann hol’ Dir morgen knapp vor Obertauern Dein Auto selbst ab, es hat nämlich in der letzten Kurve seinen Geist aufgegeben“, log ich munter weiter. Dabei mußte mein Freund Helmut wohl schon kerzengerade im Bett sitzen.

„Warum?“ kam es schneidend zurück.

„Weil *es hin ist*“, gab ich trocken retour. Doch dann konnte ich meinen Staubwedel schwingenden, fanatisch autopflegenden Freund nicht mehr länger hinhalten und erzählte ihm die ganze Geschichte, wie es dazu kam, daß sein neues Auto knapp unter 2000 Meter seinen Geist gezwungenermaßen aufgeben mußte.

Und mit den Worten des Trostes, „Helmut, tu’ Dir doch nichts an, das Auto ist sowieso durch diesen Totalschaden an Deine Vollkasko-Versicherung verkauft“, entließ ich meinen mißtrauischen Freund, *der mir vielleicht aus Angst um seinen Neuwagen,* wie seinerzeit meine selige Mutter, *mit den angstvollen Gedanken um das Wohlergehen seines Fahrzeuges* diesen Unfall mit herbeigebetet hatte, wiederum in das Land seiner (Alp-) träume.

Doch das waren nur zwei Episoden von unzählig vielen, die in der Rückblende betrachtet nur aufzeigen, wie nahe *Glück und Unglück* für jeden von uns nebeneinander liegen.

Daß ich mit Sicherheit nirgendwooooo einzuordnen war und bin, dafür steht mein so intensiv gelebtes Leben, welches mich unter anderem, da wir beide, ich als Schreiberling und Du als mein Leser, derzeit gedanklich in Obertauern weilen, gerade in diesem nahe an die zweitausend Meter hoch gelegenen Ort, vermutlich *die weltweit höchst* gelegenen Kondomautomaten montieren ließ.

Hier oben gibt es keine Apotheke, keine Drogerie und auch keinen Bipa oder DM, welcher zur Winterszeit der in die hunderttausende gehenden Gästeschar die Möglichkeit zur Gesundheitsvorsorge durch den Erwerb von Kondomen bietet.

Doch wo Fremdenverkehr, da auch zwischenmenschlicher Verkehr, daß ist *in Anbetracht des Après-Ski* für mich als diesbezüglich routinierten Zweitwohnsitzobertaurer nie in Frage gestellt gewesen.

Aber dies meinen bisherigen Gesundheitsministern nahezubringen, mich bei diesem Unterfangen vielleicht gar unterstützen zu wollen, war ein Ding der Unmöglichkeit, da nicht so sehr der jeweilige Minister, sondern die damit befaßten Beamten daran, wie es scheint, nicht nur gestern, sondern auch heute und leider, wie es aufgrund eines Schreibens des Gesundheitsministeriums ersichtlich ist, auch noch morgen der Fall zu sein scheint, an der jederzeit möglichen Versorgung mit Kondomen gerade in diesen Fremdenverkehrsregionen kein Interesse zeigen.

„Wir, die Fachabteilungen die mit der Aids-Prävention befaßt sind, haben an einer kommerziellen Verbreitung von Kondomen kein Interesse."

Alleine diese Formulierung brachte mich auf die Palme.

Da haben allen Ernstes erstmals Beamte den Mut, *ihre Interessen zu vertreten.* Nur frage ich mich, wer da wohl die Interessen der an einer gewissen Gesundheitsvorsorge Interessierten im Ernstfall zu vertreten hätte?

Der Minister? *Der kommt und geht, ohne daß er versteht, worum es geht.* Der mit der Aids-Prävention befaßte Beamte hat erstmals, wenn überhaupt, 1984 (Rock Hudson) mit diesem Thema Bekanntschaft gemacht und niemals vordem auf freier Wildbahn Bekanntschaft auch nur mit einem *Kondomanleger* gemacht, *um über dessen Versorgungsprobleme zu sprechen.* Wie sollen diese Menschen verstehen, daß, abgesehen von unserer eigenen *kontaktfreudigen* Jugend, *bei über hundert Millionen Nächtigungen jährlich an die zehn Millionen* unter anderem anderssprachige Touristen als unsere Gäste unter anderem *diesem gewissen Vergnügen* gerade zur Urlaubszeit nachgehen.

Daher ist es für mich als jahrzehntelangem Insider naheliegend, auch diesen unseren Gästen bei Bedarf die Möglichkeit zur Gesundheitsvorsorge zu gewährleisten. Doch leider haben unsere meisten Fremdenverkehrsgebiete nur eine Saison, die entweder in die Winters- oder in die Sommerszeit fällt.

Hier lag und liegt, abgesehen von Obertauern, *wo ich aus Eigeninitiative heraus einmal wissen wollte, wo es Kondom-bedarfsmäßig tatsächlich langgeht,* mein Problem aber damit auch das Problem unserer Gesundheitsbehörde verborgen, da sich aufgrund *der kurzen Saison* für mich als Privatunternehmer, der seine Investitionen zu rechtfertigen hat, die Aufstellung von Kondomautomaten nicht rentiert, *doch für die Gesundheitsbehörde allemal Handlungsbedarf gegeben ist.*

Denn unabhängig, ob in diesen Gebieten, zu den *normalen* Ladenschlußzeiten sowohl für den Einheimischen als auch für den Gast, der Zugriff zu Kondomen aufgrund der Infrastruktur des Ortes (Apotheke, Drogerie, Parfümerie) gewährleistet erscheint, ist es für mich keine Frage, daß die zwischenmenschliche Begegnung im überwiegenden Maße, ob zwischen

Einheimischen oder unter Gästen, *erst nach Ladenschluß* und damit in den Abend- wie auch in den Nachtstunden stattfindet.

In Anbetracht dieser mit Sicherheit von absolut niemandem zu leugnenden Tatsache behördlicherseits nur davon zu sprechen, lediglich an der Aufklärung von Jugendlichen für den Notfall (Ansteckung von Aids) interessiert zu sein, ist für mich nicht nur eine starke Aussage der mit der Gesundheitsvorsorge betrauten Fachabteilungen des Gesundheitsministeriums, sondern darüber hinaus *absolut unverständlich.*

Allein in Obertauern habe ich bei zehn meiner Gastgewerbefreunde, die mir unter fast einhundert anderen Betrieben die Aufstellung eines Kondomautomaten überhaupt erst einmal ermöglichten, den Beweis dafür geschaffen, wie berechtigt meine diesbezügliche Annahme ist.

Jede einzelne *dieser bis zu 2000 Meter hoch gelegenen Kondomautomatenverkaufsstellen* hat während der Saison ihre Abnehmer und damit vielleicht auch ihre überaus dankbaren Kunden gefunden.

Für mich nur der Beweis dafür, daß diese meine *Stummen Diener* trotz oder gerade *wegen ihrer Sprachlosigkeit alle Sprachen sprechen*, allein aufgrund ihres Vorhandenseins am *stillen Ort.*

Daher ist es für mich in Anbetracht unserer ca. 75.000 Gastgewerbekonzessionen in diesem Land seit vielen Jahren keine Frage, daß allein in diesem Bereich, der vielleicht erst zu *zehn Prozent* mit Kondomautomaten versorgt ist, absolut unbegrenzte Möglichkeiten zur freiwilligen Gesundheitsvorsorge bestehen.

Es ist mir persönlich vollkommen unbekannt, welche Kosten uns als Gemeinschaft ein Aidskranker bis zu seiner leider unabwendbaren Erlösung verursacht, doch bin ich mir absolut sicher, *durch ein nach Ladenschluß,* damit meine ich nach 19 Uhr, *vermehrtes Angebot an Kondomverkaufsstellen* im Gastronomie-, Fremdenverkehrs-, Disco- und Après-Ski-Bereich durchaus den einen oder anderen vor gesundheitlichem Schaden solchermaßen bewahren zu können.

Daher ist mir jede meiner zehn Kondomautomatenabgabestellen in Obertauern, die ich auf *eigenes Investitionsrisiko* in Anbetracht *der kurzen Wintersaison* aufgestellt habe, aufgrund des zufriedenstellenden Zuspruches, welchen sie in dieser kurzen Zeit erfahren, ein Garant dafür, mit dieser meiner Privatinitiative zumindest genauso einen Beitrag zu leisten, wie es die Gesundheitsbehörde in bezug auf die jeweilige, in zweistelliger Millionenhöhe gelegene Aids-Kampagne bei der Aufklärung vor der Ansteckung durch Aids zuwege bringt.

Doch frage ich mich, *was nützt eine noch so nützliche Aufklärung,* wenn sie nicht zu erklären vermag oder will, wo denn der solchermaßen (Aids-Kampagne) Aufgeklärte sich nach Ladenschluß *ver-, beziehungsweise mit Kondomen vorzusorgen vermag.*

Seit 1984, dem erstmaligen Auftreten von Aids, dürften aufgrund ihrer parteipolitisch bedingten Job-Hopperei bereits fünf Gesundheitsminister an diesem von mir kostenlos dargebotenen Kelch der Erkenntnis *vorüber und wieder gegangen sein,* und ließen mich solchermaßen mit dieser meiner Erkenntnis allein auf weiter Flur zurück.

Nämlich mit der Erkenntnis, daß in Zeiten wie diesen (Aids) *es ein Anliegen der mit der Gesundheitsvorsorge Betrauten ganz einfach sein muß,* dafür zu sorgen, daß allerorten bei Bedarf *rund um die Uhr der Zugriff zum geprüften Kondom* sowohl gegenüber den Einheimischen als auch unseren Gästen *gewährleistet nicht nur erscheint, sondern auch ist!*

Solange dieses Muß in Anbetracht der Tatsache, daß durch die Gesundheitsbeauftragten der EU das Kondom als Medikament *dem Herzschrittmacher gleichgestellt* und somit zu gleicher Wertigkeit und damit auch

Wichtigkeit erhoben wurde, von den politisch Verantwortlichen (Nationalrat) in diesem Land nicht erkannt wird, werde ich, solange mir die Einstellung und damit auch die Kraft gegeben ist, diesbezüglich weiterhin wie bisher *allein auf weiter Flur meine Spur* durch unsere *gastliche* Heimat ziehen.

Jedem von uns, nicht nur Dir, lieber Lesefreund, wird es einleuchten, daß sich eine Investition in diesen Bereich (Fremdenverkehr) aufgrund nicht nur der Kürze sowohl der Winter- als auch der Sommersaison, sondern auch in Blickrichtung auf eine oftmals zu geringe Auslastung der Beherbergungsbetriebe für eine Privatfirma nicht und nicht zu rechnen vermag.

Aber es im Interesse der Gesundheitsbehörde und damit unserer Gemeinschaft gelegen sein sollte, *gerade auch in diesem so sensiblen Bereich,* die die Nationalitätenvielfalt unserer Gäste mit sich bringt, *an deren möglicher Gesundheitsvorsorge interessiert zu sein.*

Du wirst, lieber Lesefreund, aus diesen meinen Ausführungen meine diesbezüglichen Emotionen herausfühlen. Es war ganz einfach mein Leben, *welches mich fast vier Jahrzehnte lang* durch alle Jahreszeiten, sprich vom Frühling der Sechziger zum Sommer der Siebziger, vom Herbst der Achtziger *bis zum Winter der Gefühle der Neunziger Jahre* mit dem Verfall der Moral und damit der Sitten unserer Gesellschaft so augenscheinlich zu konfrontieren wußte.

Es ist mir selbst schier unbegreiflich, warum ich mich gerade für diesen Bereich immer wieder aufs Neue engagiere, wo doch das Interesse dafür sich heutzutage auf einer anderen, der gesundheitspolitischen Ebene zeigen sollte.

Mit Sicherheit fußt mein diesbezügliches Engagement auf den Erfahrungen, die ich durch die Aufstellung jedes einzelnen Kondomautomaten, dazumal genauso wie heute, zu sammeln vermochte und noch immer vermag.

Daher erachte ich heute diese meine zehn Kondomautomaten, um wieder auf mein geliebtes Obertauern zurückzukommen, jeweils *als Erste-Selbsthilfe-Station* vor der immer möglichen Ansteckung mit Aids, und bin selbst erstaunt darüber, *wieviele Menschen sich aus eigenem Antrieb* an meinen „Stummen Selbsthilfe-Kondomautomatenstationen" zur Winterszeit hier heroben *ver- beziehungsweise vorzusorgen wußten.*

Dies war nun fürs erste aufgrund der Erzählung über den damaligen Unfallhergang auf der Fahrt nach Obertauern ein Ausflug in meine Betrachtungen, die erst Jahre später zum Bestandteil meines heutigen Bewußtseins wurden.

Nämlich dann erst, als ich mir so nach und nach im Zeitraffer *die Entwicklungsgeschichte der Kondomautomaten*, die ich als einer der Pioniere in der Zweiten Republik sehr wesentlich mitgeschrieben habe, bei der Gestaltung dieses Buches wiederum vor Augen führte.

Damit aber einhergehend auch jenen Leidensweg, welchen ich in Anbetracht der Voreingenommenheit der österreichischen Seele gegenüber dem Kondom jahrzehntelang zu beschreiten hatte.

Die österreichische Seele und das Kondom

Heute noch muß ich darüber schmunzeln, wenn ich an die Gesichter all jener Wirte und Wirtinnen denke, deren Bedenken gegen die Aufstellung eines Kondomautomaten ich in den frühen Sechzigern oftmals erst nach jahrelanger Vorsprache zu zerstreuen vermochte.

Aus dem Grund darüber schmunzeln, da dazumal gerade diese Wirte und Wirtinnen auch betreffend des zu erwartenden Absatzes an Kondomen alle nur erdenklichen Ausreden an der Hand hatten, damit nur ja nicht so ein Präservativ-Automat bei ihren Gästen vielleicht die Vermutung entstehen ließ, daß hier eventuell gar Eigenbedarf vorliegen würde.

Es war schier unglaublich, welcher Vielfalt an Ausreden ich zu begegnen hatte, welche Voreingenommenheit zu zerstreuen war, bis ich endlich *so ein Ding* wiederum montieren durfte.

„Unsere Gäste", schwang sich dazumal, und nicht nur dazumal, manch einer der Wirte oder der Wirtinnen zum *Sexualverhaltenssprecher* ihrer Gäste auf, „brauchen so etwas nicht. Die sind schon zu alt, die kaufen so was in der Drogerie". Oder: „Wir haben nur alte Gäste." Oder „Wir haben nur Jugend, die verwendet so was nicht." Bis hin zu der Feststellung: „Wir werden uns doch nicht durch so einen Präservativ-Automaten zum Gespött unserer Gäste machen."

Doch gerade diese Branche war mir ab jenem Zeitpunkt, als ich schon selbst ein wenig mehr an Selbstvertrauen getankt hatte, die absolute Herausforderung.

„Wie wollen denn gerade Sie wissen", gab ich daraufhin meistens nach vorheriger Einschätzung meines Gegenübers mehr oder weniger bestimmt zur Antwort, „ob Ihre alten, jungen und sonstigen Gäste *Kondomanwender* sind oder nicht?"

„Ich werde Ihnen das Gegenteil beweisen", setzte ich dann meistens mit voller Überzeugungskraft nach. „Sie brauchen mich nur einen Kondomautomaten aufstellen lassen, dann werden Sie spätestens beim nächsten Inkasso Augen machen, wie *senil oder agil* Ihre Gäste denn tatsächlich sind."

Die solchermaßen *geweckte Neugier*, ob denn tatsächlich unter ihren

Gästen Kondomanwender wären, wurde zumindest in *kleineren Ortschaften* in einem gewissen Ausmaß zum Schlüssel des Erfolges und führte in der Folge zumeist zu der von mir aus Erfahrungsgründen angebotenen *probeweisen Aufstellung* eines Kondomautomaten.

Aus dem Grund in kleineren Ortschaften eher zum Erfolg, da hier die Neugier, wer denn da wohl im einzigen *Dorfwirtshaus,* wo zumeist der ganze Ort verkehrt, ein Kondombenützer und damit in den Augen der meisten *ein Schwächling*, oder, was noch viel verwerflicher wäre, gar ein Fremdgänger wäre, mit Abstand am größten war.

Denn dazumal, in ländlichen Gebieten, und nicht nur in diesen, hätten unter hundert Kondomanwendern neunundneunzig Prozent von ihnen die Verwendung von Kondomen in Abrede gestellt, nur um nicht in ihrem Umfeld, in ihrem Freundeskreis als *Präserl-Benützer* und damit vielleicht gar *als Schwächling* abgestempelt zu werden.

In diesen Orten nun, bei diesen Wirten, die ich dazumal aus dem Grund, um den zur Probe montierten Automaten nicht wieder abmontieren zu müssen, *zur erstmaligen Kassenentleerung* mit hinaus zum Kondomautomat mitnahm, habe ich zuerst einmal die vorhandenen Münzen im Brunnen, sprich in der Metallkasse des Automaten, vor ihrer Entnahme unüberhörbar klimpern lassen.

Dabei bin ich kopfschüttelnd mit der Kassa in der Hand und mit dem jeweiligen Gastwirt im Gefolge mit dem spitzbübischen Bemerken zur Theke gegangen: *„Nicht zu glauben, was in dieser Gegend geschnackselt wird"*, um daraufhin vor den Augen des Wirtes die vielen Zehn-Schilling-Münzen auf seiner Theke tanzen zu lassen.

Da war es dann beim gemeinsamen Zählen des *Silberschatzes*, dazumal hatten unsere Zehn-Schilling-Münzen ja noch einen zusätzlichen Wert, auf welchen ich in der Folge vielleicht in diesem Buch noch zu sprechen komme, *der Wirt, der unter Kopfschütteln immer wieder festzustellen vermochte:*

„Daß i niemand ghört' hab', des gibt's ja gar net, des kenan net meine Gäst g'wes'n sein! Wo kum ma denn da hin", beweinte er weiter in Anbetracht der durch die vielen Zehn-Schilling-Münzen *bewiesenen Potenz seiner Gäste sein Schicksal*, welches ihn über die Person der Kondom-Benützer dermaßen in Unkenntnis ließ.

Ja, manch ein Gastwirt oder sein Gehilfe hatten sich dazumal in den frühen Sechziger-Jahren, bis ich zum nächsten Inkasso wiederkam, regelrecht auf die Lauer gelegt. In der Form auf die Lauer gelegt, daß manch ein

Gast, der diesbezüglich *kondomanwenderverdächtig* erschien, der Neugier wegen regelrecht bis aufs Häusl hinaus beschattet wurde.

Kaum hatte sich also dazumal, so um 1960 herum, der Zeit, in welcher ich mit der erstmaligen Aufstellung von Kondomautomaten begonnen hatte, der *Tatverdächtige* aus menschlichem Rühren heraus an den stillen Ort zurückgezogen, als die Lauscher auch schon außerhalb ihre Stellung bezogen.

In der Form ihre Stellung bezogen, als daß manch einer mit dem Ohr an der WC-Tür oder dem Ohr an der Wand, an welcher inwendig der Kon-

domautomat montiert war, darauf gewartet hatte, ob der solchermaßen *vorverurteilte vermutliche Kondombenützer* den Automaten durch das Einwerfen einer Münze denn auch tatsächlich betätigen würde.

Wie oft habe ich in meiner damaligen Unbedarftheit darüber gelacht, wenn manch ein Wirt oder eine Wirtin mir mit entsetztem Gesicht wieder einmal zu eröffnen wußten, daß der Herr Soundso, von dem Sie das *niemals* vermutet hätten, auch zu meinen Abnehmern zählen würde.

Ja, mehr noch, wurde doch der solchermaßen Belauschte meistens auch noch eines schlampigen Verhältnisses verdächtigt.

Heute, so viele Jahre später, kann ich es selber kaum glauben, welche Abgründe sich dazumal an Voreingenommenheit, Mißtrauen und Vorverurteilungen um diese meine Kondomautomaten der ersten Stunde auftaten, wenn ich es nicht selbst so hautnah erlebt hätte.

Stand doch tatsächlich einmal ein Wirt im Land vor dem Arlberg, bei welchem ich eines Freitags, mit den Freitagen hat es sich bei mir, einen Kondomautomaten eigenhändig montiert hatte, am darauffolgenden Sonntag nicht nur als ein zu sonntäglicher Stund von der Kanzel herunter vom Bannfluch des örtlichen Pfarrers Gestrafter, sondern gerade hierdurch von seinen Gästen Gemiedener, *mutterseelenalleine in seiner Gaststube*.

Hatte doch dazumal tatsächlich der Pfarrer von der Kanzel herunter diesen Wirt, der dieses Teufelsding, diesen Verhüterli-Automaten in seiner WC-Anlage montieren ließ, vor der ganzen Pfarrgemeinde solchermaßen *als Gotteslästerer bezeichnet*.

Ja, mehr noch, der Pfarrgemeinde aufgetragen, solange das Haus dieses Gotteslästerers zu meiden, bis daß dieses Teufelsding, damit war der von mir montierte Kondomautomat gemeint, wiederum verschwinden würde.

Was blieb daher diesem armen, ob seiner Gottlosigkeit zur sonntäglichen Frühschoppenzeit sowohl von der Feuerwehrkapelle, dem Sparverein und dem Gesangsverein, mit einem Wort, von all seinen Gästen gemiedenen Gastwirt anderes über, als zu sonntäglicher Stund zum Telefonhörer zu greifen.

Meine Gattin, die dazumal diesen Anruf entgegennahm, vermeinte eine weinerliche Stimme zu vernehmen, aus welchem sie schlußendlich Mosaikstein um Mosaikstein das vordem Geschilderten sich erst zusammenreimen konnte.

Jedenfalls bot der solchermaßen von seinem Pfarrer im wahrsten Sinne des Wortes aus der Pfarrgemeinde ausgebootete Wirt meiner Frau telefonisch jeden Betrag an, nur damit der gerade erst montierte Verhüterli-Automat wiederum aus seinem Gasthof verschwinden würde.

Was blieb mir da trotz eines Aufstellvertrages, welchen ich dazumal mit diesem Wirt abgeschlossen hatte, *in Anbetracht dieses göttlichen Bannfluches,* welcher vom Stellvertreter Gottes, dem örtlichen Pfarrer, über diesen Gasthof verhängt worden war, anderes übrig, als noch am gleichen Tag dem Wirt den Schlüssel für den Automat am Postweg zu senden.

Aus dem Grund auf dem Postweg, da ich gerade erst aus Vorarlberg heimgekehrt war und nicht wegen dieses von der Kanzel herunter sich als Sprachrohr Gottes gebärdenden Pfarrers wiederum die lange, noch dazu nutzlose Reise antreten wollte, nur um den erst vor ein paar Tagen montierten Kondomautomaten wiederum abzumontieren.

Der Wirt hat dazumal den Automat eigenhändig abmontiert und solchermaßen seinen nicht vorhersehbaren, durch den *Diener Gottes verursachten Schaden* in Grenzen gehalten. Wohingegen mir, außer leeren Kilometern, wieder einmal nur zu bewußt wurde, *wie unerforschlich sich Gottes Wege* immer wieder darzustellen vermögen.

Doch wie oft mußte ich in der Folge immer wieder dann einen meiner Kondomautomaten abmontieren, wenn sich auch nicht nur das Sprachrohr Gottes, sondern *nur ein Gast* über das Vorhandensein dieses Verhüterli-Spenders mokiert zeigte, oder wenn einzelne Gäste unter Alkoholeinwirkung *ein Kondom* solange zum Zeppelin aufbliesen, bis es unter ohrenbetäubendem Knall vor aller Augen zerplatzte.

Spätestens dann platzte der jeweiligen Wirtin, die nur zu oft auf eine Gelegenheit gelauert haben mochte, *dieses ungeliebte Ding wiederum los zu werden,* der Kragen und wenig später ward mir samt abmontiertem Kondomautomaten die Tür gewiesen.

So konnte es eines Tages aufgrund *all der Niederlagen*, die neben den spärlichen Erfolgen immer wieder zu verkraften waren, durchaus auch das eine oder andere Mal passieren, daß mir zwar nicht der Kragen zu eng wurde, mich aber in meinem auch heute noch zu Tage tretenden, jugendlichen Leichtsinn *der Hafer* stach und dabei eine unschuldige Wirtin zum Handkuß kommen sollte.

Es mochte so in den frühen Siebzigern gewesen sein – ich war gerade dabei, meinen ersten Mitarbeiter mit den *Tücken meines Geschäftes* vertraut zu machen – als wir eines Tages von Niederlage zu Niederlage, von Hinausschmiß zu Hinausschmiß eilten.

„Franzi", so hieß dieser späterhin absolut *alleinverantwortlich* und mit all an meiner Seite erlauschten Überredungskünsten agierende Mitarbeiter, „Franzi, mir reicht's", gab ich eines schönen Nachmittags ihm gegenüber zum Besten, „weißt was, die nächste Wirtin lassen wir in einem Preisausschreiben einen Kondomautomaten gewinnen".

Und, gesagt, getan, bremsten wir uns auch schon vor dem nächsten Gasthof ein, welchen ich, lauthals nach der Wirtin heischend, in Begleitung meines Mitarbeiters betrat. Als auf einmal, der Gastraum ward zu dieser Stund' am frühen Nachmittag vollkommen menschenleer, sich wider Erwarten ein schüchternes Weiblein zeigte.

„Sind Sie die Wirtin?" fragte ich innerlich schmunzelnd und bekam sogleich die erhoffte Antwort. „Dürfen wir gratulieren? Sie haben in einem Preisausschreiben einen Kondomautomaten gewonnen!"

„In einem Preisausschreiben? Haben wir was gewonnen?" fragte mich ungläubig mein Gegenüber, *ohne aus lauter Vorfreude darüber,* etwas gewonnen zu haben, auch nur im geringsten danach zu fragen, welches Ding sie hier denn auch tatsächlich gewonnen hätte.

„Ja mei", stieß sie aufgrund dieser scheinbaren Gewinnaussicht hervor, „daß mir mein Mann davon nichts erzählt hat, daß er bei einem Preisausschreiben mitgemacht hat. Dös muaß i eam oba sofurt erzählen." Und bevor wir sie dran zu hindern vermochten, eilte sie mit dieser Neuigkeit beladen freudvoll zu ihrem am Feld beschäftigten Gatten hinaus.

„Chef", meldete sich spätestens in diesem Moment mein jugendlicher Begleiter, „mia geht der Reis. Wann die Wirtin mit ihrem Mann zurück-

kommt, *san maß*, gemma lieber!“ Und ich selber dankbar, gesichtsbewahrend nicht selbst als erster zum Rückzug blasen zu müssen, verließen wir mitsamt unserem mitgebrachten *Treffer* aus dem erfundenen Preisausschreiben, dem bewußten Kondomautomaten, wiederum fluchtartig dies gastliche Haus.

Wobei nachträglich noch zu bemerken wäre, daß besagte Wirtin aufgrund unseres Hinweises, daß dieser Treffer am stillen Ort zu montieren wäre, uns dies ohne zu überlegen, von Haus aus auch gestattet hätte.

Doch haben wir davon keinen Gebrauch gemacht, sondern habe ich dazumal nur ein Ventil gebraucht, um meinem Frust über die laufenden Niederlagen endlich einmal freien Lauf zu lassen.

Sollte es daher der Zufall so wollen und dieses Protokoll eines lebenslustigen Burschen eines Tages in die Hände besagter Wirtin im lieblichen

Tregelwang in der Steiermark gelangen, so bitte ich, wenn auch heute schon *leicht ergraut*, um Verzeihung für meinen damaligen jugendlichen Übermut.

Wobei ich mit den laufenden Niederlagen all jene Hinauswürfe meine, die ich durch fast zwei Jahrzehnte, allein wenn ich dazumal *nur das Wort Kondom in den Mund* genommen hatte, *je weiter westlich* ich kam, so immer öfter zu gewärtigen hatte.

Mir kam dies dazumal manchmal vor, als wenn ich die Gaststube nicht anders als wie ein Torero die Arena mit seinem roten Tuch, in meinem Fall durch die Verwendung des Wortes Kondom betreten würde.

Nur mit einem feinen Unterschied, der Torero hat es mit *einem* Stier und damit mit *einem* Gegner zu tun, wohingegen mir beim Betreten meiner Arena, beim Winken mit dem roten Tuch, in diesem Fall *beim Nennen des Wortes Kondom*, dazumal die gehörnten Stiere von allen Seiten entgegen stampften und mit vereinten Kräften bemüht waren, mich aus der Arena, sprich aus dem Gastraum, wiederum zum Rückzug zu zwingen.

Obwohl bei diesem Vergleich der Torero, in bezug auf meinen Stierkampf, einen gewaltigen Vorteil besitzt. Sein Gegner, der Stier, kämpft mit offenen Karten, mit stampfendem Fuß von Angesicht zu Angesicht, wo hingegen meine Gegner dazumal weder von Angesicht zu Angesicht und auch nicht mit stampfenden Füßen bemüht waren, mich durch Hinauswurf aus ihrer Arena, aus ihrer Gaststube wiederum zu entfernen.

Wie oft war es der Fall, daß mir ein Gastwirt nach längerem Zureden schlußendlich doch die Erlaubnis zur Aufstellung eines Kondomautomaten erteilte, woraufhin ich, schon durch Erfahrung geläutert, immer wieder schnellstens bemüht war, den Automaten umgehend an die Wand zu knallen.

Aber am stillen Ort knallt es sich nicht so schnell, da vordem alle zum Knallen, zum an die Wand Montieren erforderlichen Utensilien, vom Werkzeug über die Bohrmaschine, den Automat bis hin zu seinem *Füllinhalt*, den Kondomen, aus dem Auto an den stillen Ort erst einmal verbracht sein wollten.

Wie oft hatte ich *dazumal* beim Herbeischaffen all dieser erforderlichen Utensilien, mit welchen mein Wagen bis obenhin beladen war, vorsichtshalber die Arena, den Gasthof vom Hintereingang betreten, um nicht, *jetzt formuliere ich spitzbübisch,* noch einmal beim Schleppen all meiner für die Montage erforderlichen Utensilien *den Stieren, sprich den strafenden Blicken* der vielen in der Arena, im Gastzimmer lauernden Gäste ausgesetzt zu sein.

Doch leider, wie sich nur zu oft zeigen sollte, war auch diese Vorsichtsmaßnahme oftmals vergebens.

Denn kaum mochte ich aufgrund der gerade vordem mit dem Gastwirt getroffenen mündlichen Vereinbarung mit der Montage, sprich *mit dem mühsamen Anbohren* der Steinfliesen (damals gab es noch keine Schlagbohrmaschinen, die heutzutage fast von selber ihre Löcher bohren), begonnen haben, als auf einmal hinter meinem Rücken sich der Gastwirt wiederum breit machte.

„Es tut mir leid", war dazumal jene Anrede am stillen Ort, die mein Blut immer wieder zum Stocken brachte. *„Meine Gäste wollen diesen Automaten nicht."* Und mit den weiteren Worten, je nachdem wie weit die Montage des jeweiligen Automaten schon fortgeschritten war, wie: „Es tut mir leid, aber montieren Sie den Automaten wieder ab", ließ mich der jeweilige Wirt, welcher mir vordem mündlich seine Einwilligung zur Montage erteilt hatte, daraufhin den Automat wiederum abmontieren, und ich mußte solchermaßen unverrichteter Dinge wiederum von dannen ziehen.

Wenn ich also vordem auch den Stierkampf, um bei diesem Vergleich bleiben zu dürfen, Auge in Auge mit meinem Gegner, den Wirt, für mich entschieden haben mochte, so waren es immer wieder *die vielen kleinen Stierln*, die Gäste, die gegen das rote Tuch, den Kondomautomat solange *zu stierln* wußten, bis es ihnen in ihrer Überzahl hinterrücks gelungen war, den Kampfstier, den Wirt, wiederum auf die Beine zu stellen und gegen den *Torero*, in diesem Fall gegen mich, wiederum in die Arena zu schicken.

Die vielen kleinen voreingenommenen Spießbürger landauf, landab waren es dazumal, die hinter meinem Rücken jeden Gastwirt, wenn ihnen der Kondomautomat ein Dorn im Auge war, immer wieder *zur Rücknahme einer soeben erteilten Zusage zu bewegen vermochten.*

Daher war ich immer, egal wo und wann, bemüht, den Automat so schnell wie möglich zu montieren und andererseits das gastliche Haus so schnell wie möglich durch den Hintereingang wiederum zu verlassen.

Aus dem Grund durch den Hintereingang wiederum zu verlassen, nur damit ich nicht allzu oft Gefahr lief, daß, wenn während meiner Montage im Gastzimmer die Stimmung umschlagen sollte, ich nicht umgehend wiederum mit der durch die Gäste erzwungenen Abmontage konfrontiert wurde.

Daher war diese Flucht durch den Hinteraus- oder eingang keine Flucht im üblichen Sinne, sondern ganz im Gegenteil, *eine Flucht nach vorne,* da ich, solchermaßen von der Bildfläche verschwunden, für die anwesenden

Gäste kein Stein des Anstoßes mehr war und ich solchermaßen gehandelt damit rechnen durfte, diesen neuen Automatenstandort zumindest bis zum nächsten Inkasso vorerst gerettet zu haben.

Aus dem Grund gerettet zu haben, da ja der Wirt, der mit der Aufstellung ja an und für sich einverstanden und gar nicht mein Gegner war, sondern eventuell durch seine Gäste wiederum gegen den Automaten im Verlaufe der Montage aufgehetzt sein konnte und auch die Gäste bei meinem nächsten Besuch nicht mehr in dieser Zusammensetzung anwesend sein würden.

Und genauso, wie ich es anfangs vermutet hatte, später aus Erfahrung schon wußte, war es im überwiegenden Maße dann auch *der Wirt, der während meiner Montage* von seinen Gästen aufgrund ihrer Voreingenommenheit gegen *das Kondom* wiederum umgedreht, soll heißen, dazu angehalten wurde, die Abmontage des gerade eben erst montierten Kondomautomaten wiederum zu verlangen.

Doch durch meinen Abgang nicht vor Publikum, damit meine ich, den Gästen, sondern durch die hintere Bühnentür, konnte ich fürs erste einmal sicher sein, nicht von der Meute gesteinigt zu werden und besaß obendrein die Chance, beim nächsten Mal nicht mehr diese Meute in der gleichen Zusammensetzung anzutreffen.

Darüber hinaus hatte ich jedoch die Chance, mir den Hauptdarsteller, den Wirt, dieses sich abzeichnenden Dramas spätestens dann wiederum gewogen zu machen, *wenn er seine erste Gage,* seine erste Miete für den Kondomautomaten ausbezahlt erhielt. Da war dann meistens der Bann gebrochen, und so sehr der eine oder andere Gast in der Folge gegen den Kondomautomaten auch weiterhin zu Felde ziehen mochte, so war dem Wirt allemal der Spatz in der Hand, sein Umsatzanteil am Automaten, lieber als die Taube, sein lamentierender Gast, auf dem Dach, der vielleicht weniger Taube als selber ein kohlrabenschwarzer Rabe war.

Doch andererseits gab es, *nur leider deren viel zu wenig,* Gäste, die, wenn sie mein Anliegen an den Wirt betreffend der von mir gewünschten Aufstellung eines Kondomautomaten mitangehört haben mochten, *gleichzeitig auch für mich Partei ergriffen.*

In diesen Fällen hatte dann der Wirt, wenn er meinem Anliegen ablehnend gegenüberstand, seinerseits keine Chance. Wie einem kranken Roß haben dazumal *diese wenigen* dem Kondom gegenüber positiv eingestellten Gäste auf ihren Wirt dermaßen bestimmend eingewirkt, wie ich es meinerseits nie gewagt hätte.

„*Geh, häng eahm auf!*" Gemeint war in diesem Fall nicht ich, sondern der Kondomautomat. „Der Wirt traut si nur net, wegn seiner Oidn", waren dazumal noch die zurückhaltendsten Aufforderungen von Seiten jener Gäste, die ich zukünftig, wenn es aufgrund dieser ihrer Unterstützung tatsächlich zur Aufstellung eines Automaten gekommen war, *auch mit Sicherheit zu meinen Kunden zählen konnte.*

Daß natürlich dieser Gästekreis, wenn der Wirt *ihrem Drängen nachgegeben* und mir die Aufstellung eines Kondomautomaten, ob er wollte oder auch nicht, gestatten mußte, mich anschließend immer eine ganze Menge Gratis-Kondome gekostet hat, ist nur *zu verständlich.*

Doch wenn auch diese Begebenheiten schon viele, viele Jahre zurückliegen, als auf meinen Rücken der Nudelwalker tanzte und der Pfarrer von der Kanzel Gift und Galle gegen diese Teufelsdinger spie, so hat sich, wir schreiben heute bei der Niederschrift dieser Zeilen den 2. Mai 1994, in bezug auf die Voreingenommenheit der österreichischen Seele gegenüber dem Kondomautomaten kaum etwas geändert.

Mußte ich doch erst vor kurzem, nachdem ich so meine Zeit und all meine Überredungskunst gebraucht hatte, um in einem sehr bekannten Wiener Mehrfach-Haubenlokal fürs erste einen Lady-Boutique-Automat montieren zu dürfen, nach kurzer Zeit mitsamt Automat und Inhalt *wiederum das Weite suchen.*

„Haben Sie denn so etwas nötig?" wurde – man schrieb dazumal schon das Jahr 1993 – eines Tages besagte Haubenwirtin von einer ihrer exaltierten Kundinnen zur Rede gestellt.

„Müssen Sie mit *so etwas* Ihr Geld verdienen? Dann müssen Sie zukünftig auch damit rechnen, daß ich Ihr Lokal nicht mehr *betreten* werde."

Doch betreten war ob dieser Drohung fürs erste einmal besagte Haubenwirtin, die mir stante pede mitsamt meinem Lady-Boutique-Automat die Türe wies und es daraufhin vorerst einmal an mir lag, aufgrund dieses Hinauswurfes der *Betretene* zu sein.

Aus dem Grund fürs erste der Betretene zu sein, da besagter Lady-Boutique-Automat von seinem Warenangebot her speziell für die Bedürfnisse der Damenwelt konzipiert ist und neben Strumpfhosen, OB und Carefree für den Notfall auch eine Sorte Verhüterli für die gesundheitsbewußte Frau anbietet. *Und es gerade diese Verhüterli waren,* die schlußendlich zur Demontage dieses *Kundendienst-Automaten* für die Frau führten, nur weil sich ein Gast, in diesem Fall eine Frau, unter hunderten darüber zu mokieren wußte.

Daß aber anläßlich einer von der Wiener Generaldirektion eines Hotelkonzerns gutgeheißenen Montage eines Kondomautomaten in einem oberösterreichischen First-Class-Hotel besagten Konzerns beim Auftauchen meines Monteurs sich der Hoteldirektor als Torero versuchen würde, um den Stier, den Kondomautomaten, bei den Hörnern zu packen, sprich mit einem Tischtuch vor den Augen seiner Gäste zu verbergen, hat auch mir, als ich davon erfuhr, für einen Moment die Sprache verschlagen.

Passierte es doch allen Ernstes erst unlängst einem meiner Mitarbeiter, daß er beim Durchqueren besagter Hotelhalle vom Hoteldirektor verfolgt wurde.

Kaum hatte damals mein Mitarbeiter besagte Hotelhalle mitsamt Werkzeugkoffer und geschultertem Kondomautomaten betreten, als der ob der von der Wiener Direktion aus befohlenen Montage des besagten Kondomautomaten *betretene* Hoteldirektor zur Selbsthilfe schritt.

Wie einstmals Rastelli riß er im Vorbeigehen ein Tischtuch von einem der Tische herunter und warf dieses anschließend mit den Worten: *„Damit niemand sieht, was hier passiert!"* über Monteur samt Kondomautomaten.

Da mokiert sich *eine*, da geniert sich *einer* und da droht mir erst unlängst wiederum *einer* meiner ältesten Hoteldirektoren allen Ernstes die Freundschaft aufzukündigen, wenn nur ein Sterbenswörtchen in der *Presse* über sein Haus in Zusammenhang mit meinen in diesem Haus montierten Lady-Boutique-Automaten geschrieben würde.

Wenn ich dazumal nur gewußt hätte, was ich mir da wiederum einbrocken würde, als ich mich mit einem Fotoreporter der *Wienerin* in der Wiener Innenstadt auf die Pirsch nach einem meiner Lady-Boutique-Automaten aufmachte, um *lediglich* ein Foto dieses Damenboutiqueautomaten zu schießen. Es war ganz einfach zum Schießen, mit welcher Vorsicht wir schlußendlich im dritten Lokal ans Werk gehen mußten, um dabei nicht schon auf frischer Tat ertappt zu werden.

Leider war der von besagtem Fotoreporter mitgeschleppte Fundus an Kameras und Beleuchtung schon vor dem Hotelpersonal kaum, aber vor der Toilettenfrau schon gar nicht zu verbergen.

Die, kaum daß wir sie über unser Vorhaben, daß wir in diesem Haus den auf der von ihr betreuten Toilettenanlage befindlichen Kondomautomaten für eine Zeitschrift fotografieren möchten, mit dieser Hiobsbotschaft trotz fürstlichem Trinkgeld schnurstracks zum Hoteldirektor gelaufen sein dürfte.

Doch was machen zwei Männer am Damen-Klo. Trotz der von uns aufgebauten Beleuchtung, die am stillen Ort auf etwas Außergewöhnliches schließen lassen hätte können, waren manche Besucherinnen dieses stillen Ortes angesichts der beiden Männer am Damen-Klo vermutlich der Meinung, sich in der Tür geirrt zu haben.

So entstand während unserer Arbeit nebenan am Herren-Klo einige Unruhe, die anscheinend durch die irregeführten, ins Herren-Klo irrtümlicherweise umgeleiteten Damen verursacht wurde, die da der fälschlichen Meinung waren, *am Damen-Klo zu sitzen, aber in Wirklichkeit am Herren-Klo thronten.*

Jedenfalls haben wir beide, der Fotograf und ich, im wahrsten Sinne des Wortes *bei der Aufregung um uns herum Blut geschwitzt* und waren froh, diesen Ort der *Gastlichkeit*, nachdem wir unsere Aufnahmen unter Einschluß der holden Weiblichkeit im Kasten hatten, wiederum fluchtartig zu verlassen.

Doch gerade auf der Flucht durch die Halle besagten Hotels ereilte uns in der Person des Hoteldirektors fast das Schicksal. Von wem der Direktor *den Zund* bekommen haben mochte, war damals nicht das vorrangige Thema, sondern die Angst, unsere Mühe wäre umsonst gewesen, falls er die Ausfolgung unserer Filme verlangen würde.

Doch der Direktor war und ist tatsächlich ein Freund, denn er hatte nur eine Sorge: „Herr Ebert, darf ich Sie bitten, über mein Hotel im Zusammenhang mit diesem Automaten kein Wort zu verlieren, *da ich nicht zum Gespött meiner Kollegen werden möchte.*"

Lieber Leserfreund, Du liest richtig und Du hast auch das Datum besagter Reportage in der *Wienerin* richtig gelesen.

Hat doch allen Ernstes einer der aufgeschlossensten Hoteldirektoren in diesem Land, der mir im Alleingang und damit eigenverantwortlich als einer der ersten seinerzeit in seinem Haus die Aufstellung eines Kondomautomaten ermöglicht hatte, *1993* noch immer die Angst wegen dem Produkt *Kondom* in Mißkredit, ja mehr noch, von seiner Kollegenschaft *schief angesehen zu werden.* Das ist die Realität, die die Beamten des Gesundheitsministeriums ob aus Voreingenommenheit, Desinformiertheit oder sonst einer vorsätzlich gefaßten Meinung nicht und nicht wahrhaben wollen.

Was hilft da noch so eine kostenaufwendige Aids-Kampagne, um bei jungen Menschen ein gewisses *Gesundheits-Verantwortungsbewußtsein* zu wecken, wenn das Verantwortungsbewußtsein bei den Verantwortlichen ganz einfach nicht und nicht zu wecken ist.

Wenn Aids heute das Thema unserer Gesellschaft ist, und das Kondom, ob wir es wahrhaben wollen oder auch nicht, das einzige, allerdings äußerlich anzuwendende Gegenmittel darstellt, so liegt nicht nur die *allgemeine Aufklärung*, sondern auch die *allgegenwärtige Verfügbarkeit* des einzigen Gegenmittels im Interesse unserer Gemeinschaft, oder irre ich mich?

Daher glaube ich nicht nur, sondern bin *der festen Überzeugung*, daß heute ein Gastronom, der über eine öffentliche und damit für jedermann zugängliche Toilettenanlage verfügt, *bezüglich der Vorsorge, wie auch Vorsorgemöglichkeit* seiner Gäste durch einen jederzeit verkaufsbereiten Kondomautomat der diesbezüglichen Verantwortung eines Apothekers heutzutage um nichts mehr nachsteht.

Ja ganz im Gegenteil; durch die längeren Öffnungszeiten in der Gastronomie besteht eine wesentlich längere Zugriffsmöglichkeit und damit Vorsorgemöglichkeit *ohne Nachtzuschlag* durch den jederzeit verkaufsbereiten Kondomautomat gegenüber einer Apotheke. Die in den Nachtstunden, wenn überhaupt erst einmal gefunden, auch noch ihren Nachtzuschlag auf jede Kondompackung aus Personalkostengründen in Anrechnung bringen muß.

Ob sich der eine oder andere junge Mensch diesen Nachtzuschlag überhaupt zu leisten vermag, bleibt bei dieser meiner Betrachtung dahingestellt.

Daher sehe ich heute, nach über dreißig Jahren, die Verantwortung gegenüber unserer Jugend aus einem vollkommen anderen Blickwinkel als dazumal, als nicht einmal noch die Pille zu meinem letzten Willen wurde.

Doch bevor ich über diesen, meiner Meinung nach durch die Pille ausgelösten *Charakterknick*, speziell der sogenannten kapitalistischen Gesellschaft, und damit meine ich unsere westliche dekadente Gesellschaft, meine Gedankenreise ziehen lasse, will ich betreffend der Voreingenommenheit gegenüber dem Kondom noch *eine leider wahre Geschichte* zum Besten geben.

Es war die Umfrage eines oberösterreichischen Jugendmagazins unter ihren jugendlichen Lesern, ob sie lieber ein Gratiskondom aus der Hand des Lehrers oder Professors oder diese lieber anderweitig selbst erwerben möchten, die in der Folge dem Direktor einer Linzer Handelsakademie nicht nur schlaflose Nächte, sondern darüber hinaus Morddrohungen gegenüber seiner Familie bescherte.

Doch daß es dazu kommen sollte, bedurfte es der absoluten Fehleinschätzung der mit der Aids-Prävention, auf gut Deutsch, mit der Aids-Aufklärung befaßten Verantwortlichen im Gesundheitsbereich, die auch noch zu Außerwinklers Zeiten davon ausgingen, mit der Verteilung von *Gratis-Kondomen* den Stein der Weisen gefunden zu haben.

Doch der Stein der Weisen hieß und heißt in bezug auf das Kondom gestern, heute und morgen, fußend auf dem Urgrund der österreichischen Seele, *Anonymität.*

Das mußten auch die absolut motivierten und aufgeschlossenen Initiatoren besagter oberösterreichischen Jugendzeitschrift namens „Pen“ aufgrund einer durch sie gestarteten Leserumfrage zum Thema Gratis-Kondom zur Kenntnis nehmen.

In der Form zur Kenntnis nehmen, daß sage und schreibe 850 Jugendliche zu diesem Thema schriftlich Stellung bezogen, von welchen wiederum an die 650 ihr Kondom *nicht gratis aus der Hand ihres Lehrers, Professors oder Direktors* entgegennehmen, sondern lieber *anonym* bei einem Automaten selber erwerben möchten.

Dieses Umfrageergebnis besorgte nun in der Folge besagtem Schuldirektor seine schlaflosen Nächte. Sahen sich doch aufgrund dieser eindeutigen Aussage ihrer jugendlichen Leser die beiden Initiatoren dieser Umfrage dazu veranlaßt, bei oberösterreichischen Schulen wegen der Aufstellung von Kondomautomaten vorstellig zu werden, wobei sie aus Sorge über die ihrer Meinung nach große Anzahl an Kondomautomaten, die sie hierfür benötigen würden, vorerst bei mir wegen deren Bereitstellung Rückfrage hielten.

Für mich war es dazumal von Haus aus keine Frage, zwei so engagierten jungen Menschen jede erforderliche Anzahl von Kondomautomaten zuzusagen, um nur ja nicht ihrer Euphorie schon vor der meiner Erfahrung nach unweigerlich folgenden Ernüchterung die Kraft zu rauben.

Und es war tatsächlich ernüchternd, daß nach einer Umfrage bei einer mir nicht näher bekannten, vermutlich in dreistelliger Höhe gelegenen Anzahl oberösterreichischer Schulen *nur ein Direktor* besagter Linzer Handelsakademie den Mut fand, in seiner Schule einen Kondomautomaten aufstellen zu lassen. *Dieser bedauernswerte, bewundernswerte Mensch.* Als nämlich diese seine Zusage, als Erster die Aufstellung eines Kondomautomaten an einer oberösterreichischen Schule zuzulassen, durch den oberösterreichischen Blätterwald rauschte, rauschten besagtem Direktor alsbald selbst die Ohren über die Beflegelungen, Beschimpfungen bis hin zur Morddrohung gegenüber seiner Familie, die er daraufhin zu hören bekam. Ja mehr noch, wurde gegenüber seiner Familie solchermaßen von Unbekannt zusätzlich noch Telefonterror betrieben.

„Herr Ebert“, meldete sich eines Tages dieser Schuldirektor telefonisch bei mir. „Wenn ich gewußt hätte, wohin das führt, hätte ich niemals meine

Zusage zur Aufstellung dieses Automaten erteilt. Ich benötige Ihre Unterstützung. Bitte kommen Sie am 11. Februar 1993 zu einer vom Elternverein und mir im Zusammenwirken mit der Aidshilfe Oberösterreich einberufenen Aufklärungskampagne in den Hörsaal Nr. I der Linzer Universität", lautete seine telefonische Einladung, welcher ich in der Folge im Beisein eines meiner Mitarbeiter verständlicherweise nachgekommen bin.

Es mögen an die dreihundert Jugendlichen und ihre Eltern gewesen sein, die sich damals in besagtem Hörsaal der Linzer Universität eingefunden hatten, aber auch etliche Anverwandte und ADABEIS mochten gleichfalls dabeigewesen sein.

Daß aber auch vier Geistliche, unter anderem der Pfarrer eines Wiener Hausberges, der meiner bescheidenen Meinung nach seinen oberösterreichischen Gesinnungsgenossen bei dieser Aids-Veranstaltung *die Show* gestohlen hatte, anwesend waren, hätte mich schon von Beginn an stutzig machen sollen.

Nämlich dahingehend stutzig machen, wie weltfremd Menschen, die für den Religionsunterricht verantwortlich zeichnen, sich vor Jugendlichen, welchen sie Beispiel sein sollten, zu produzieren vermögen.

Es ging diesen anwesenden Geistlichen, wie sich im Verlaufe dieses Abends nur allzu deutlich herausstellen sollte, trotz oder wegen der Gefahr durch Aids ausschließlich darum, jene Jugendliche zu verdammen, die es wagen sollten, sich durch ein Kondom zu schützen.

Ja mehr noch, der besagte Oberhirte des Wiener Hausberges verstieg sich im Verlaufe des Abends zum Gaudium der anwesenden Jugendlichen zu der Feststellung, jeden Kondombenützer am liebsten exkommunizieren zu wollen und den besagten HAK-Schuldirektor aus Linz, der es da wagen sollte, einen Kondomautomaten in seiner Schule aufstellen zu lassen, samt dem Erzeuger dieses Teufelsdinges am liebsten in der Hölle schmoren zu lassen.

Ja, es ging bei dieser Veranstaltung, die den anwesenden Jugendlichen gerade in Anbetracht der gesundheitlichen Folgen durch eine immer mögliche Infizierung mit dem HIV-Virus die Verwendung von Kondomen nahebringen sollte, so weit, daß diverse der Kirche Nahestehenden, wie mir als Ortsunkundigen von Anwesenden erklärt wurde, mit der Verteilung von *Anti-Kondom*-Broschüren begannen.

Broschüren, aus welchen hervorging, daß nicht nur die Kondome in ihrer Gesamtheit *durchlässig* wie ein Nudelsieb wären, sondern daß jeder Kondombenützer vor dem Thron Gottes dereinst einmal seiner Strafe entgegengehen und schlußendlich in der Hölle enden würde.

Es war nicht nur kabarettreif, was hier von, wie man meinen sollte, erwachsenen Menschen vor den Augen und Ohren der anwesenden Jugendlichen produziert wurde, *sondern es war bedrückend,* als Außenstehender solches anno 1993 noch mitansehen zu müssen.

So ein vor aller Auge zu Tage tretender, *im Namen Gottes produzierter Fanatismus,* wobei noch vordem die Person, die Familie besagten Schuldirektors anonym sogar durch Morddrohungen dazu bewogen werden sollte, besagten Kondomautomaten unter keinen Umständen aufstellen zu lassen, gibt einem doch mehr als zu denken.

Sind wir Menschen tatsächlich dermaßen manipulierbar, daß wir jedes Maß für lediglich *ein Mensch zu sein* nicht mehr zu finden vermögen?

Wie kann sich ein Mensch aus religiösem Wahn dazu versteigen, Jugendlichen mit der Exkommunikation zu drohen, falls sie ein Kondom benützen? Wie kann sich ein Unbekannter dazu hinreißen lassen, nur wegen der Aufstellung eines Kondomautomaten gegenüber Menschen Morddrohungen auszusprechen? Sind wir tatsächlich zu allem fähig? *Dann sind wir auch fähig, uns wiederum auf uns selbst zu besinnen* - nur der Weg dorthin mag durchaus lang und dornenvoll sein.

Erst nach dieser Veranstaltung habe ich damals den Ausspruch dieses Schuldirektors mir gegenüber verstanden: „Warum habe ich mich dazu entschieden, als Erster in Oberösterreich diesen Kondomautomaten aufstellen zu lassen?" Und ich bewundere heute noch, auch in Anbetracht der von vielen Eltern vorgebrachten Bedenken, den Mut dieses Schuldirektors, der späterhin, *allerdings in der Nähe des Turnsaals,* diesen Kondomautomaten schlußendlich doch aufstellen ließ.

Anscheinend benötigt jede Pioniertat *den entsprechenden Mut*, die Kreativität, den Erfindungsgeist eines Menschen, um diesen schlußendlich in der Folge als Pionier erscheinen zu lassen.

Genauso sehe ich heute, wenn es für Außenstehende auch als lachhaft erscheinen mag, *die damalige Entscheidung besagten Schuldirektors als Pioniertat,* da er allen Widerständen zum Trotz den Kondomautomat, wenn auch aus strategischen Gründen nur in der Nähe des Turnsaals, diesen schlußendlich doch als Erster an einer oberösterreichischen Schule aufstellen ließ.

Wenn ich nun zum Ende dieses Kapitels ein Resümee aus meinen selbst gemachten Erfahrungen als Reisender in Sachen Kondome und der österreichischen Seele ziehe, so kann ich nur staunen, *wie spurlos die Zeit an dieser Seele vorüberzieht.*

Ist es doch in bezug auf das Kondom nicht anders als mit einem einmal ausgesprochenen Wort, welches, wenn Du es ausgesprochen hast, *Du nicht mehr zurückzunehmen vermagst.*

Genauso verhält es sich anscheinend mit dem Wort Kondom, *welches dereinst* die österreichische Seele in Verbindung mit wenig Ästhetik in sich aufgenommen haben mochte und von welchem Vorsatz besagte Seele bis zum heutigen Tag, wenn überhaupt, so nur äußerst geringfügig abzurücken vermochte. Natürlich, aber was ist in unserer Zeit schon natürlich, ist das Kondom *nicht jedermanns, jederfraus* Sache, aber genausowenig, so nehme ich an, möchte da einer heutzutage an Aids zugrunde gehen.

Doch dieses Aids war bis vor kurzem, genau genommen, bis vor zehn Jahren genausowenig für uns alle ein Thema, wie es die Pille vor fünfundzwanzig Jahren für uns alle war.

Dieser und nur dieser Gegebenheit haben wir heute in bezug auf das Kondom Rechnung zu tragen, welches im Verlauf dieser geringen Zeitspanne vom *ehemaligen Geburtenregler zum heutzutage möglichen Lebensbewahrer* avanciert ist.

Was mag das doch für eine gute alte Zeit gewesen sein, die 50er-Jahre damals nach dem Zweiten Weltkrieg, wo *Mann*, so er unversehrt aus den Kriegswirren nach Hause kam, gemeinsam mit *Frau* sich mit eigenen Händen an den Wiederaufbau, an den Neuanfang machte.

Damals war weder die Pille, Rauschgift oder Aids ein Thema, *sondern der häusliche Herd war das Maß aller Dinge.* Daher hielten sich auch die Geschlechtskrankheiten in Grenzen und auch *das Kondom blühte im verborgenen hauptsächlich als geburtenregelndes Verhüterli.*

Ich bin zwar kein Rechengenie und bitte meine Leser betreffend meiner folgenden Gedankenspielerei mich nicht gleich steinigen zu wollen, doch wage ich zu behaupten, daß dazumal gegenüber der Zeit danach, und damit meine ich nach dem Auftauchen der Pille, die Chance nach einem Seitensprung durch eine Geschlechtskrankheit zu Tode zu kommen *1 100.000* betrug.

Dazumal in den Fünfzigern war die Blütezeit der Heimatfilme, der Körper war weitgehendst aus *Nahrungsmangel* gesund und die Seele war heil, *da ihr die Zukunft Hoffnung versprach.*

In dieser weitgehend heilen Welt, in welcher der Berufsstand eines Psychiaters, Neurologen und Chiropraktikers noch kaum einen Stellenwert besaß, konnte auch der Stellenwert des Kondoms verständlicherweise nur ein geringer sein.

Warum sollte einer dazumal, außer mit Rücksicht auf die Folgen zwischenmenschlicher Beziehung in Blickrichtung auf neues Leben, beziehungsweise ins Auge gefaßter Familienplanung, auf das ungeliebte Kondom zurückgreifen, dessen Stellenwert, *so paradox es klingen mag, erst durch das Auftauchen der Pille* in lichte Höhen strebte.

UNERWÜNSCHT AM DAMENKLO. Automatenkaiser Ferry Ebert (Bild oben) wollte Kondomautomaten aufstellen. Und scheiterte an den Wirten.

Wienerin, Oktober 1993

Die Pille – mein letzter Wille

Es mag so um das Jahr 1970 herum gewesen sein, als erstmals die Pille zu ihrem Siegeszug um die Welt ansetzte. Etwas mehr als zehn Jahre mochte ich bis zu diesem Zeitpunkt *so nebenbei* neben meiner Tätigkeit als Reisender am weiteren Aufbau meines zweiten Standbeines, mit dem Aufstellen und Montieren von Kondomautomaten, hinter mich gebracht haben, als ich durch das Auftauchen besagter Pille vermeinte, *demnächst vielleicht gar am Hungertuch nagen zu müssen.* Überall, wo ich dazumal auch hinkam, prophezeiten mir meine sogenannten Freunde mein baldiges Ende.

„Ferry", bekam ich nicht nur einmal zu hören, „wer wird denn heute" – wir schrieben damals 1970 und waren ja Männer unter uns, darum bitte ich meine weiblichen Leser, die nächste Zeile wiederum zu überspringen – *„noch mit einem Präserl arbeiten?"*

„Die Hackn kannst vergessen", waren noch die bescheidensten Worte des Trostes, welchen ich am Beginn des Pillenzeitalters tagein, tagaus zu begegnen hatte.

Überall, alle Medien, ob Zeitungen, Zeitschriften, Radio oder TV, hoben die Pille in den Olymp der Segnungen des menschlichen Erfindungsgeistes als absolutes Allheilmittel für die Ewigkeit.

Und ich war wie am Boden zerstört. Waren tatsächlich all meine Entbehrungen, all mein Schuften, alle Beschimpfungen, die ich in diesen zehn Jahren über mich ergehen lassen mußte, um diese meine Stummen Diener ins Verdienen zu bringen, umsonst gewesen? Sollte das alles nur eine Prüfung des Schicksals gewesen sein?

So in etwa mögen dazumal meine Gedanken gewesen sein, als ich nach dieser gerade erst mit viel Müh' und Plag' und Entbehrungen überstandenen Einbruchsserie von Ort zu Ort, von Wirt zu Wirt, von Automat zu Automat schon wieder von einer Niederlage zur nächsten eilte.

War doch überall am Beginn des Pillenzeitalters der Absatz an Kondomen zurückgegangen, und manch einer meiner Wirte, welchen ich erst unlängst mit viel Überredungskunst einen Kondomautomaten im wahrsten Sinne des Wortes aufgeschwatzt hatte, legte mir aufgrund des geringen

DIE
PILLE
MEIN LETZTER
WILLE

Zuspruches, welchen dieses Ding nun zu verzeichnen hatte, nahe, damit wiederum zu verschwinden.

Als dann auch noch der Absatz an Kondomen bei den Apotheken stagnierte, war Handlungsbedarf gegeben, doch hätte ich einen Dummen finden müssen, um diesem durch den Umsatzrückgang gegebenen Handlungsbedarf auch Folge leisten zu können, aber zu meinem Glück, wie sich bis heutzutage herausstellen sollte, fand sich dazumal niemand, in dessen Hände ich meine Kondomautomaten hätte legen können.

So versuchte ich zu retten, was zu retten war und betrat jedes Wirtshaus mit folgendem Spruch auf den Lippen:

„*Die Pille, mein letzter Wille*", nur um solchermaßen schon beim Betreten des Lokales dem jeweiligen Gastwirt zu signalisieren, daß er vermutlich mit einer geringeren Umsatzbeteiligung zu rechnen hätte.

Nur so konnte ich mit dem Verständnis der Gastronomen rechnen, um dazumal nicht allzu viele Automaten aufgrund des geringen Umsatzes abziehen zu müssen und diese vielleicht gar noch in meinem Elternhaus wiederum aufzustapeln.

Zu meinem Glück aber, wie sich später aus gesundheitlichen Gründen herausstellen sollte, fast auch zu meinem Unglück, agierte ich bis zu diesem Zeitpunkt, dem erstmaligen Auftauchen der Anti-Baby-Pille, als *One-Man-Show.*

Daher war es um vieles leichter als heute, wo viele Hände unter Mitwirkung meiner Familie mir bei der Betreuung des immer umfangreicheren Automatenparks behilflich sind, darauf zu warten, ob dieser durch die Pille verursachte *Kondom-Knick* sich nicht wiederum zu besseren Umsätzen hin entwickeln würde.

Und tatsächlich, auf einmal, so nach zwei, drei Jahren, begann es *am sensibelsten Barometer, dem Wirtshaustisch*, wider die Pille zu rumoren.

„Meine Frau hat die Beschwerden, meine Frau verträgt gerade *die* Pille nicht und meine die und die andere, jene und überhaupt; wir kennen uns jetzt überhaupt nicht mehr aus, wann wir uns ohne Risiko lieben können und wann nicht, denn der Organismus meiner Frau spielt verrückt", klang es landauf, landab dazumal wie *Schalmeienmusik* an meine Ohren.

Und siehe da, je mehr die Pille solchermaßen am Wirtshaustisch wiederum, nur diesmal mit anderen Vorzeichen, in aller Munde war, um so mehr Kondome fehlten auf einmal wieder aus meinen Automaten. Daß dieser Wandel nicht innerhalb eines Jahres stattfand, sondern deren mehrere bedurfte, lag in der Natur der Sache, *die mehr Sache als Natur war.*

Du wirst Dich jetzt vielleicht fragen, was ich damit meine, wenn ich die Pille im Gegensatz zur Natur *als Sache* bezeichne, und ich will Dir gerne antworten, weil ich im Verlaufe meines Lebens, von welcher Sache auch immer, zwar mühsam, aber doch, *wiederum selbst zurück zur Natur gefunden habe.*

Damit meine ich, daß alles, was wir, jeder einzelne für sich, an Akzenten wider die Natur und damit wider die uns innewohnende Natürlichkeit handelt, uns *irgendwann* einmal im Leben statt, wie wir vorerst angenommen haben, in den Schoß, späterhin *auf den Kopf fällt.*

Was habe ich im Verlauf dieses meines Lebens nicht schon alles wider die Natur, wider meine innere Stimme, mein Gefühl oder den sechsten Sinn im wahrsten Sinne des Wortes verbrochen, nur weil ich nicht bereit war, über die Begrenzung meines engen Horizontes hinaus in die Natur zu schauen.

Wie blind bin ich den Dingen dieser Welt durch viele Jahre nachgejagt, ohne anfangs dabei der Natur – um ihr und in der Folge in mir – meine Aufwartung zu machen.

Bis an die Schwelle des Todes und wiederum mühsam zurück habe ich diese Ignoranz gegenüber dem wahren Sinn meines Daseins betrieben, der da vielleicht lautet, lediglich nur Mensch zu sein.

Damit, in diesem Zusammenhang, sehe ich aufgrund meines eigenen Leidensweges, der mich aus den Fängen des Cortisons wiederum in die Niederungen der Natur, und damit der nicht nur mir, sondern jedem von uns innewohnenden Natürlichkeit, zurückfinden ließ, meine sachbezogene Betrachtung nicht nur gegenüber der Pille, sondern gegenüber jedem Medikament.

Nur weil ich in meinem Übermut, meinem Leistungswillen und dem mir innewohnenden Bestreben, irgendwo immer wieder der Schlimmste, Größte, Liebenswerteste, Aggressivste oder auch der Schnellste zu sein, aus lauter Mangel an nicht anerzogener Selbstverantwortung den Bogen der mir innewohnenden Natürlichkeit, und damit meine ich der Gesundheit, überspannt hatte, brauchte ich in der Folge *Sachhilfe* = Pillen, sprich Medikamentenhilfe und die Hilfe eines anderen, eines Arztes, um selbst wieder auf die Beine zu kommen.

So *sah und sehe* ich nicht nur die Pille; aber nicht aus Neid, weil dadurch mein bescheidener Kondomabsatz gegenüber dem vermutlich hundertfach höheren Pillenumsatz stagnierte, sondern als aufmerksamer Beobachter der Natur wie auch der *Wider-Natürlichkeiten.*

Da brach also allen Ernstes im Verlauf meines Lebensweges unter anderem auch das sogenannte *Pillenzeitalter* an und stellte mit einem Schlag all unsere seinerzeitige – ich bin immerhin erst 37 Jahre verheiratet – auferlegte Selbstdisziplin und damit einhergehend Selbstverantwortung mit der Einnahme nur einer Pille außer Frage.

Warum gab es das, damit meine ich diese Sache, diese Pille, nicht schon dazumal, 1957?. Dann hätte ich mich doch vor meiner *späteren Verantwortung*, die mir nur aufgrund einer unkontrollierten Erektion späterhin Kind, Ehe und damit Verantwortung bescherte, zu drücken vermocht?

Warum bescherte mir das Schicksal nur aufgrund dieser geschilderten Situation späterhin einen Lebenspartner, welchem ich anfänglich trotz religiösem Treueschwur weitgehendst treu blieb, um in späterer Folge diesem Menschen *treu zu bleiben, ohne dabei schwören zu müssen?*

Warum, bitte, meine Damen, jetzt spricht vordergründig wieder der Mann aus mir, die nächste Zeile wieder zu überspringen, waren wir damals die Dummen und mußten geradestehen, hatten für einen Fehltritt, so ich dies so bezeichnen darf, ein Leben lang Verantwortung zu tragen, wohingegen heute *Männlein wie Weiblein* dieses Geradestehen, dieses vielleicht gar ein Leben lang Verantwortung tragen müssen weitgehendst *der Pille* zu überantworten vermögen.

Es mag jetzt durchaus der Neid des Besitzlosen aus mir sprechen, welcher in Folge seiner Partnerschaft seiner Frau niemals zugemutet hätte, wegen meiner Bedürfnisse die Pille zu nehmen und dadurch einen Sacheingriff in die ihr eingeborene Natürlichkeit vorzunehmen, aber auch das Kondom war in unserer Beziehung kein vordergründiges Thema, da wir der *Natürlichkeit der wechselnden Temperatur* (nach Knaus-Ogino) nach der Geburt unserer Kinder unser Vertrauen schenkten.

Wohingegen heute, im Zeitalter der Pille, sowohl Männlein wie Weiblein ihren Gelüsten und damit auch ihrer Partnerwahl durch die Pille freien Lauf lassen können.

Und das ist der Punkt. Diese durch die Pille ausgelöste, *grenzenlose-schrankenlose Freiheit* unserer sexuellen Gelüste, dieser bis vor dem erstmaligen Auftreten von Aids jederzeit mögliche folgenlose und damit einhergehend verantwortungslose Partnertausch wurde und wird zum *Umkehrschub* für die gesamte Menschheit.

Erst nach diesem bedauernswerten Crash, der Lauda-Boeing über Thailand, ein Land, auf dessen *speziellen Tourismus* ich noch im *speziellen* kommen werde, haben die Konstrukteure allenthalben dem durch diesen speziellen Unfall zu Tage getretenen *Konstruktionsfehler* Rechnung getragen.

Nicht viel anders wird es sich seit dem Auftreten von Aids, welches allein in Amerika zur häufigsten Todesursache unter den 16- bis 44jährigen wurde, zukünftig betreffend des durch die Pille ins Schrankenlose abdriftenden Sexualverhaltens – speziell der dekadenten westlichen Gesellschaft – einmal verhalten.

Doch steht es mir nicht zu, darüber zu befinden. Da gibt es allerorten Berufenere als mich, ich habe nur hinter die Kulissen geschaut aus beruflichem und menschlichem Interesse.

Jedenfalls hätten mich dazumal, so um 1970 herum, die Menschen für verrückt gehalten, der Menschheit, ausgelöst durch die Pille, ein weltweites Sodom & Gomorrha zu prophezeien, doch es wäre zu schön gewesen, wenn ich mich geirrt hätte.

Doch der Umkehrschub, dieses Abwenden vom Kondom hin zur Pille, welcher dazumal meine Kondomumsätze schier ins Bodenlose abstürzen ließ, reparierte sich, wie es schien, von selbst.

Es waren die vielen Diskussionen am Wirtshaustisch, die dem Auslöser meines Absturzes, *der Pille*, auf einmal Fehler anzudichten begannen und von sich aus die Notbremse am häuslichen Herd zogen.

Aber nicht nur diese Menschen waren es, die wiederum vermehrt ein Kondom in Anspruch nahmen, sondern allenthalben, und nicht nur in unserem Land, begann in den späten Siebzigern, noch vor dem Auftreten von Aids, der Kondom-Absatz wiederum allmählich zu steigen, bis er 1986 schier unglaublich wiederum nach oben strebte.

Was mochte da auf einmal passiert sein, daß ein einstmals gar ungeliebtes Produkt, dessen Bezeichnung vordem nur hinter vorgehaltener Hand genannt wurde, *auf einmal in aller Munde war?*

Es ist leider das eingetreten, was ich schon kurz nach dem Auftauchen der Pille vorausgeahnt habe, ohne daß ich dabei dieser Pille die Alleinschuld zuweisen möchte, da im gleichen Maße auch die Anwender und darüber hinaus die Gesellschaft in ihrer Gesamtheit die jeweilige *Zeitqualität* bestimmen.

So konnte es also passieren, daß, nachdem mir so um 1970 herum schon die Spatzen von den Dächern mein baldiges Waterloo prophezeiten, mir fünfzehn Jahre später die gleichen Spatzen am Dach unterstellten, durch Aids zum Millionär zu werden.

Sie ist schon paradox, diese Gesellschaft; kaum ändert sich die Windrichtung, hängt sie ihr Fähnlein flugs in den Wind und keiner von den Unkenrufern von vordem fragt mehr, welcher Durchhalteparole es bedurft hat, welche Bürde *fünfzehn lange Jahre* des Gegen-den-Trend-Schwimmens es nicht nur für mich, sondern auch meine Familie dargestellt haben mochte, um endlich wieder Licht am anderen Ende des Tunnels zu erblicken.

In dieser Zeitspanne des Durchhaltens habe ich alles, was meine Frau und ich im Verlaufe unserer so abwechslungsreichen Partnerschaft im wahrsten Sinne des Wortes im Schweiße unseres Angesichts erworben haben, bedenkenlos gesetzt und dabei auf der Suche nach neuen Wegen den *Brieflosautomaten* erfunden.

Doch über dieses Erfinderschicksal werde ich ein andermal, in einem speziellen Buch, ausführlich zu erzählen wissen.

Daher möchte ich in diesem Buch nicht bei meinen Brieflosautomaten verweilen, die mein Leben in einer ganz anderen, viel diffizileren Form zu verändern vermochten, sondern zu jenen fünfzehn Jahren zurückkehren, deren Bürde, deren Herausforderung aufgrund all des vorher Durchlebten meinem ältesten Freund, meinem Körper, fast die Freundschaft aufkündigen ließ.

Das Pariser-Geschäft

Clevere Manager machen mit AIDS gesunde Profite.
Von Stefan M. GERGELY

Eine Kriegserklärung flatterte Gesundheitsminister Kurt Steyrer und zahlreichen Redaktionen vor kurzem auf den Tisch: „Ferry Ebert sagt AIDS den Kampf an", heißt es auf rot umrandetem Papier.

Der neue Kämpe in der Schlacht gegen die bislang stets tödliche Immunschwäche ist jedoch kein Mediziner. Ferry Ebert vertreibt Kondome.

Der Gummischutz sei, verkündet der „Blausiegel"-Automatenmann in freudiger Erwartung fetter Gewinne, „der einzige effiziente Schutz vor diesem Volksfeind Nr. 1." Minister Steyrer möge zum Schutz der Volksgesundheit bei allen österreichischen Gastgewerbebetrieben die Aufstellung eines Verkaufsautomaten für Kondome per Dekret vorschreiben. Dann sei er, Ebert, gern bereit, einen noch festzulegenden Prozentsatz des Umsatzes für die AIDS-Vorsorge zur Verfügung zu stellen. Ob damit die Finanzierung eines Forschungsprojekts gemeint ist oder ein Werbefeldzug für Kondome, wird nicht verraten. Dafür legte Ebert seinem Schreiben an den Hautarzt Steyrer einige Probierpackungen „Blausiegel" bei.

25. November 1985

profil

Mit 40 gelähmt

Es war eines Freitag nachmittags, als mich auf der Heimfahrt von Klagenfurt auf einmal im Stadtgebiet von Bruck an der Mur eine Gendarmeriestreife mit Blaulicht überholte und kurz darauf zum Stillstand, zum Anhalten zwingen sollte.

Doch wenn Du Dir jetzt vorschnell eine Meinung bildest, welcher Übertretung ich mich da wohl wieder einmal schuldig gemacht hätte, so würdest Du Dich genauso irren, wie jene zwei Gendarmen, die aufgrund der Schlangenlinien, die ich am besagten Freitag durch Bruck an der Mur fuhr, der Meinung waren, es vielleicht gar mit einem alkoholisierten Lenker zu tun zu haben.

Ich war am linken Bein gelähmt, keiner Bewegung mehr fähig und wurde vom Auto weg mit der Rettung ins Brucker Spital gebracht, von wo ich nach Verabreichung einer Cortisonspritze und damit einhergehend einer gewissen Beweglichkeit erst wieder frei kommen sollte, um meine Fahrt heim zu meiner Familie *wiederum fortsetzen zu können.*

Es war eine Fahrt der Qualen, die ich dazumal von Klagenfurt aus auf mich nahm, nur um meinen Lieben nahe zu sein, mich in meinem Schmerz bei ihnen verkriechen zu können. Für diesen Kraftakt nun – ich hatte schon in Klagenfurt beim Ein- und Aussteigen meine Beine mit den Händen in das Auto hineingehoben – verpaßte mir dazumal die Brucker Gendarmerie wegen besagter durch absoluten Schmerz verursachten Schlangenlinien eine Strafe wegen Lenkens eines Fahrzeuges in nicht mehr zurechnungsfähigem Zustand.

Und zurecht bestand diese Strafe. Hatte ich doch all die Jahre vordem, ohne Rücksicht auf Verluste, wie ein Irrer besagtem Freund, meinem Körper, immer wieder das Letzte abverlangt.

Habe bei Tag und bei Nacht und zu jeder Jahreszeit fast durch zwei Jahrzehnte hindurch hunderttausende Kilometer heruntergespult, habe tagsüber meine vollgestopften Kollektionskoffer vom Auto raus zum Kunden rein und wieder retour geschleppt und wenn es abends dunkel wurde *erst so richtig losgeschlagen.*

Da fing dann die Schwerarbeit erst richtig an. Denn erst wenn meine *Tagsüber*-Kunden, der Apotheker, der Drogist und wie die Ladengeschäfte dazumal auch noch alle geheißen haben mochten, ihre Rollbalken herunterließen, um damit das Ende ihres *Tagwerkes* anzukündigen, begann ich ums Eck beim nächsten Wirt mit meinem *Nachtwerk*.

Bis weit nach Mitternacht habe ich dazumal eigenhändig Kondomautomat um Kondomautomat am stillen Ort montiert, habe geschleppt und manch Steinfliese mit uralten Bohrmaschinen angebohrt, die das Wort *Schlagbohrmaschine* noch nie vordem gehört hatten.

Waagrecht, mit einem Bein mich auf der rückwärtigen Wand abstützend, bin ich dazumal auf meiner Bohrmaschine gehangen, um ein Loch nach

dem anderen in die steinharten Fliesen zu treiben, um danach meine Kondomautomaten montieren zu können.

Viele Jahre hat mir mein Freund, der Körper, diesen Raubbau an seinen Kräften verziehen, ja mehr noch, er hat auch meinen übergroßen Appetit respektiert, der mich *oft nochmals* so um die Geisterstunde herum nach einem Abendessen verlangen ließ.

Doch in meinem jugendlichen Überschwang, in meinem Leichtsinn habe ich dazumal auf die Signale dieses meines ältesten und wertvollsten Freundes, meines Körpers, nie Rücksicht genommen, sie solchermaßen nie kapiert, bis mir dieser Freund *seine Freundschaft durch seinen Schmerz, sein Leiden* dermaßen unter Beweis stellte, damit ich schlußendlich kapieren würde, daß dieser mein Körper und mein Geist eine Einheit, nämlich *mich selbst,* darstellen würde.

Seit meinem achtzehnten Lebensjahr war ich also Tag und Nacht rücksichtslos gegen mich selbst und damit auch meinen Organismus sechzehn oder mehr Stunden unterwegs gewesen, und was ich tagsüber aufgrund meiner vielen Kundengespräche nicht schon an psychischer Kraft verbraucht hatte, verbrauchte ich jeweils in den Abendstunden durch das Schleppen und Befestigen der Automaten auf physischer Ebene.

Daß ich so nebenbei im Verlaufe der Jahre, ob bei Tag oder Nacht wie auch zu jeder Jahreszeit mit meinem jeweiligen fahrbaren Untersatz hunderttausende von Kilometern zurückgelegt habe, zehrte in der Folge natürlich auch nicht gerade unwesentlich an meinen Kräften.

Jedoch, daß dieser Raubbau an meiner Gesundheit nur eine gewisse Zeit gutgehen könnte, war mir jungem Menschen in der Phase des Aufbaus meiner Existenz nicht im geringsten bewußt.

Nie wäre ich dazumal auch nur annähernd auf die Idee gekommen, für mein damaliges Wollen und Tun von meinem Organismus, meinem Körper, dereinst einmal zur Rechenschaft gezogen zu werden, und wie sehr hat mich in der Folge mein Freund, mein Körper, späterhin diesbezüglich zur Ordnung gerufen.

Wenn ich dies nur geahnt hätte, wäre ich doch damals schon um vieles leiser getreten, doch wären mir andererseits viele meiner heutigen Erkenntnisse verwehrt geblieben, *welche mir gerade mein Leid* in späteren Jahren bescherte.

So gesellte sich im Verlaufe meines Weges so nach und nach Krankheit an meine Seite. Ob es dazumal das jahrzehntelange Autofahren, die *Anspannung* bei meinen Verkaufsgesprächen wie auch Anbahnungsgesprächen gewesen sein mochte, so hat Schmerz und Leid zuerst meine Magennerven für sich gewonnen und in der Folge von den Halswirbeln bis zur kleinen Zehe, von Kopf bis Fuß mich in Besitz genommen.

Heimlich, still und leise waren anfangs die Warnsignale meines Körpers, die ich als junger Mensch zu ignorieren wußte, wo es doch galt, meinem Wollen gemäß zuerst einmal an den Aufbau meiner Existenz zu denken.

So einer Herausforderung schaue ich doch als junger Mensch allemal ins Auge, dürfte ich dazumal über weite Strecken meines Weges gedacht haben, ohne dabei in späterer Folge mit der *uneinsichtigen* Haltung der Krankheit mir gegenüber rechnen zu können.

Alle Warnungen des Arztes, welchen ich, wenn der Schmerz zu schmerzvoll wurde, diesbezüglich konsultierte, wurden von mir unbelehrbaren Burschen natürlich aus Unwissenheit in den Wind geschlagen, ohne auch nur im entferntesten daran zu denken, daß der Wind vielleicht zum Orkan werden könnte und der heute noch vorübergehende Schmerz sich morgen zur unheilbaren Krankheit ausweiten könnte.

Der Arzt konnte doch nicht verstehen, daß ich jeden erarbeiteten Schilling für das gerade im Entstehen begriffene Heim, für meine Familie und für die Rückzahlung der mir vom Schicksal ins Haus gestellten Automaten benötigen würde.

Ja mehr noch, ich mußte ganz einfach Leistung erbringen, wo ich doch *ohne Netz*, ohne fixes Gehalt dazumal meiner Tätigkeit nachging und lediglich Provisionen für meine *erbrachte* Leistung erhielt.

Es war diese Hast und Eile, dieses Jagen, ohne eigentlich gejagt zu werden, welche in Verbindung mit meinen *damaligen* Eßgewohnheiten und den unendlich vielen heruntergespulten Straßenkilometern auch meine *Kreuzschmerzen* ins Unermeßliche zu steigern wußte.

In dieser Zeit war es gelegen, daß ich vermeinte, aufgrund meiner doppelt erbrachten Leistung, die sich über eine Zeitspanne von acht Uhr morgens oftmals bis weit nach Mitternacht erstreckte, auch einen dementsprechenden Bedarf an mehr Nahrung zu verspüren.

Da ich zu dieser Zeit bis in die späten Nachtstunden hinein einer für mich, der ich nicht allzu kräftig gebaut bin, schweren Tätigkeit durch die Montage meiner *Stummen Diener* nachging, hatte ich im *gleichen Übermaß* Hunger, wie ich Leistung erbrachte.

Daher folgte, wie ich schon ausgeführt habe, dem bereits in den frühen Abendstunden eingenommenen Nachtmahl zu später Stunde oftmals noch ein Aufguß, der es in sich hatte.

War doch das Ziel meiner täglichen Nachtarbeit jenes Hotel, jene Gastwirtin zu erreichen, die mich auch noch zu später Stund im wahrsten Sinne des Wortes einkochen würde.

Wobei ich zu später Stund am liebsten auch noch eine gehörige Portion Salat zu mir nahm. Müde, wie ich zu dieser späten Stunde dann meistens schon war, verschlang ich, ohne viel zu kauen, mit Heißhunger die vorgesetzte Speise und suchte wie der böse Wolf mit *vollgeschlagenem Magen* zwar nicht den Brunnen, doch mein jeweiliges Nachtlager auf.

Bis ungefähr zu meinem fünfunddreißigsten Lebensjahr hat mein damals auch schon ältester Freund, mein Körper, diese nach allen Seiten hin *übermäßige Belastung* so halbwegs akzeptiert, doch machte er sich über meine *Unmäßigkeit* so nach und nach durch immer stärker werdende *Kreuzschmerzen* immer bedrohlicher bemerkbar.

Dermaßen bemerkbar, daß ich mit ungefähr fünfunddreißig Jahren beim Gehen die Hilfe eines Gehstockes in Anspruch nehmen mußte und aufgrund der Unbeweglichkeit meiner Beine nur mehr ein Auto mit Invalidenschaltung lenken konnte.

Ja mehr noch, ich war zu dieser Zeit, in den *Blütejahren* meines Lebens, provoziert durch meinen unbändigen Leistungswillen und meine Unbekümmertheit, ab der Hüfte abwärts wie gelähmt und konnte zu dieser Zeit nur mit Hilfe meiner Frau und meiner Kinder, die meinen Körper ab der Hüfte bis zu den Beinen hinunter trugen, unser im ersten Stock gelegenes Schlafzimmer Stufe um Stufe, auf meine Hände gestützt, erreichen.

Dieser Schmerz nun, dieses Leiden meines Freundes, meines Körpers und damit *mein Leid* war es, welches mich bis dahin disziplinlosen Kerl so nach und nach zur Räson und damit auf die Spuren der Selbstdisziplin brachte.

Daß ich aber zu dieser Übung *Selbstdisziplin* fast fünfundvierzig Jahre – nicht nur zu meinem Wohle, sondern auch zum Wohle meiner Familie und damit auch meines Umfeldes – benötigt habe, läßt mir *heute* diese Eigenschaft einer solchermaßen mühsam errungenen *Selbstdisziplin* noch um vieles wertvoller erscheinen.

Wobei ich bei dieser speziellen Betrachtung meiner Vergangenheit zwischen uns beiden, lieber Leserfreund, in den Raum stellen möchte, ohne dieses Geschenk einer gewissen Selbstdisziplin, *welche mir wahrlich nicht in den Schoß fiel,* wäre mein heutiges Wohlbefinden, welches ich schlußendlich nur auf mich allein gestellt, ohne der Hilfe eines Arztes, erreichen durfte, wohl in keiner Weise denkbar gewesen.

Meine heutige, weitgehend gute Laune, meine Freude an meinem Tun, welche sich im Moment auf das Verfassen dieser Zeilen konzentriert, mit einem Wort alles, was mir durch Schmerz und Leid über weite Strecken meines Lebensweges verwehrt gewesen war, wird nur dann ein Bestandteil meines Seins auch bleiben, wenn ich mich in dieser Disziplin, der Disziplin meiner *selbst*, bis zu meinem letzten Atemzug immer wieder und wieder übe!

Bin ich doch in meiner Kindheit, meiner Schulzeit, meiner Jugend, wo immer ich mich auch bewegt haben mochte, dieser Disziplin leider nie begegnet und erst durch Schmerz, immer größer werdenden Schmerz, begann ich, mich als Erwachsener *gezwungenermaßen darin zu versuchen.*

Doch wer ein richtiger Steher ist, so wie ich es fälschlicherweise von mir verlangt hatte, der war natürlich versucht, dieser Selbst-Disziplinierung, diesem schwierigen Unterfangen durch Inanspruchnahme der Schulmedizin doch weitgehend aus dem Weg zu gehen.

Doch zu meinem seelischen und organischen Glück nahm ich dazumal die Hilfe der Schulmedizin nicht allzu lange in Anspruch. Die ich zwar späterhin und auch heute noch durchaus zu respektieren bereit bin, aber was mich betrifft, zukünftig *nicht unbedingt* mehr als notwendig in Anspruch nehmen möchte.

Mich ihrer aber mit Dankbarkeit immer wieder dann bediente, wenn ich durch Übermut, sei dies auch die immer wieder fehlende Selbstdisziplin gewesen, mich bei meinen vielfältigen Hobbys wieder einmal verletzt haben mochte.

Jedoch alles, was meine Psyche, meine Seele und damit einhergehend den Ablauf der Harmonie in meinem Organismus betrifft, behandle ich heute auf meine Weise, nämlich heimlich, still und leise *als mein eigener Arzt.*

Aber bis es soweit kommen durfte, um zum eigenen Arzt zu reifen, mußte ich dazumal noch lange Jahre Cortisoninjektionen von der Hals- bis zur Lendenwirbelsäule in Kauf nehmen, um mich wenigstens halbwegs schmerzfrei bewegen zu können. Mußte ich mich doch bis dahin immer wieder der Diagnose der Ärzte aufgrund meiner eigenen Unzulänglichkeit beugen, die da lautete:

Wirbelsäulenabnützung, Bandscheibenvorfall und vieles mehr. Eine Diagnose, die aufgrund der Tatsache meiner *Atem*-raubenden Rückenschmerzen, die bis zur Lähmung der Beine führten, vom jeweils zu Rate gezogenen Arzt ganz einfach gestellt werden mußte.

Wille und Schmerz waren dazumal immer wieder in Clinch mit mir und in mir, und kaum hatte der Eine einen Vorteil für sich errungen, so holte schon der Andere zum Gegenschlag aus.

Und da ich durch Unwissenheit ganz einfach nicht wahrhaben wollte, daß dieser Kampf, ohne Limit, wie es schien, bis zum bitteren Ende seinen Auslöser in meinem *unbeugsamen* Leistungswillen, meinen *übermäßigen* Eßgewohnheiten fand und es dabei schlußendlich nur um mein Wohlbefinden ging, so war immer wieder dieses nicht wahrhaben wollen *der Nährboden für die Oberhand des Schmerzes.*

So mußte ganz einfach nach Jahren des hin- und herwogenden Kampfes der Schmerz als Sieger hervorgehen und mein einstmals unbeugsamer Wille lag K. O. am Boden. Aber derjenige, der tatsächlich am Kreuze lag, war schlußendlich immer wieder ich selbst. Hatte doch der Schmerz meinen Willen gebrochen und ließ mich, wenn ich zu Bette gehen wollte, im wahrsten Sinne des Wortes auf allen vieren zu Kreuze kriechen. In dieser Phase brachte auch das Cortison nur mehr vorübergehende Linderung und zog obendrein meine inneren Organe, allen voran die Nieren und den Magen, in diesen Leidensweg mit hinein. Sosehr mit hinein, daß, wenn mich heute *etwas magerln oder mir auf die Nieren* gehen sollte, mich diese beiden so sensiblen Organe umgehend daran erinnern, daß es an meiner Selbstdisziplin, an der Zurücknahme meiner Aggressionen gelegen ist, wenn ich meine Gesundheit weiterhin ohne Hilfe von Medikamenten bewahren möchte.

Viele lange, endlos lange Jahre habe ich unter diesen Schmerzen gelitten, dabei trotz allem *gearbeitet, geliebt und gelebt,* und wie oft habe ich über diese Schmerzen geweint, die ich doch immer wieder nur selbst verursacht hatte.

Zu jener Zeit bin ich also etliche Jahre mit einem Auto mit Invalidenschaltung unterwegs gewesen und mußte mich, wenn ich aussteigen wollte, am Sitz drehen, um mit beiden Beinen zugleich auftreten zu können.

An ein jugendliches Hinausspringen, wie ich es bis dahin gewohnt war, war unter diesen Umständen wohl nicht mehr zu denken, hatte mir doch der linke Fuß seine Gefolgschaft vollkommen aufgekündigt. Aber was war all dies gegen das Aufstehen zur Morgenstund, auf allen vieren bin ich zum Waschtisch gekrochen und konnte mich nur an diesem abstützend, ganz behutsam dabei tief durchatmend, so nach und nach wiederum aufrichten.

Dieses Durchatmen – der Atem war es, der mir fehlte, der es mir erst wieder ermöglichte, um mich überhaupt aufrichten zu können. *Dieses tiefe Durchatmen* war es, welches mich immer wieder aufrichten ließ. Jene Disziplin also, die mir die Natur, als ich noch ein Kind war, vom ersten Schrei an angedeihen ließ und die ich auf der Jagd nach *den Dingen* dieser Welt, an welcher ich so atemlos, so rastlos teilgenommen hatte, über weite Strecken meines Weges in Vergessenheit geraten ließ.

Atemlos war dazumal mein Weg – alles wollte ich erreichen, was mir erstrebenswert erschien, ohne dabei auch nur im geringsten darauf Bedacht zu nehmen, ja *Bedacht nehmen zu können*, um welchen Preis es schlußendlich bei dieser Jagd nach den Dingen dieser Welt tatsächlich gehen würde. Es war meine Gesundheit, die ich als Preis für die Verlockungen der Dinge dieser Welt, nach welchen ich strebte, schlußendlich zu entrichten hatte. Für all dies hatte ich meine Bewegungsfreiheit aufs Spiel gesetzt, alles war mir auf einmal zur Qual geworden, doch sollte es noch schlimmer kommen.

War ich doch bis dahin, so um die Mitte der Siebziger Jahre, schon etliche Jahre oftmals bis tief in die Nachtstunden hinein österreichweit mit dem Aufbau des Kondomautomatennetzes allein auf weiter Flur unterwegs gewesen, doch dürfte diese Aufbauphase im Zusammenwirken mit meinen sonstigen Verkaufsaktivitäten mich physisch, mit einem Wort nervlich, schon dermaßen überlastet haben, *daß Kopfschmerzen* in immer bedrohlicherem Maße von mir Besitz ergriffen. Aber nicht nur, daß sie zu jener Zeit fast unerträglich wurden, ging mit ihnen eine *Atemlosigkeit* mit einher, die mir ihrerseits wiederum das Herz bis zum Halse schlagen ließ. Dazumal war es mir noch nicht bewußt, daß niemand anderer als immer wieder nur ich selbst für diese Zustände verantwortlich zeichne, doch Hand aufs Herz, welcher leistungsfreudige junge Mensch vermag schon im voraus die Grenzen seiner Leistungsfähigkeit zu erkennen? War es mir doch damals vom Schicksal nicht beschieden, mich geistig darin zu üben, meinen unbändigen Leistungswillen, meinen Drang, immer etwas bewegen zu *müssen*, in Frage zu stellen, um mir solchermaßen selbst auf die Schliche zu kommen, *um milde über mein Getue, mein Gehabe lächeln zu können.*

Ganz im Gegenteil; ich mußte und durfte vorerst durch *die tiefsten Tiefen und die höchsten Höhen* gehen, um in späterer Folge die ungeheure Kraft *des in der Mitte* zwischen beiden Extremen *Ruhenden* zu erkennen und selbst dahin vordringen zu dürfen. Doch dazumal war ich noch meilenweit von dieser Erkenntnis entfernt, sonst hätte ich die in der Folge aufgezeichnete Tortur niemals über mich ergehen lassen *müssen.* Jedenfalls wurden damals meine Kopfschmerzen, meine Atemlosigkeit derart beängstigend und damit einhergehend verschlechterte sich mein Gemütszustand dermaßen, daß ich im wahrsten Sinne des Wortes für meine nähere Umgebung, meine Familie, immer unerträglicher wurde, da ich durch die Nase kaum noch Luft bekam und dadurch schier unerträgliche Kopfschmerzen zu ertragen hatte. Was blieb mir da in meiner Not anderes übrig, als schlußendlich die Hilfe eines Arztes in Anspruch zu nehmen. Dieser Spezialist nun machte, nachdem er mich mitsamt meiner Wehwehchen in Augenschein genommen hatte, mir gegenüber die lapidare Feststellung:

„Die müssen wir operieren, Ihre Nasenmuscheln“, von welchen ich bis zu dieser Feststellung noch nie Notiz genommen hatte, „sie sind dermaßen mit Blut angereichert, daß Ihnen hierdurch das Atmen durch die Nase zu einem Ding der Unmöglichkeit werden mußte. Ihre Nasenlöcher sind durch diesen hohen Blutdruck in Ihren Nasenmuscheln dermaßen verengt, daß nur eine Operation Sie von Ihren unerträglichen Kopfschmerzen befreien kann.“

Diese Eröffnung des Hals-Nasen-Ohren-Spezialisten hatte gesessen und auf meine vorsichtshalber gestellte Frage, wieviele solcher Operationen er, der Arzt, denn schon durchgeführt habe, bekam ich die ermutigende Antwort: „Ihre ist die Zweite.“ Und auf meine weitere schüchterne Frage, ob denn so eine Operation auch gefährlich wäre, bekam ich die trockene Antwort: *„Ungefährlich ist sie nicht.“*

Wenn ich bis zu diesem Zeitpunkt der Meinung gewesen sein mochte, ich wäre ein Draufgänger, dann hätte ich spätestens bei dieser Eröffnung meine Meinung über mich selbst gehörig revidieren müssen, ist mir doch die Eröffnung des Arztes, in *meinen Nasenlöchern* herumwerken zu müssen, *gehörig in die Knochen gefahren.* Doch was blieb mir in Anbetracht meiner rasenden Kopfschmerzen und meiner Atemnot denn viel anderes übrig, als dieses *Angebot* anzunehmen, um diesem unerträglichen Zustand durch die Inanspruchnahme der Kunst dieses Arztes ein Ende zu bereiten. Da wirklich Not am Manne war, wurde ich noch am gleichen Tag in jenem Privatspital aufgenommen, in welchem dieser HNO-Spezialist seine Operationen vornahm, und mir persönlich blieb nichts weiter übrig, als mich meinem Schicksal zu ergeben, welches mich andererseits in diese Situation hineinmanövriert hatte. Als ich nun damals nach dieser Operation aus der Narkose erwachte, begrüßte mich der Arzt mit folgendem trockenen Hinweis, der mir mein Leben für die nächsten Stunden im wahrsten Sinne des Wortes zur Hölle machen sollte: „Sie haben in *jedem Ihrer Nasenlöcher*“, so lautete damals besagter Hinweis des Arztes, „zirka eineinhalb Meter Gazestreifen eingelegt, die zur Blutstillung dienen, und wenn Sie diese in den nächsten vierundzwanzig Stunden entfernen, *dann verbluten Sie.* Aus diesem Grund bleiben Sie daher auf dem Rücken liegen, rühren sich nicht zur Seite und machen Sie bitte keinerlei Schluckbewegungen, sonst ragen Ihnen die blutdurchtränkten Gazestreifen in den Schlund hinein und Sie ersticken." Und mit dem Nachsatz: „Sollte trotzdem etwas Unvorhergesehenes passieren, so wenden Sie sich an die diensthabende Krankenschwester, die mich telefonisch zu erreichen weiß. Nur damit ich nicht vergesse", schloß dazumal der Arzt seine Ausführungen ab, „heute abend bin ich nicht zu erreichen, da ich mit meiner Frau zu einem Theaterbesuch verabredet bin."

Mit diesen trostspendenden Worten verließ mich, den gerade erst aus der Narkose Erwachten, der gute Herr Doktor, ohne auch nur im geringsten zu ahnen, daß er mit seinem Hinweis, ja keine Schluckbewegungen zu machen, mir die schwärzeste aller meiner bisherigen Nächte bescheren würde. Kaum hatte mich damals der Arzt also verlassen, lag ich, wie mir geheißen wurde, regungslos am Rücken, als sich auf einmal ein unglaubliches Schluckverlangen bemerkbar machte. Doch sosehr ich mich auch dagegen zur Wehr setzen mochte, umso mehr steigerte sich mein Bedürfnis zu schlucken, und mit jeder nicht und nicht zu unterdrückenden Schluckbewegung näherte sich einer der beiden mir in die Nasenlöcher gestopften Gazestreifen immer bedrohlicher meinem Schlund.

Starr vor Schreck über diese Schluckautomatik, gegen welche ich mich chancenlos fühlte, läutete ich, den vom Arzt in diesem Fall angekündigten Erstickungstod vor Augen, nach der Schwester. Sprechen konnte ich in Anbetracht des blutgetränkten Gazestreifens in meinem Schlund sowieso nicht und hätte es auch gar nicht gewagt, und so bedeutete ich mit einer Zwick-Zwack-Bewegung meiner Finger vor meinem Mund der Schwester, daß da drinnen etwas zum Abschneiden wäre. Zu meinem Glück war, der Angstschweiß aus Sorge um mein nahes Ende rann mir über die Stirn, die Schwester schnell von Begriff und kehrte umgehend mit Schere bewaffnet und jungem Stationsarzt an der Hand wiederum an mein Bett zurück, doch derweil schluckte und schluckte es in mir, daß es schier zum Verzweifeln war. In dieser meiner Todesangst sah ich nun in der Schere in der Hand des Arztes meine einzige Rettung und riß, so weit ich nur konnte, meinen Mund auf, damit der Arzt, wie ich hoffte, die im Schlund herunterhängenden, blutdurchtränkten Gazestreifen durchtrennen möge. Doch was war meine Todesangst von gerade vordem, als auf einmal die zittrige Hand des Arztes die geöffnete Schere gegen meine Zähne stoßen ließ. Starr vor Schreck über die neue Gefahr schlug ich, nachdem ich mich vom ersten Schock erfangen hatte, die mit der Schere bewaffnete Hand des Arztes aus

Angst, *zusätzlich zum Ersticken auch noch erstochen zu werden,* mit letzter Kraft von mir, da ich lieber für den Moment an den blutgetränkten Gazestreifen ersticken wollte, als durch eine Schere ins Jenseits befördert zu werden. In diesem Moment wollte ich, obwohl mir die blutgetränkten Gazestreifen, wie ich vermeinte, schon weit über den Adamsapfel in den Schlund hineinragten, solchermaßen den unvermeidlich scheinenden Erstickungstod vor Augen, lieber ersticken, als erstochen zu werden und Schwester und unsicherem Arzt mit einer Handbewegung deutete, daß ich mich lieber weiterhin ruhig verhalten würde.

Doch kaum hatten die beiden mein Krankenzimmer wiederum verlassen, als die Eigendynamik der Schluckbewegungen wieder ihren Lauf nahm und mich solchermaßen dem vom Arzt prophezeiten Ersticken immer näher brachten. Jedoch zur letzten Konsequenz, vor welcher mich der operierende Arzt so eindringlich gewarnt hatte, fand ich zu meinem Glück noch nicht den Mut, da die Worte dieses Arztes: „Wenn sie diese Streifen entfernen, verbluten Sie“ sich wie ein Fanal in mir festgeschrieben hatten. So mochten erst wenige Minuten, vielleicht Stunden vergangen sein, als ich in meiner Todesangst schweißgebadet wiederum nach der Schwester läutete und dieser bedeutete, doch um Himmels Willen meinen Arzt von meinem Zustand zu verständigen. Doch die Schwester gab mir zu verstehen, daß sie meinen Arzt, welchen sie schon aus eigenem vordem angerufen hatte, über die von diesem hinterlegte Telefonnummer noch immer nicht erreichen konnte. Wie hätte sie auch können, wo er doch zu dieser Stund, es war mittlerweile späte Nacht geworden, mit seiner Frau, wie er mir ja erzählt hatte, im Theater weilte. Doch die Schwester mußte es aus meinem Zustand abgelesen haben, daß ich am Ende meiner Selbstbeherrschung angelangt sein mochte, als sie daraufhin schnellen Schrittes mein Zimmer verließ, um wenig später in Begleitung eines anderen Arztes zurückzukehren. Dieser Arzt nun schnitt mit ruhiger Hand die mittlerweile, wie ich vermeinte, bis in meinen Magen hinunterhängenden, blutdurchtränkten Gazestreifen ab und entfernte diese mich dem Erstickungstod nahebringenden Gazestreifen aus meinem Schlund.

Doch bevor nun dieser hilfreiche Engel meinen Raum wiederum verließ, gab er mir mit folgenden Worten wiederum Grund zur Sorge: „Wenn ich Ihnen zumindest für den Moment etwas Erleichterung verschaffen konnte, so muß ich Sie darauf aufmerksam machen, daß ich morgen früh eine schwere Operation vor mir habe und Ihnen aus diesem Grund heute Nacht nicht mehr zur Verfügung stehe. Aber“, so fügte er noch Worte des Trostes hinzu, „die Schwester wird sich bemühen, falls wider Erwarten erforderlich, Ihren Arzt doch noch zu erreichen.“ Für den Moment war ich überglücklich, hatte mich doch dieser Arzt gerade erst von diesem Alptraum befreit und die paar Stunden, bis der Morgen heraufdämmern und mein Arzt, wie er nach der Operation ja versprochen hatte, zur Visite kommen würde, dachte ich bei mir, werde ich wohl auch noch überstehen.

Als nun mein Lebensretter von gerade eben und die Schwester wiederum mein Krankenzimmer verließen, legte ich mich, es dürfte mittlerweile schon gegen Mitternacht gegangen sein, wiederum kerzengerade auf meinen Rücken und bemühte mich, nur ja keine Schluckbewegungen mehr hochkommen zu lassen.

Doch sosehr ich mich auch bemühen mochte, setzte mein Organismus ohne mein Zutun, wie mir schien, wieder zu diesen fatalen Schluckbewegungen an. Immer weiter in meinen Hals hinein kam wiederum dieser gerade vordem erst verkürzte Gazestreifen und im gleichen Maße dieser in meinem Hals länger wurde, kam unglaubliche Angst in mir hoch. Als auf einmal – der Schreck fuhr mir im ersten Moment durch alle Glieder – furchtbares Getöse vor der Tür meines Krankenzimmers zu hören war. Aus lauter Angst, daß mir diese Streifen vielleicht noch mehr in den Schlund hinunterrutschen würden, wagte ich es vorerst nicht, zu meiner Tür zu schauen, als diese auf einmal von außen aufgerissen wurde und die Schwester hereinstürzte, die Tür hinter sich zuschlug, sich dagegenstemmte und mich, *den Todgeweihten,* zu Hilfe rief. „Hilfe, Hilfe, bitte helfen Sie mir doch“, rief sie angstvoll zu mir herüber, „ein Patient aus der Neurologie hat durchgedreht und droht mich umzubringen, so helfen Sie mir doch!!!!!!!“

Mittlerweile schlug der Tobsüchtige vor der Tür meines Krankenzimmers mit Händen und Füßen und, wie sich erst später herausstellen sollte, auch mit Stuhlbeinen unter ohrenbetäubendem Lärm gegen meine Tür – im gleichen Maße wurde das Flehen der Schwester da vorne, ihr zu helfen, immer eindringlicher, sodaß ich trotz meiner durch das Herunterhängen der Gazestreifen neuerlichen Todesangst mich doch dazu entschließen mußte, gemeinsam mit der Krankenschwester die Türschnalle nach oben zu drücken, um nicht schlußendlich in dieser Nacht statt zu ersticken und erstochen auch noch erschlagen zu werden.

Es dauerte, wie mir dazumal schien, eine Ewigkeit, bis endlich der Tobende von anderen Patienten überwältigt werden konnte und daraufhin die Schwester mein Zimmer wieder verließ. Doch als ich damals nach dieser Aufregung wiederum in mein Bett zurücksank, vermeinte ich tatsächlich, meine letzte Stunde hätte geschlagen, da durch mein Aufstehen und die Anstrengung, die Türschnalle mit ganzer Kraft nach oben zu drücken, die blutverklebten Gazestreifen mir, wie ich zu spüren vermeinte, noch weiter als vordem in den Hals hinunterhingen.

Sooft ich in den restlichen Stunden dieser Nacht auch nach der Schwester noch läuten mochte, so fruchtete es nichts; mein Arzt war telefonisch ganz einfach nicht zu erreichen, er war und blieb für diese Nacht für mich verschollen.

Als damals endlich der Morgen graute und ich, dem Ersticken nahe, wieder Hoffnung schöpfen konnte, daß der verschollene Arzt sein Versprechen wenigstens betreffend der Morgenvisite einhalten würde, obwohl mir die blutgetränkten Gazestreifen, wie mir schien, schon bis in den Magen hinunterhingen, ging auf einmal die Tür meines Krankenzimmers auf und gemeinsam mit meinem jüngsten Bruder betrat der verschollene Arzt mein Zimmer. Eine der begleitenden Schwestern hielt ein Tableau in der Hand und vor den Augen meines entsetzten Bruders entfernte der Arzt den Rest der beiden blutverkrusteten Gazestreifen, die noch immer über eine beachtliche Länge verfügten, aber auch mit beachtlich viel Blut getränkt waren.

Angesichts dieser Menge an Blut und blutdurchtränkten Streifen, die der Arzt aus Mund und Nase zu Tage förderte, wurde meinem Bruder übel und, um sich nicht übergeben zu müssen, verließ dieser fluchtartig mein Zimmer und ich rang meinerseits erst einmal *tief nach Luft*.

„Herr Doktor, Sie sind mir mehr als eine Erklärung schuldig", wandte ich mich, nachdem ich mir nun wieder den Mund aufzumachen getraute, an meinen behandelnden Arzt. „Die ganze Nacht war die Nachtschwester bemüht, Sie unter der Telefonnummer zu erreichen, die Sie ihr", und ich hielt ihm den von der Schwester auf meinem Nachtkästchen deponierten Zettel vor die Nase, „hier aufgeschrieben haben", als sich auf einmal die Gesichtsfarbe meines behandelnden Arztes zum Bleichen hin veränderte.

„So ein Irrtum, na so ein Irrtum, das gibt es ja gar nicht", stammelte da auf einmal der Arzt, „habe ich doch glatt auf diesen Zettel die Telefonnummer meiner Ordination und nicht die Telefonnummer meiner Wohnung notiert. Da konnte mich die Schwester natürlich nicht erreichen, die Nummer aus der Ordination stelle ich von Haus aus nicht in meine Wohnung durch", waren seine entschuldigenden Worte und damit hatte es sich für ihn. Doch so billig kam er mir nach dieser Nacht nun doch nicht davon. „Wissen Sie, Herr Doktor, ich habe für alles Verständnis, aber bei einer

Operation, die ich erst einmal durchgeführt habe, hätte ich mich zumindest nach dem Theaterbesuch aus eigenem Interesse um das Befinden meines Patienten erkundigt. Ich habe in dieser Nacht wegen dieser durch Sie aus Versehen verwechselten Telefonnummer nicht *einmal* mit meinem Leben abgeschlossen und Ihre Entschuldigung nimmt mir auch nicht mehr die Todesangst, die ich in dieser Nacht durchlitten habe."

Es mochte damals einige Wochen nach dieser *Nacht der Nächte* gewesen sein, als mich einer meiner mittlerweile in den USA beheimateten Jugendfreunde in Wien besuchte. *Und wie halt der Zufall* so will, kamen wir, für mich war ja diese Horrornacht noch lange ein Thema, auf diese Operation zu sprechen. Als auf einmal nach meinen Ausführungen, warum ich mich diesem Eingriff unterziehen mußte, mich mein Freund mit ungläubigen Augen anstarrte. „Was? Weil Du zu viel Blut in Deine Nasenmuschel gepumpt hast und deswegen rasende Kopfschmerzen hattest, hast Du Dich dieser Operation unterzogen?" fragte mein Freund ungläubig. „Weißt Du, wie man diese Erscheinung bei uns in den Staaten nennt, die Du mir schilderst? *Streß* nennen wir das, und statt auf den Operationstisch legen wir uns auf die Couch des Psychiaters." Für den Moment war es nun an mir, platt zu sein und ich glaubte meinen Ohren nicht zu trauen über das, was ich soeben gehört hatte.

Hätte ich vielleicht nur zum Psychiater statt zum HNO-Spezialisten gehen sollen, überkam es mich da auf einmal und es wurde mir für den Moment durch die Vorstellung, umsonst durch diese Hölle gegangen zu sein, direkt schwindlig. Als wie aus der Ferne die Stimme meines Freundes wiederum an mein Ohr drang. „Weißt Du überhaupt", setzte er mit seinen Erläuterungen fort, „für was Deine Nasenmuscheln überhaupt gut sind? Die sind jenes Gebilde, welches im Winter Deine Atemluft in der Form vorwärmt, indem von Deiner Kommandozentrale Deinem Hirn mehr Blut in Deine Nasenmuscheln gepumpt wird, damit sich die kalte Luft, die Du durch die Nase einatmest, lediglich etwas erwärmt. Und bei Dauerstreß", fuhr er fort, „ist es nicht anders. Da wird je nach Deiner nervlichen Belastung so viel Blut in Deine Nasenmuscheln gepumpt, bis Du durch eine dauernde Verengung des Lufteinlasses im wahrsten Sinne des Wortes nach Luft zu schnappen beginnst und spätestens dann ist es an der Zeit, Dich auf die Couch des Psychiaters zu legen."

„Dieser Freund hatte mir dazumal gerade noch gefehlt. *Umsonst, umsonst*", schoß es mir durch den Kopf, „hast *Du Idiot* diesen Eingriff auf Leben und Tod über Dich ergehen lassen, nur weil Du bei all Deinen Unterfangen *niemals Deine Grenzen siehst.* Genügen Dir Deine jahrelangen Kreuzschmerzen noch immer nicht? Ist Dir die Unbeweglichkeit Deiner Beine noch kein Zeichen? *So achte zukünftig wenigstens auf den Rhythmus Deines Atems,* damit Du nicht tatsächlich noch an Dir selbst zugrunde gehst", waren nach dieser Eröffnung meines Freundes, der bald darauf wiederum in die Staaten zurückkehren sollte, nicht nur einmal meine Gedanken.

So wurde zur Essenz dieser Nacht der Nächte nicht die überstandene Operation, *dieser mechanische* Eingriff eines Arztes, der aufgrund seiner *Fachausrichtung* nur so zu handeln vermochte oder wollte, *sondern die Erfahrung eines Freundes,* die mir mit Sicherheit nicht durch den Zufall in den Schoß fiel.

Und es mag wiederum kein Zufall sein, daß ich gerade diesen beiden Begebenheiten in diesem Buch, wo es um meine *Stillen Diener* geht, so viel Raum gewähre.

Da es meine über Jahre gegenüber meinem ältesten Freund, meinem Körper, an den Tag gelegte, all seine Signale betreffende Ignoranz, ja Unbekümmertheit war, die mir zu meinem Glück *nur* in dieser Form auf den Kopf fallen sollte.

Dieser über Jahre durch den Aufbau der Kondomautomaten, vom Neusiedler See bis zum Bodensee, *so nebenbei betriebene Raubbau an meinen Kräften* hatte zu jener Zeit in Krankheit, Leid und Schmerz seine Gegenspieler gefunden.

So mühsam für mich in der Folge auch der Weg zurück zur Gesundheit gewesen sein mochte, ohne die Unterstützung durch Krankheit, Leid und Schmerz hätte ich ihn nicht gefunden, ja mehr noch, wäre mir der Stellenwert *der Gesundheit* nicht in seiner heutigen Form bewußt geworden.

Wenn diese gerade vordem geschilderten Ereignisse heute schon mehr als ein Vierteljahrhundert hinter mir liegen, so haben mich diese damals durchlittenen Schmerzen, diese schwärzeste Nacht der Nächte, mein heutiges Wohlbefinden betreffend absolut hellhörig gemacht. Hellhörig auf das, was mir mein Freund, der Körper, wenn ich gerade wieder einmal *am Sprung zum rückfällig werden bin*, gerade deswegen zu sagen hat. So sensibel ich bin, so emotionell bin ich. Meine Familie, meine Frau wissen davon ein Lied zu singen, sonst würden oder hätten sie mich ihren Freunden gegenüber nicht als unseren *Demo-Tyrann* immer wieder präsentiert. Nun gut, so bin ich halt, aber es liegt an mir, meine Familie, mein Umfeld, auf welches ich Einfluß ausübe, nicht zu sehr zu tyrannisieren, aber andererseits hat es mit der Demokratie, damit, ein Demokrat zu sein, auch so seine Grenzen.

Jedenfalls für mich habe ich aus der fünfunddreißig bis vierzig Jahre währenden Tyrannei, die ich meinem Körper, diesem meinem vom ersten Atemzug an treuesten Begleiter, aus Unbekümmertheit, aus Uninformiertheit, aus Blödheit aufgezwungen habe, für mein späteres Leben meine Schlüsse gezogen und wenn ich heute, *ich bin auch nur ein Mensch,* diesem Freund gegenüber noch fehle, so bin ich mir im Moment schon bewußt, *nicht mehr so oft wie vordem fehlen zu dürfen.*

Es liegt nur an der Disziplin, diesem mir jahrzehntelangen Fremdwort, welchem ich erst im Verlaufe meines Lebens einen Stellenwert in meinem Sprachschatz zuwies, welche uns weitgehend alleinverantwortlich unseren Weg suchen und späterhin auch finden läßt.

Die Mitte zwischen allem ist der Weg und wer sich aufmacht, den zu finden, ist dem Ziel für diesmal auf der Spur. So sehe ich heute meinen Weg, dessen Bürde auf allen Ebenen die Unbekümmertheit, die Unwissenheit, die Faulheit, die Aggressivität, genauso aber auch die *Selbst-Überheblichkeit* vergangener Tage darstellt, doch gehe ich *im Bewußtsein dessen* meinen heutigen Weg um vieles leichter. Es hat doch im Leben absolut alles seinen Sinn, sonst wäre ja mein Leben sinnlos gewesen und hätte in dieser Nacht der Nächte, aber auch bei den diversen Unfällen, beim Abspulen der vielen Straßenkilometer, welche gar nicht einmal mich, sondern den Zufall zum Auslöser hatten, sein frühes Ende finden können. Daher betrachte ich von meinem heutigen Standort aus *alles,* ob Mensch, Tier oder Natur, Leid und Schmerz, Freud und Übermut, Lüge und Mißgunst mit absoluter Dankbarkeit, da sie mir *ein Lebtag* lang zur Orientierung und damit zur Selbstfindung dienten.

Wie oft, nachdem ich ab meinem fünfundfünfzigsten Lebensjahr mich zwei Jahre lediglich in Begleitung eines Rucksackes, wie ein Wandersbursch innerhalb und außerhalb unserer Heimat auf die Wanderschaft, auf die Suche nach dem Sinn meiner Existenz aufgemacht hatte, habe ich nach meiner Rückkehr schier Undenkbares erlebt.

Undenkbares in der Form erlebt, daß, wo immer ich nach meiner Rückkehr – in der Zwischenzeit haben meine Frau und mein Sohn meine Geschäfte geführt – ob bei Generaldirektoren, Einkäufern oder sonst welchen in verantwortungsvollen Positionen befindlichen Menschen vorgesprochen habe, *ich über diese zwei Jahre meiner Wanderschaft zu meinem Selbst* so ausführlich zu berichten hatte, daß manch einer meiner Gesprächspartner nach dem Ende meiner Erzählungen von sich aus die Frage in den Raum stellte: „Herr Ebert, *wo kann ich Ihnen dienlich sein?*“

Dies nur als Beispiel dafür, daß einer, der über so weite Strecken seines Weges, noch dazu *am Stillen Ort*, seine Lehrjahre abzudienen hatte, so viele Jahre später *höheren Ortes*, wenn es dem Schicksal genehm ist, seine Rehabilitation erfährt.

Solche Spiele also trieb ich und trieb das Schicksal mit mir, und es hätte wie gesagt *schon längst alles vorbei sein können.*

Allein in Anbetracht dessen, was ich nicht alles so nebenbei noch wider meine Gesundheit seinerzeit zuwege brachte, und das unter anderem eines Tages darin gipfeln sollte, daß ich meiner Familie allen Ernstes *eine Verzichtserklärung* unterschreiben mußte, daß, wenn ich mich aufgrund meiner Einsatzfreudigkeit bei meiner liebsten sportlichen Betätigung, dem Fußballspiel, nochmals schwer verletzen sollte, ich diese Sportart nicht mehr ausüben dürfe.

Erst ein nicht verkleideter Heizkörper in einem Turnsaal, gegen welchen ich nach einem *Zweikampf* mit einem Sportkollegen mit dem Kopf gekracht war, besiegelte meine diesbezügliche *Sportkarriere*, da es nach diesem Crash, welcher mit einem *vorübergehenden* Gehirntrauma endete, galt, das gegenüber meiner Familie geleistete Versprechen einzulösen – *und ich habe es eingelöst!*

Der lange Weg zurück

Doch fast zwei Jahrzehnte Schindluder mit der Gesundheit zu treiben fordert nun mal seinen Tribut – waren es doch nur ein paar Episoden, aus deren unzähligen, die ich im vorangegangenen Kapitel festgehalten habe, die mich in Summe in die Knie zwangen. Wenn ich daher heute, am 7. Mai des Jahres 1994, in dieser herrlichen, einfachen Holzhütte im hintersten Winkel unseres Gartens mutterseelenalleine bei der Niederschrift dieser Zeilen meinen Gedanken nachhänge und dabei *diese ersten zwei Jahrzehnte* meiner Selbständigkeit, meines auf mich alleine gestellten Selbständig-*Werdens* vor meinem geistigen Auge wiederum Revue passieren lasse, dann drängt sich mir heute die Feststellung auf, daß diese zwanzig Jahre wohl *zu den lehrreichsten Jahren* meines bisherigen Lebens zählen. Begann doch diese herrlichste aller Laufbahnen, wie ich sie heute sehe, damit, daß meine Mutter nach dem frühen Tod meines Vaters – nachdem ich endlich nach zehn Schuljahren, für die ich aufgrund der Kriegswirren fast zwölf Jahre benötigte und dabei von einer bis zu deren insgesamt acht Schulen weitergereicht wurde – schlußendlich heilfroh war, daß ihr Ältester endlich ein, wenn auch wenig schmeichelhaftes Abgangszeugnis einer Handelsschule in Händen hielt. Diese darob glückliche Mutter nun besorgte mir unmittelbar nach meinem Schulabgang bei einem ihrer Jugendfreunde, welcher ein alteingesessenes Kaufhaus in der Wiener Mariahilfer Straße sein eigen nannte, eine Anstellung als Verkäufer. Aber nicht, wie meine Mutter vielleicht fälschlicherweise annahm, für mein ganzes Leben, *sondern für einen halben Tag.* Die alteingesessenen Verkäufer dieses Herrenmodehauses stürzten sich nämlich immer dann, wenn ein Kunde den Laden betrat, auf diesen und mir oblag es, die vorgelegten Klamotten wiederum wegzuräumen. Dafür, dachte ich damals bei mir, hast du dich nicht durch diese Schulen durchgequält, damit Du diesen geschniegelten Lackaffen, diesen eingebildeten Verkäufern die Klamotten wegräumst und gedacht, getan, kehrte ich schon nach der ersten Mittagspause nie mehr wieder in dieses Kaufhaus zurück. Ich ging ganz einfach während der Mittagspause aus eigenem Antrieb zum Arbeitsamt und begann am gleichen Tag bei einer kleinen Firma als Zusteller. Das Entsetzen meiner Mutter mag dazumal groß gewesen sein, als in den Nachmittagsstunden besagter Kaufhausbesitzer bei ihr anrief, um sich nach dem Verbleib ihres Filius zu erkundigen, wo doch meine Mutter der Meinung war, mich in der Obhut ihres Jugendfreundes zu wissen. Doch nicht nur meine Mutter, sondern anderntags auch jener Kaufhausbesitzer zeigten Verständnis *für diese meine Eigeninitiative*, welche darin gipfelte, daß besagter Jugendfreund meine Mutter mit den Worten zu trösten wußte: *„Um den Buben brauchst Du Dir keine Sorgen zu machen!"* Und ich füge zu diesem Ausspruch von dazumal heute unter Schmunzeln hinzu: Ab diesem Moment brauchte sich meine Mutter zu ihren Lebzeiten tatsächlich keine Sorgen mehr zu machen, denn spätestens ab diesem Zeitpunkt hatte ich diese mein Lebtag lang weitestgehend mit mir selbst.

Dieser Zufall, diese als junger Mensch aus dem Bauch heraus getroffene Entscheidung, nicht Diener von jemandem sein zu wollen, der selber *zeitlebens dient*, hat mein gesamtes Leben beeinflußt, ja mehr noch, mich zu dem geformt, was ich heute sein darf. Durch alle Höhen und Niederungen auf materieller wie auch auf körperlicher Ebene hat mich mein Weg geführt/verführt und Verlockungen erliegen lassen, welchen ich vielleicht *besser* niemals erlegen wäre.

Um wievieles leichter wären zeitlebens diese Anzüge gewesen, die ich in meinem jugendlichen Ungestüm nicht einmal einen halben Tag wegzuräumen gedachte, als jene hunderte, ja späterhin in die tausende gehenden Kondomautomaten, die ich am Stillen Ort, um sie auch montieren zu können, in die Höhe zu stemmen hatte. Automaten wiederum, die ich gar nicht bestellt, die ich zu diesem Zeitpunkt ja nicht einmal gekannt habe, wurden mir per „Zufall" ins Haus gestellt, damit ich im gleichen Maße, wie ich sie aufbaute, Raubbau an meinem Körper betreiben würde. Unglaublich, wie das Schicksal so spielt, brauchte ich doch für den *eigenhändigen Aufbau* der ersten eintausend Kondomautomaten an die zehn Jahre, wohingegen für die nächsten zehntausend diversen Automaten, die ich späterhin noch erwerben sollte, lediglich das Doppelte an Zeit aufzubringen war, ohne dabei eigenhändig Hand anlegen zu müssen. Doch was mich persönlich betrifft, habe ich viele Jahre auf der einen Seite zwar *aufgebaut*, jedoch andererseits körperlich bis zum *Geht-nicht-mehr „abgebaut"*. Was konnte da bei diesem durchaus unbewußt herbeigeführten Raubbau an meinen Kräften meine Familie dafür, wenn ich zum Wochenende auf allen vieren im wahrsten Sinne des Wortes heimkam und versucht war, in meiner Familie eine Ventil für *mein* Leid zu sehen. Die Armen, nicht von ungefähr bezeichneten sie dazumal ihren Vater gegenüber Freunden als ihren „Demo-Tyrann".

Natürlich hatte ich Schmerzen, die mich zum Wahnsinn trieben, doch was konnte meine Frau und meine Familie dafür, wenn ich mein Richtmaß zeitlebens nicht zu finden wußte und dadurch bei Arzt und Cortison Zuflucht suchte. Hier, und nur hier, so vermeinte ich dazumal, wäre Linderung zu finden. Ich Tor, gerade durch diese Cortison-Injektionen fügte ich meinem Organismus noch viel mehr Schaden zu, obwohl ich dazumal nur der Patient und nicht der Arzt war. Denn was kann der Arzt, und der Meinung bin ich heute mehr denn je, dafür, wenn sein Patient nur aufgrund seiner Unbedarftheit, seiner Disziplinlosigkeit Raubbau an seinem Körper treibt. Der damalige Arzt hatte mit dem Cortison für *den Moment* die Lösung an der Hand, doch für die Generallösung bedurfte es vieler Jahre. Unter dieser Generallösung verstehe ich heute die Gesamtsanierung meines körperlichen und geistigen Zustandes von damals, welche ich nur durch die Mithilfe meiner Familie schlußendlich zu Wege brachte. Eine Hilfe, die ich in meinem damaligen Zustand oftmals mehr als Provokation denn als Hilfe zu betrachten vermochte. Was sollte zum Beispiel da für mich als Hilfe erscheinen, wenn ich durch Jahre hindurch frühmorgens zu Kreuze, sprich auf allen vieren zum Waschtisch gekrochen komme, *um unter tiefem Atemholen mich an diesem Waschtisch* mit schmerzverzerrtem Blick in den darüber befindlichen Spiegel aufzurichten und hinter mir meine Frau, wie ich vermeinte, mit der lächelnden Bemerkung „Gefällst Du Dir so?" unser Badezimmer betrat. So eine Provokation, das sollte Hilfe sein? Natürlich hat auch mir mein Spiegelbild nicht gefallen, aber bei meinen Schmerzen, so dachte ich damals, *soll ich vielleicht meiner Frau zuliebe gar noch lächeln?* Ich dummer, dummer Tor, nein, nicht meiner Frau zuliebe hätte ich dazumal lächeln sollen, *sondern mir zuliebe.* Nur war ich von dieser Erkenntnis zu jener Zeit noch Lichtjahre entfernt. Bedurfte es doch noch etlicher Jahre bis ich mich dazu bereit fand, anstatt schmerzverzerrt, zumindest mit freundlichem Gesicht mein Konterfei im Spiegel zu betrachten. Ganz im Gegenteil, es kam sogar soweit, daß ich bei mir dachte, die Freude mache „ich *ihr*", damit war natürlich meine Frau gemeint, nicht mehr, weiter als Spielball ihres *„Spottes"* zu dienen und im gleichen Maße, wie ich daraufhin begann, in den Spiegel hinein zu grinsen, lösten sich so nach und nach meine Verspannungen, meine Verkrampfungen und damit so nach und nach auch mein Schmerz.

Doch das war nur ein Mosaiksteinchen jener *Hilfe*, die mir meine Familie in der Folge zusätzlich angedeihen ließ. Sind sie doch allesamt, damit meine ich meine Frau, meine Tochter und in der Folge auch meinen Sohn *zufällig* so um 1978 herum auf esoterische Quellen, Astrologie und makrobiotische Ernährung gestoßen. Diese Bande; „Rädelsführer" war meine Frau, die solchermaßen versucht war, Neuland zu betreten, da sie nicht mehr zufrieden war, „nur Frau und Mutter zu sein". Das war für mich, den Familienerhalter, erst recht ein Affront. *ICH, ICH,* der doch alles für die Familie getan hat, der für die Familie seine Gesundheit zu Markte getragen hat, soll vielleicht jetzt noch mitansehen, daß sie sich geistigen Dingen zuwenden, *sich so einen Mumpitz anlachen.* „Und anders ernähren soll ich mich jetzt vielleicht auch noch, wie hieß das doch", grollte ich in mich hinein, *„makrobiotische* Ernährung, ich bin doch kein Idiot, mit mir nicht." Und fürs erste war es mit meinem Verständnis für diese Dinge, wie ich fälschlicherweise glaubte, ein für allemal vorbei. Ganz im Gegenteil, je mehr Seminare meine Frau besuchte, umso *gekränkter* und damit umso kränker wurde ich. Wo kommen wir denn da hin, dachte es in mir, *auf meine alten Tage soll ich vielleicht noch etwas dazulernen?* Ja mehr noch, wie komme ich als Erwachsener dazu, mich geistig neu auszurichten? Da lasse ich mich doch lieber in die Krankheit fallen und *andere*, doch nicht *ICH*, sollen mir helfen. Und wer, so wie ich, *ein richtiger Steher ist,* der zeigt's *denen*, die daran denken, sich geistig neu zu orientieren, ihren Horizont vielleicht gar noch zu erweitern – und gedacht ist bei mir in diesem Fall *leider* auch schon getan, und so ließ ich mich immer tiefer in die Krankheit fallen.

Doch die Quintessenz all dieser geistigen Neuausrichtung meiner Familie nach all diesem, meiner Meinung nach vermeintlichem Mumpitz wie Esoterik, Astrologie und diese, wie ich sie fälschlicherweise absichtlich nannte, makro-idiotische Ernährung, war fürs erste, daß wohl ich der Idiot war und nicht die Makrobiotik, Esoterik oder Astrologie und daß nach jahrelangem Querulieren gegen all das ich so nach und nach von selbst neugierig wurde. Es konnte doch nicht angehen, wenn beim gemeinsamen Mittagstisch der Tyrann mit schmerzverzerrtem, grantigem Gesicht Platz genommen hatte, um solchermaßen sein Leiden mitleidheischend zur Schau zu stellen, sich Tochter, Sohn und Mutter unter folgender Feststellung lachend ansehen: „Der Papa kann ja heute gar nicht anders." So eine Frechheit, dachte ich dann meistens bei mir, um gleich darauf scheinheilig zu fragen, warum ich denn gerade heute nicht anders könne. Und dann haben mir die drei unter Lachen meistens irgend einen Mumpitz aus der Astrologie von einem Saturn erzählt, der über dem Pluto oder so ähnlich seine Kreise zieht, worin sie die Bestätigung für mein leidvolles, schmerz-

volles und damit die ganze Familie tyrannisierendes Verhalten sahen. „So eine Frechheit", dachte ich damals bei mir, die werden sich wundern, was der Saturn und seine Kreise über dem Pluto heute bewirken und begann meinerseits *mit Absicht*, statt weiter am Tisch zu leiden, nun meinerseits vorerst einmal gezwungenermaßen so nach und nach zu grinsen. Mühsam war dieser Weg zurück, alles stellte ich voreingenommener Mensch in Frage, was meine Familie an Wissen von außen in unsere vier Wände trug, nur weil ich selbst zu faul war, endlich einmal zu begreifen, daß es mit dem

Lernen an mir lag und nicht an meiner Familie. Daher bedurfte es noch etlicher Cortison-Spritzen, bis ich endlich so weit war um, solchermaßen behandelt, meinen Organismus nicht ganz zu Grabe zu tragen und zumindest einmal meine *Ernährungsgewohnheiten* so nach und nach aus eigenem Antrieb umzustellen. Zweieinhalb lange Jahre habe ich mich dazumal erstmals in meinem Leben diszipliniert und mich Idiot von vordem unter der *Feder-Kochlöffelführung* meiner Frau makrobiotisch und damit naturverbunden ernährt. Habe abends kein zweites Mal Abendbrot gegessen und all das akzeptiert, was sich diesbezüglich meine Frau in mühsamer Kleinarbeit außer Haus durch die Erkenntnisse weltoffenerer Menschen als ich dazumal einer war, angeeignet hatte.

Und im Gleichklang mit dem Einhalten meiner Disziplin in bezug auf diese fleischlose, rohsalatlose Ernährungsweise verlor ich nicht nur Kilo um Kilo meines die *Bewegungsfreudigkeit* behindernden Übergewichts, sondern gewann auch die Bewegung meiner Beine ohne *Hilfe* des Cortisons wiederum zurück. Das erzählt sich heute bei der Niederschrift dieser Zeilen sehr leicht, aber dieser Weg zurück zu meiner Gesundheit und damit zu meinem Glück bedurfte vieler, vieler Jahre und nur, weil er so schwer war, wurde er für mich zum Lehrreichsten meines Lebens. Wenn ich danach, was ja durchaus passieren konnte, da ich auch nur ein Mensch und kein Weiser bin, wieder einmal *vorübergehend* rückfällig, mich in den Streß fallen ließ und dabei fälschlicherweise glaubte wiederum die Hilfe eines anderen, in diesem Falle eines Arztes zu benötigen, so konnte es durchaus passieren, daß, anstatt der Arzt dem Patienten die Leviten las, es auch umgekehrt passieren konnte. Hatte ich da nicht wieder einmal des Guten zu viel getan und schlug mir aus lauter *Hektik, Hast und Eile* das Herz bis zum Halse herauf. Was lag da näher, als die Hilfe eines Arztes wiederum in Anspruch zu nehmen, welchen ich in der Person des Gatten meiner Zahnärztin umgehend aus besagtem Grund aufzusuchen gedachte. Doch wie erstaunt war ich Hektiker vorerst einmal im Wartezimmer dieses Internisten, da ich, wie mir schien, eine nicht zu bewältigende Anzahl der bereits vor mir anwesenden Patienten abwarten mußte. Vielleicht mochte ich damals deren zwei oder auch mehrere Stunden darauf gewartet haben, bis endlich die Reihe auch an mir war. So hatte ich gezwungenermaßen die Muße, mit betreffend meiner Disziplinlosigkeit, sprich jenem Zustand, welcher mich hier zum Warten verurteilte, die dementsprechenden Vorwürfe zu machen. Doch genau die gleiche Muße fand ich, mir Gedanken über jenen Arzt zu machen, dessen Bekanntschaft ich demnächst, wenn ich endlich einmal an die Reihe kommen werde, ja machen würde. „Mit dem möchte ich nicht tauschen", dachte ich dazumal bei mir„, schau Dir doch die vielen Leute neben Dir einmal an. Ein jeder ist mit seinen Wehwehchen so wie Du da *und der arme Doktor* kann sich die ganze Jammerei von den Leuten anhören, die genauso wie Du Ihren Zustand selbst heraufbeschworen haben." Wie recht ich mit diesen Überlegungen in der Folge, als die Reihe dann an mir war, zu meinem *Leidwesen* nur haben sollte. Traute ich, nachdem ich die Ordination betreten hatte, meinen Augen nicht über den Inhalt des Aschenbechers, der am Schreibtisch des Arztes *thronte*. War dieser doch bis obenhin mit Zigarettenstummeln dermaßen angefüllt, daß für die Asche kein Platz mehr schien, und so konnte ich es mir in Anbetracht *dieser Streß-Eigentherapie des Arztes*, um dessen Rat ich eigentlich betreffend meiner eigenen Streßsymptome gekommen war, nicht verkneifen, bevor ich mich über Aufforderung des Arztes *vor diesen Aschenbecher* samt „dazugehörigen" Arzt niedersetzen würde, zuerst schnurstracks zum Fenster zu eilen und dieses fürs erste einmal sperrangelweit aufzureißen. Spätestens dann war es an dem Arzt, aufgrund dieser meiner so provokanten Handlungsweise nun seinerseits den Mund aufzureißen mit der Bitte um Aufklärung was dies, gemeint war natürlich das Fensteraufreißen, denn wohl zu bedeuten habe. „Wissen Sie, Herr Doktor, ich habe in Ihrem Wartezimmer eine endlos lange Zeit gesessen bis die Reihe an mir war, *um mir bei Ihnen Rat zu holen*, nur weil ich mir gegenüber undiszipliniert war. Doch anhand Ihres vollgefüllten Aschenbechers würde ich Ihnen raten, einmal selbst tief Luft zu holen, deshalb habe ich Ihr Fenster aufgerissen. Mir können *Sie* nicht helfen, *da helfe ich mir schon lieber wieder selber*", und wie gesagt, so getan, überließ ich den verdutzten Arzt samt seinem prall gefüllten Aschenbecher wiederum sich selbst. Das war nur eine von zum Glück in der Folge nur mehr seltenen Begegnungen mit Ärzten, die das eine oder andere Mal durchaus auch darin gipfeln konnten, daß mich der Arzt darum befragte, was er denn aufgrund meiner dargelegten Lebensphilosophie denn nun mir an Honorar schuldig wäre.

Oder wie die Begegnung mit jenem Dentisten, welchen ich in späterer Folge einmal als Patient kennenlernen sollte und welchen ich, aus Mitleid mit seiner Familie, auf eine Bewußtseinswoche zu Baldur Preiml mitnahm, nur damit dieser sich in dieser Woche vielleicht wiederum seines eigenen Selbst bewußt werde. Rückblickend betrachtet waren alle meine Begegnungen mit Ärzten für mich, so sehr sie mir vielleicht für den Moment als einzige Alternative für mein Leid erscheinen mochten, *schlußendlich die beste Medizin*. Aber nicht so sehr, indem sie dazumal tatsächlich *vorübergehend* meinem Leid Linderung bescherten, als wie dadurch mitansehen zu müssen, in welchem Räderwerk an Verstrickungen diese Retter aus der Not selbst verhaftet sind. Absolut allen bin ich zu Dank verpflichtet, wurden sie mir doch zum Meilenstein auf meinem langen Weg *zum Arzt meiner Selbst*. Doch nicht, daß ich aufgrund dieser Feststellung auch nur im geringsten mir anmaßen würde, erhaben über alle Hilfe von außen zu sein, sondern ich habe nur im Verlauf der Jahre meiner Ignoranz gegenüber den Signalen meines Körpers aus dem daraus resultierenden Leid meine Schlüsse gezogen und mich entschieden, zukünftig vermehrt *der Stimme meines Inneren Arztes Gehör zu schenken.*

Der Verfall der Sitten

Genauso wie der Verfall der *Selbstdisziplin* in den letzten Jahrzehnten zu einer nicht mehr zu bewältigenden Kostenexplosion unserer Sozialaufwendungen führte, verfiel meiner Meinung nach auch der *Sittenkodex* ins Bodenlose. Aber nicht nur allein unser Sexualverhalten betreffend, über welches ich aufgrund meiner jahrelangen Studie am Stillen Ort so meine eigenen Erfahrungen gesammelt habe, sondern aufgrund *des Verfalls der Sitten* in ihrer Gesamtheit. Daß dieser Verfall menschlicher Sittsamkeit, wie es der Volksmund so treffend im Vergleich mit dem Fisch zu bezeichnen weiß, am Kopf beginnt, führen uns tagein, tagaus die Medien vor Augen. Doch sollte diese Tatsache *unsereins* bezüglich des eigenen Familienverbandes nicht daran hindern, *diesbezüglich ein wenig beispielhafter zu agieren*. Auch ich war diesbezüglich über weite Strecken meines Weges beileibe keine Leuchte, geschweige denn ein leuchtendes Beispiel, doch bin gerade ich den umgekehrten Weg gegangen. Dies mochte kein Zufall gewesen sein, war ich doch aus *beruflichen Gründen* anhand meiner Kondomautomaten am Puls des Geschehens. Diese vielen hunderte, späterhin in die tausende gehenden *Kondomspender* wurden, ohne daß mir dies anfangs auch nur im geringsten bewußt wurde, *zu Seismographen für den Verfall der Sitten schlechthin.* Diese meine *Stummen Diener* der ersten Stunden, die ich eigenhändig landauf, landab so mühsam, so entbehrungsreich zur Aufstellung gebracht hatte, und für die ich meine Gesundheit zu Markte trug, wurden da auf einmal im wahrsten Sinne des Wortes mit den *Füßen getreten*, wurden zerkratzt und beschmiert, gewaltsam demoliert und bei Gelegenheit aus der Wand gerissen, mit Trennscheiben zerschnitten und zu guter Letzt noch mittels Sprengkapsel in die Luft gejagt.

Ja mehr noch, bedurfte es dazumal am Beginn der Kondomautomaten-Ära, vom Ende der fünfziger bis zum Ende der sechziger Jahre, fast ein Jahrzehnt, bis es zu einem nennenswerten Vandalismus kam, so bedarf es seit Beginn der Neunziger-Jahre *mancherorts* nur mehr weniger Wochen, bis ein gerade aufgestellter Automat seine ersten Blessuren abbekommt. Doch leider, wenn ich das überhaupt so bezeichnen will, bezog und bezieht

fax MA 48

_1DIAO:[USER.FEUERWEHR.BERICHT]22100FL.EBE:1

ERGEHT AN: HERRN AMTSFUEHRENDEN STADTRAT DR. HAEUPL
HERRN BZV F. D. 21. BEZ.
PID

EINSATZBERICHT ZU EINSATZNUMMER: 22100
EINSATZART: BRAND
EINSATZADRESSE: 21.FLORIDSDORFER MARKT 1
AUSGERUECKT: 1644 UHR
EINGERUECKT: 1657 UHR

DER IN DER OEFFENTLICHEN WC-ANLAGE BEFINDLICHE
PRAESERVATIVAUTOMAT WURDE OFFENSICHTLICH VON JUGENDLICHEN
GEPRENGT. INFOLGE DER EXPLOSION WAREN DIE SCHEIBEN ZWEIER
OBERLICHTEN GEBORSTEN. DER IN GERINGEN MASZE AUSTRETENTE RAUCH
WURDE VON ANRAINERN FUER ANZEICHEN EINES BRANDES GEHALTEN.
EINSATZSTELLE AN SW UEBERGEBEN.
NICHT IM EINSATZ.

05.09.93 I BEHOUNEK. BK
CI+++

sich dieser Vandalismus nicht nur auf Kondomautomaten alleine, sondern es bleiben hiervon weder Pez- oder Gummibären – noch so manch einer meiner Brieflosautomaten verschont, die so wie erst unlängst, wie Du dem abgelichteten Zeitungsausschnitt entnehmen kannst, sogar mit dem Schubkarren vor aller Augen entführt werden. Dabei ist, sowohl für den, der meinen Stummen Dienern, in welcher Form auch immer Leid zufügt, wie auch für mich das Fatale, daß nicht so sehr der Schaden an Gut und Geld, sprich der im Automat vorhandenen Ware oder dem vorhandenen Geld ins Gewicht fällt, sondern der wahre Schaden liegt darin, wie wenig oder wie sehr das jeweils aufgebrochene Gerät an sich beschädigt wurde, da sich erst daraus die wahre Höhe des verursachten Schadens und damit das Ausmaß der Strafe errechnet.

Doch das war nur die eine Seite der Medaille, die andere ist für mich, rein menschlich betrachtet, *noch viel besorgniserregender und viel bedrückender.* Waren es doch anfangs der sechziger Jahre, ob beim Montieren oder späteren Kontrollieren der ersten Kondomautomaten an manchen der Stillen Örtchen, lediglich ein paar Betrunkene gewesen, die während ich der mir vom Schicksal auferlegten Tätigkeit an diesem meinem langjährigen Arbeitsplatz nachzugehen hatte, ihrerseits ihrer Notdurft nachgingen. Und wenn es sich anläßlich dieser unwillkürlichen Begegnungen anfangs von Seiten der leicht Illuminierten darum gehandelt haben mochte, mich vordergründig um Gratiskondome *anzubetteln*, so wurde daraus so nach und nach *ein bestimmendes Verlangen.* Doch dieser Spezies gesellte sich im Verlauf der Jahre österreichweit eine vordem in diesem Ausmaß nicht zu verifizierende Seilschaft an Homosexuellen dazu, die ihresgleichen sucht und die dazu führte, daß sich zum Beispiel die für die Wiener öffentlichen Toiletten verantwortliche MA 48 aufgrund daraus resultierender Gefährdung der *öffentlichen Sittlichkeit* erst in den letzten Jahren veranlaßt sah, die eine oder andere, *im öffentlichen Interesse* unter enormen Kostenaufwand (z. B. U1 Südtiroler Platz) errichtete öffentliche Toilettenanlage aus öffentlichem Interesse wiederum zu schließen.

Im Zusammenhang mit dieser, wie es der Volksmund auszudrücken pflegt, Schwulenszene und einer öffentlichen Toilettenanlage am Wiener Schwendermarkt, sah sich erst vor einigen Jahren einer meiner damaligen Kondomautomaten-Inkassanten dazu veranlaßt, *das Handtuch zu werfen,* sprich seine Mitarbeit aufgrund eines Schockerlebnisses aufzukündigen. Passierte diesem guten Mann anläßlich eines durch ihn vorgenommenen Inkassos an meinen Kondomautomaten in besagter Toilettenanlage doch folgendes: als er, die Automaten werden nach erfolgter Geldentnahme wiederum mit Kondomen auf ihren ursprünglichen Warenstand aufgefüllt, dazumal gerade mit dem Nachfüllen der Kondome beschäftigt war, betrat ein Besucher besagte Toilettenanlage, um sich anschließend in einer der Kabinen einzuschließen. Dieser durchaus natürliche Vorgang veranlaßte selbstverständlich meinen Mitarbeiter, noch lange nicht seine Arbeit zu unterbrechen. Doch als unmittelbar auf den ersten Besucher ein zweiter männlicher Besucher die enge Toilettenanlage betrat *und die gleiche Kabine*, die vordem der erste Besucher betreten hatte, ebenfalls aufsuchte, schrillten bei unserem Freund erstmals die Alarmglocken. Aber als kurz darauf sich ein dritter Besucher dazu anschickte die gleiche Kabine ebenfalls zu betreten, faßte mein *ehemaliger Mitarbeiter* all seinen Mut zusammen und wandte sich mit den Worten: *„Da sind ja schon zwei drinnen" an den dritten Mann* (und nun darf ich die Damen unter meiner Leserschaft wiederum bitten, die nächsten Zeilen geflissentlich überspringen zu wollen), in der Hoffnung, diesen Menschen solchermaßen auf etwas Unvorhergesehenes aufmerksam gemacht zu haben. Doch dieser, von der *wohlmeinenden* Warnung nicht im geringsten beeindruckt, wandte sich daraufhin vor dem Betreten der bereits von seinen zwei Vorgängern besetzten Kabine nun seinerseits mit folgenden *wohlmeinenden* Worten an meinen *ehemaligen Mitarbeiter: „Geh' scheiß di nix an, kum a eine."* Dieser wohlmeinende Hinweis war es, welcher vorerst einmal meinen ehemaligen Mitarbeiter zum fluchtartigen Verlassen besagter Örtlichkeit und in der Folge zur Aufkündigung seines Dienstverhältnisses mit mir veranlaßte. Heute fährt der *„Vierte Mann"* einen ranghohen Politiker dieser Stadt im Dienst-Mercedes spazieren und wenn wir uns von Zeit zu Zeit sehen, so belächeln wir diese damalige Begebenheit, die gar nicht so sehr zu belächeln, sondern leider *mehr als bezeichnend ist.* Genauso wie jene WC-Kabinen der öffentlichen WC-Anlage am Wiener Neustädter Autobusbahnhof, von deren *Jungfräulichkeit* der Wände ich mich dereinst (1962), anläßlich der Montage der ersten Kondomautomaten selbst überzeugen konnte. Wohingegen von deren *„tiefem Fall"* Du Dir anhand einer Fotodokumentation von den heutzutage angebrachten Inschriften selbst ein Bild machen kannst. Doch meine Seismographen, meine Kondomautomaten gewährten mir tiefer und immer wieder tieferen Einblick in das Sodom und Gomorrha von heute. Allein der Automat auf der öffentlichen Toilettenanlage am Wiener Karlsplatz könnte *ein Lied von jenem Leid* singen, welches tagein, tagaus jene Szene singt, die wir schlechthin die Drogenszene vom Karlsplatz nennen. Erst unlängst gab eine *dreizehn Jahre junge* Aids-Kranke in dieser Toilettenanlage *ihrem vierzehnjährigen*, drogenabhängigen Freund seinen letzten Schuß, den Goldenen Schuß, die todbringende Injektion.

Doch als ich mir erst vor ein paar Wochen aufgrund eines Hinweises meiner Mitarbeiter, daß die Montage von Kondomautomaten auf den Toilettenanlage der eben erst eröffneten Wiener U-Bahnstationen, Richtung Westbahnhof, wegen deren Belagerung durch Drogensüchtige sinnlos wäre, diesbezüglich selbst ein Bild machen wollte, glaubte ich meinen Augen nicht zu trauen, was ich da mitansehen mußte. Lag doch allen Ernstes in einem Herren-Pissoir eine etwa 25 bis 27jährige hochschwangere Frau und schlief sich ihren Drogenrausch aus. Hatten also tatsächlich meine Mitarbeiter recht, die da behauptet hatten, in den Toilettenanlage der *kurz vor Weihnachten 1993 neu eröffneten U-Bahnstationen* aus besagtem Grund keine Kondomautomaten aufhängen zu können. Aus dem Grund nicht aufhängen zu können, da diese beheizten Anlagen zur Winterszeit den diversen Unterstandslosen anscheinend als Quartier dienten.

Wenn ich da an jenen Kondomautomaten am Simmeringer Markt in Wien denke, der unter Verwendung eines Autoabschleppseiles aus seiner Verankerung gerissen wurde, worauf in der Wand, an der dieser Automat zuvor hing, nur mehr ein großes Loch zu sehen war – dann konnte es mich auch nicht mehr allzusehr wundern, daß eines Tages ebenfalls in einer öffentlich zugänglichen Toilettenanlage in Wien, zur Zeit der Briefbombenattentate, einer meiner Kondomautomaten von Unbekannten in die Luft gesprengt wurde. Daß bei all diesen Vandalenakten der verursachte Schaden am Gebäude, für welchen ich neben dem Verlust meiner Automaten ebenfalls geradestehen muß, ein weitaus höherer war, ist nur zu verständlich. Doch dieses vielgliedrige Netz meiner über unsere ganze Heimat verteilten *Stummen Sittenbildseismographen* verzeichnete eine flächendeckende, sich im Verlauf der Jahre über ganz Österreich ausbreitende Erscheinung, die vordem in dieser Form nirgendwo aufgetreten war. Allerorten wurden auf einmal *die WC-Anlagen* zugesperrt und der Schlüssel, ob bei der Tankstelle auf der Autobahn, am Bahnhof, in der Gastwirtschaft, im Hotel oder im Espresso, nur mehr am Schalter beim Portier, beim Tankwart oder bei der Kellnerin ausgefolgt.

Für mich war diese Vorsichtsmaßnahme meiner Kunden in Anbetracht *des immer mehr um sich greifenden Vandalismus*, der mancherorten zur mutwilligen Zerstörung ganzer Toiletteneinrichtungen führte, *leider nur allzu verständlich*.

Diese meine Stummen Diener, und hier im speziellen die Kondomautomaten, wurden aufgrund ihrer Plazierung am Stillen und damit weitestgehend uneinsehbaren Ort zumindest für mich persönlich

zum Spiegelbild der Sitten in diesem Land,

da sie, solchermaßen *schutzlos*, als Ventil für aufgestaute Aggressionen, heute mehr denn je, herzuhalten haben. Und wenn *dieses Spiegelbild der Sitten* in diesem Land, so wie am Simmeringer Markt zu Wien, unter Hinterlassung eines großen Loches aus seiner Verankerung herausgerissen – und ebenfalls in Wien – am Schlingermarkt in die Luft gesprengt wird, so gibt es nicht einmal mehr ein Spiegelbild, sondern nur mehr eine *beispiellose Leere*.

Damit meine ich, wohin ich heutzutage, vom Ballhausplatz bis hin zum Wörthersee oder auch anderswohin schaue, so erblicke ich beispiellose, charakterlose Leere oder, andersherum, schaue ich den Spiegel unserer Zeit. Doch was mich betrifft, so habe ich durch mehr als drei Jahrzehnte *den Spiegel meiner Selbst zig-tausendfach* an Hand meiner Stummen Dienerschaft, ob die nun Blausiegel, Olla, London-Rubber, Brieflos, Pez, Haribo, Tutti Frutti, Wrigley, Tic Tac, Gedanken- oder zu guter Letzt

Märchenautomaten

heißen mochten, quer durch unsere Heimat zur Schau gestellt. Habe diesen Spiegel meiner Seele die lieblichsten aller Kleider, die strahlendste aller Dekorationen verpaßt und habe frohen Mutes mein Werk begonnen. Wohin Du auch heute schaust, ob rund um den Ballhausplatz, um den Wörthersee oder sonstwo in diesem Land, überall blickt Dir in der Form meiner so zahlreichen Stummen Dienerschaft der Spiegel meiner Seele entgegen. Doch dieser vieltausendfache Spiegel meiner Seele weint über die Behandlung, die ihm allenthalben zuteil wird. Zerkratzt und beschmiert und mit den Füßen traktiert, sind noch die harmlosesten Blessuren, die in unzähligen Einbrüchen, mutwilligen Beschädigungen und Diebstählen ihre traurige Steigerung finden. Dieser Spiegel unserer Zeit, *dieses zerkratzte, beschmierte, verbeulte Outfit meiner Stummen Dienerschaft mahnt weithin* – und so sehr sich meine Mitarbeiter auch bemühen, werden sie speziell in den letzten Jahren diesem um sich greifenden Vandalismus kaum mehr Herr. Es ist ganz einfach eine Zeiterscheinung, welcher ich im wahrsten Sinne des Wortes durch den jeweils entstandenen Schaden Rechnung zu tragen habe. Aber das wäre für mich zu einfach, dafür habe ich nicht zeitlebens geschuftet, sondern ganz im Gegenteil *möchte ich durch diese Zeilen nur aufzeigen*, wo die Gesellschaft, wie ich sie an Hand meiner Stummen

Dienerschaft bisher kennengelernt habe, heutzutage steht. Aber nicht um den Kopf, meinen Kopf, welchen ich stellvertretend durch meine in die tausende gehende Dienerschaft durch Jahrzehnte wie ein Watschenmann *zur freien Bedienung* hingehalten habe, aus der Schlinge zu ziehen, sondern an Hand dieser Zeilen die Möglichkeit zu ergreifen, *auf diese Verhaltensmuster hinzuweisen.* Nämlich darauf, daß immer mehr vermutlich *junge Menschen aus innerer Leere*, und wenn es in meinem Fall nur ein Kondom oder sonst einer meiner Automaten sein mag, der sich nicht zu wehren vermag, *aus reiner Aggressionslust hindreschen.*

Meine Dinger leben, jeder einzelne von ihnen, egal, was Du von mir denkst. Für mich nahm im Verlauf meiner Menschwerdung alles, was ich schuf, nicht nur Gestalt an, *sondern darin,* ebenso wie in diesen Zeilen, *haust auch meine Seele.* Was glaubst Du, wie niedergeschlagen ich oftmals durch meine Heimatstadt von einem zerkratzten, verbeulten oder sonstwie beschädigten Automaten zum anderen wandere, wie sehr da meine Seele weint. Ja mehr noch, meine Mitarbeiter, die meine diesbezügliche Sensibilität kennen, verbergen oftmals vor meinen Augen gar zu arg beschädigte Automaten, aus lauter Sorge, der Chef würde sonst demnächst das Handtuch werfen. Es klingt tatsächlich unglaublich, *aber für mich sind alle meine Automaten wie Kinder, die,* wenn sie mißhandelt werden, *sich nicht zu wehren vermögen*; aber leider werden der mißhandelten Automaten täglich mehr und mehr. Wenn früher meine Stummen Diener, und daran hat sich von der Konstruktionsseite her nichts geändert, eine Lebensdauer von zwanzig Jahren aufzuweisen hatten, so hat sich diese im Lauf der Zeit allein im Stadtgebiet von Wien aufgrund des überhandnehmenden Vandalismus heutzutage auf die Hälfte reduziert.

Daher ist es in Anbetracht dieser nicht zu verleugnenden Tatsache nur zu verständlich, daß *der schrankenloser* gewordene Mensch von heute *auch auf anderer Ebene* sich seiner durch die Jahrhunderte anerzogenen Schranken, und hier meine ich *im speziellen auf sexueller Ebene*, immer mehr entziehen wird. *Jener Beschränkung also,* die à la longue *vielleicht* den einzigen Garant für seine Arterhaltung darstellen könnte.

1984 erstmals AIDS

Auf diese Zeiterscheinung wurde die sich selbst zur zivilisierten Welt hochstilisierende Gesellschaft erstmals im Jahre 1984 durch den Tod der amerikanischen Filmlegende *Rock Hudson* schlagartig aufmerksam gemacht. Da war nicht nur für die Medienwelt etwas schier Unglaubliches passiert. Dieser Star aller Stars, dieser Fels im Geschehen so vieler US-Monumentalfilme, dieser strahlende Kraftlackel namens Rock Hudson soll durch einen Virus zu Tode gekommen sein, der auf sexuelle Ausschweifung zurückzuführen wäre? Dieser erst nach oder durch seinen vermutlich qualvollen Tod tragische Held wurde dazumal vor nunmehr zehn Jahren zum Auslöser eines Medienspektakels, wie es die Welt zuvor noch nie gesehen hatte. Um diese vier Buchstaben

AIDS

wurde ein Medienrummel entfacht, wie er meiner Meinung nach noch keiner Seuche dieser Welt, ob diese nun Cholera, Pest oder Krebs heißen mag, je zuteil wurde. Da wurde ein Rummel um eine Seuche entfacht, die, wie uns Otto Normalverbrauchern anfangs Glauben gemacht wurde, sich nur auf eine Randgruppe unserer Gesellschaft, die Homosexuellen, beziehen würde. Denkste, lieber Otto Normalverbraucher, nur *minimal* bezieht sich diese Seuche heutzutage auf diesen Bereich, doch wurde daraus allein in den letzten Jahren in den USA im Bereich der 16- bis 44jährigen die *maximalste* aller Todesursachen.

204.390 AIDS-Tote –

von Rock Hudson bis heute sind eine gar traurige Bilanz. Für mich so traurig, da durch diese Todesrate meine Vermutung von dazumal, der Geburtsstunde der Antibabypille, die sexuelle Ausschweifung würde hüben wie drüben, bei Männlein wie Weiblein *ungeahnte Ausmaße annehmen*, für mich ihre Bestätigung fand. Noch dazu, wo dieser Todesrate ein immer geringerer Anteil an Homosexuellen zuzurechnen ist, wohingegen der Anteil der Heterosexuellen, und damit jener von Otto Normalverbraucher, größer und größer wird. Daß damit einhergehend auf der ganzen Welt auf einmal *das goldene Zeitalter* für das bis dahin ungeliebte Kondom anbrechen würde, lag, zumindest für mich, in der Natur der Sache begründet. Nur, daß dies *schon* fünfzehn Jahre nach dem erstmaligen Erscheinen der Antibabypille der Fall sein würde, hat auch mich überrascht.

So spielt das Leben, nicht anders wie in der Natur auch, wo auch nach noch so einer frostigen Winterszeit wiederum der Frühling naht. Hätte doch dazumal, so um 1970 herum, absolut niemand auch nur einen Pfifferling für das Kondom, geschweige denn für meine Kondomautomaten gegeben, um nur fünfzehn Jahre später hinter dem vermeintlichen Pleitier von vorgestern auf einmal den Millionär von heute zu vermuten. Damals, so um 1984 bis 1986 herum, hatte ich in Gesprächen mit Journalisten allen Ernstes darauf hinweisen müssen, Aids nicht erfunden zu haben um mich daran zu bereichern, sondern, daß ich es *rein menschlich bedaure*, in welche Zeitqualität wir geraten sind. Daran, an dieser meiner Meinung, hat sich bis heute absolut nichts geändert, wo ich mich noch dazu seit kurzem als *„großer Vater"*, auf gut wienerisch, als glücklicher Großvater für meine *geistige Hinterlassenschaft, für das heranreifende Leben* meiner Enkelkinder verantwortlich fühle. Darin sehe ich meine Verantwortung gegenüber meiner Nachkommenschaft *vordergründig gelegen.* Nicht sosehr an Gut und Geld und den Dingen dieser Welt, zu welchen auch meine Stummen Diener zählen. Es ist für mich *der innere Wert eines Menschen*, der schlußendlich den wahren Wert eines Menschen ausmacht und diesen aufgrund der Scheinheiligkeit dieser Welt in meiner Nachkommenschaft wiederum zu begründen, sehe ich mich heute mehr denn je gefordert. *Es war der trügerische Schein* dieser krebskranken-aidskranken-drogenabhängigen Welt, der uns über ihren sittlichen Verfall hinweg sehen ließ, ja mehr noch, zu blenden wußte. Die Natur hat nun einmal ihre Grenzen, und nur wir Menschen nehmen uns die *Freiheit* heraus, uns über unsere natürliche Begrenzung hinwegzusetzen. *Natürlich* liest es sich für mich als gestandenes Mannsbild super, wenn ich aus einer Zeitschrift die Potenz der amerikanischen Männer an Hand ihrer in die hunderte gehenden Partnerinnen im ersten Moment auf mich einwirken lasse, um gleich darauf festzustellen, die können ja nicht mehr normal sein und damit meine ich, das kann nicht mehr natürlich und damit von Natur aus so gewollt sein. Das ist für mich widernatürlich, diese oberflächliche Vereinigung zwischen Mann und Frau, *nur um den eigenen Trieb solchermaßen treiben zu lassen,* sein Ego zu befriedigen oder vor seinem Umfeld als Strahlemann oder -frau dazustehen und damit auch noch Eigenwerbung zu betreiben. Rein vom Geschäftlichen her, in Anbetracht meiner Kondomautomaten, kann mir *dieses unheile, wider-*

natürliche Gehabe nur recht sein, steigert es doch von selbst den Absatz an Kondomen bis in alle *Ewigkeit.* Niemals vordem, schon gar nicht zu Beginn des Pillenzeitalters, wäre ein Journalist auch nur auf die Idee gekommen, einem Kondomautomaten-Aufsteller *eine Zeile*, geschweige denn eine Seite zu widmen. Dies änderte sich aber schlagartig, als nur wenige Jahre später die Natur von der Gesellschaft Rechenschaft einzufordern begann und diesbezüglich Aids zu ihrem Rechenschaftsverwalter *und das Kondom* solchermaßen zum Arterhalter wiederum erkor. Spätestens dann war der mediale Bann über das vordem so stiefmütterlich behandelte Kondom mitsamt all seinen negativen Komponenten gebrochen. Ja mehr noch, das „Präserl" wurde nicht nur, wie schon vorher ausgeführt, *zum Produkt* des Jahres 1993 erkoren, sondern diente, so wie am Cover dieses Buches, auch etlichen von unseren bisherigen Gesundheitsministern als Steigbügelhalter für ihre Medienpräsenz. Wie sehr war zu Beginn seiner *Karriere* Ex-Gesundheitsminister Ausserwinkler um die Gesundheitsvorsorge, und damit im speziellen um das Kondom, bemüht? Wer würde heute, vielleicht noch hinter dem Namen Ettl, den Baumeister der österreichischen Kondomprüfungsverordnung anno 1990 vermuten, wenn es nicht Aids gegeben hätte?

Dieses Tandem also, Aids und sein *natürlicher Kontrahent, das Kondom,* haben es in Wechselbeziehung auf dem Rücken der *zivilisierten* Menschheit, *traurig, aber wahr, in allerkürzester Zeit zu Weltruhm gebracht.*

Auch dieses Buch partizipiert an diesem traurigen Ruhm, da es mir aufgrund seiner Aktualität vom Verlag als erstes von etlichen weiteren Büchern in Auftrag gegeben wurde. Und wenn ich anfangs darüber ein wenig traurig war, da mir philosophische Betrachtungen über unsere Welt, wie ich vermeinte, viel wichtiger, viel freudvoller erschienen, so bin ich meinem Verleger heute dankbar dafür, gerade zu diesem Thema mich erstmals als Autor zu sehen. Es war nun mal exakt die Hälfte meines bisherigen Lebens, die ich im wahrsten Sinne des Wortes weitestgehend mit der Verbreitung von Kondomen zugebracht habe und wie sich für mich zeigt, glaube ich, daß diesbezüglich zukünftig noch ein weit größerer Handlungsbedarf als heute besteht. Denn die Jugend, so wie bisher, nur über AIDS *und seinem Widerpart, das Kondom* lediglich durch Werbekampagnen aufzuklären, ist mir in Anbetracht des immer wieder für jederfrau, für jedermann gegebenen Risikos denn doch eindeutig zu wenig. Denn nur zehn Jahre später ist AIDS nicht mehr allein ein Randgruppenthema unserer Gesellschaft, wenn, so wie in Frankreich, hunderte Personen mit AIDS-verseuchtem Blut infiziert wurden oder, wie in Rumänien, wo tausende von Kindern ebenfalls mit

AIDS-verseuchtem Blut infiziert worden sind. Daß hier zusätzlich noch der sogenannte Sextourismus, ob nach Thailand, Kenia oder auch anderswohin sein Scherflein zur allgemeinen Verunsicherung beizusteuern vermag, liegt für mich auf der Hand.

Da speziell bei diesen beiden Destinationen die Umsätze der in der Nähe der Abfluggates in den jeweiligen Toilettenanlage am Wiener Flughafen Schwechat montierten Kondomautomaten weit über der sonstigen Norm liegen, bestätigt mir nur, daß *sich manch einer* der Fluggäste des ihn erwartenden Risikos doch bewußt ist. Sollte AIDS, dies ist nur meine Vermutung, ein von der Natur *gewolltes Regulativ* für den leider ausufernden Geburtenüberschuß der sogenannten Dritte-Welt-Länder darstellen, so bedeutet AIDS andererseits für *die nicht an Geburtenüberschuß* leidenden Industrienationen meiner Meinung nach à la longue ein weitaus größeres Risiko.

Natürlich ist das Kondom kein Allheilmittel, weder für Seitenspringer noch für denjenigen, der gerade erst bemüht ist, zarte Bande zu knüpfen. Aber es stellt zumindest für heute und vermutlich noch für etliche Jahre *die einzig mögliche Medizin gegen AIDS dar.* Von diesem Blickwinkel aus sehe ich heute, nachdem ich länger als jeder andere in diesem Land aus vordem wirtschaftlichem Grunde um die breitflächige Verteilung dieses Produktes bemüht war, meine Verantwortung.

Doch bin ich diesbezüglich in Anbetracht der Voreingenommenheit der österreichischen Seele und hier im besonderen *jener der beamteten Gesundheitsapostel*, die da der Meinung sind, diesbezüglich der Weisheit letzter Schluß zu sein, nicht mehr bereit, *die Kastanien allein aus dem Feuer zu holen.*

USA: Aids häufigste Todesursache

ATLANTA (ap). Aids ist heuer erstmals zur häufigsten Todesursache für amerikanische Männer im Alter zwischen 25 und 44 Jahren geworden. Seit dem ersten Auftreten der Krankheit (1981) starben 204.390 Amerikaner an Aids.

Die Presse, 30. Oktober 1993

Meine zehn Apostel seit 1972

Aber nicht, daß da einer aufgrund der Überschrift zu diesem Kapitel gar der Meinung wäre, ich maße mir an, zweitausend Jahre später ein neugeborener Sohn Gottes zu sein. I wooooo, ganz im Gegenteil, *mir* sind im regelmäßigen Abstand von zwei Jahren von meinen bisherigen zehn *Gesundheitsaposteln – sprich zehn Gesundheitsministern*, wiederum deren neune abhanden gekommen. Die ersten fünf kannte ich kaum, denn die agierten im Zeitalter der Pille, die für mich sowieso mein letzter Wille war. Und die anderen vier, die mir bis heute, so schnell konnte ich gar keinen Kontakt herstellen, wiederum abhanden gekommen waren, vertrauten aus pragmatisiertem Grunde auf jenes Fußvolk, sprich jenes Gesundheits-, Konsumentenschutz-, Sportministeriums-Beamtenheer, welches noch aus der Pillenära stammte. Bei diesem Fußvolk fand ich selbsternannter Prophet von Kondoms Gnaden *natürlich* bis heute keine Gnade, daher lag es also nahe *meine Kastanien*, sprich die Gastwirte, Hotels, Discos, Kinos, Fremdenverkehrsbetriebe, Hallenbäder und jene Gemeinden, die über öffentliche Toilettenanlage verfügen, *selbst aus dem Feuer zu holen, sprich,* jene Betriebe für die *für sie vollkommen kostenlose Aufstellung von Kondomautomaten zu gewinnen.*

Doch wenn da einer auch heute, wir schreiben mittlerweile das Jahr 1994, vielleicht annehmen sollte, ich würde da offene Türen für dieses *mein kostenloses Gesundheits-Gästeservice* vorfinden, dann irrt er sich leider in bezug auf die österreichische Seele *gewaltig.* Nicht viel anders als vor dreißig Jahren wird auch heute noch meinen Mitarbeitern die Tür gewiesen, in der Form gewiesen, daß, wenn meine Telefonistinnen heute betreffend der Aufstellung eines Kondomautomaten telefonisch vorstellig werden, sie sich die gleichen Ausreden, wie ich sie schon dazumal vernommen habe, auch heutzutage noch anhören müssen und anstelle des Nudelwalkers auf meinem Rücken von seinerzeit ihr heutiger Gesprächspartner am anderen Ende der Telefonleitung, *wenn's gut geht,* halt nur den Telefonhörer kommentarlos aus der Hand legt. Doch gerade in diesem Bereich der Gastlichkeit, ob gegenüber uns Einheimischen oder unseren ausländischen Gästen ist

Ministerieller Erlaß führt zu Kondom-Engpaß bei Automaten

LINZ. Wäre die Angelegenheit in Aidszeiten nicht so ernst, könnte man an einen Faschingsscherz denken. Seit die mißglückte Werbeaktion mit Gratis-Kondomen bei 900 österreichischen Ärzten gestoppt wurde, sind Kondom-Benützer total verunsichert. Viele Kondom-Automaten stehen seither leer, weil es einen Lieferengpaß in England gibt, andere tragen ein rotes Pickerl, das besagt, daß es sich beim Inhalt um „Scherz-Kondome" handelt, die nicht dem Empfängnis-Schutz und dem vor Aids dienen.

Und dann ist da noch die ominöse österreichische Norm, die ein Berstvolumen von 18 Liter Luft vorschreibt. Kaum einer weiß etwas damit anzufangen.

Es besagt schlicht und einfach, daß das Kondom eine Füllung von 18 Liter Luft aushalten muß, ohne zu platzen. Im EG-Raum, ja sogar weltweit, genügen 15 Liter. Sind die Österreicher lendengewaltiger und potenter als der europäische Durchschnittsmann? Im Gesundheitsministerium ist man offenbar dieser Ansicht.

Was jetzt passiert ist, müßte eigentlich einen großen Lacherfolg und dann einen Neuansatz bewirken. Weil beim Test für die Gratis-Kondome einige Exemplare beim Füllen „schon" bei 17,5 Liter Luft statt bei 18 geplatzt sind, mußten alle Kondome der Firma „London Rubber Tex" aus den Automaten entfernt werden. Die Käufer, die deutliche Präferenzen für das Modell „Sicher", gefolgt von „Gefühlsecht" und „Hauchdünn", entwickelt hatten, stehen vor den leeren Geräten.

Das Londoner Unternehmen, das mehr Berstvolumen nur für den österreichischen Markt produziert (der ja mit den Großstaaten nicht mithalten kann), bedient zuerst die „Normalkunden", ehe es sich wegen des Notfalls doch im März an die weniger berstfreudigen Kondome macht.

Das zweite Problem, das dem Wiener Unternehmer Ferry Ebert, der 400 Kondom-Automaten in ganz Österreich aufgestellt hat, zu schaffen macht, ist die Marke Blausiegel, von der er etwa 300.000 Stück im Jahr verkauft hat. Das gängigste Produkt heißt „Koralle", ist seit 25 Jahren im Handel und muß nun das Pickerl „Scherzkondom" tragen, weil es der internationalen, aber nicht der österreichischen Norm mit den 18 Litern Berstvolumen entspricht.

Warum man die Automaten nicht mit einem anderen Produkt füllt, erklärt Verkaufsleiterin Inge Herold so: „Die Blausiegel-Kondome sind speziell auf diese Automaten zugeschnitten; es gibt kein anderes Produkt, das hineinpaßt." Wenn Österreich der EG beitritt, erübrigt sich natürlich die Diskussion um die strengere Berstnorm. Bis dahin aber sollte sich unser kleines Land nicht stärker aufspielen als seine Männer sind.

■ HELGA LEHNER

Oberösterreichische Nachrichten, 23. Feber 1993

meiner Meinung nach, wenn für die öffentliche Hand, und damit meine ich unsere Gesundheitsbehörden, der Schutz vor der Ansteckung mit Aids tatsächlich ein Thema sein sollte, diesbezüglich Handlungsbedarf gegeben.

Hier und nur hier, im Bereich Hotellerie, Gastronomie wie auch im gesamten Fremdenverkehrsbereich, findet nach den üblichen Ladenschlußzeiten die zwischenmenschliche Begegnung statt und damit einhergehend das erste Kennenlernen. Und nur hier in diesem Bereich ist vordergründig Handlungsbedarf für unserer Jugend gegenüber verantwortungsbewußte Politiker, Beamte der Gesundheitsressorts und last not least meine Mitbewerber gegeben. Ich bin es schon müde, seit Dr. Steyrers Zeiten, wie Du dem folgenden Profil-Bericht aus dem Jahr 1985 entnehmen kannst und somit seit nunmehr zehn Jahren, immer wieder auf diese Tatsache hinzuweisen, daß *zwischenmenschliche Begegnung* nicht in der Apotheke, Drogerie oder im Drogeriemarkt sondern zu *99%* im Freizeitbereich, und damit meine ich *den gesamten Gastronomie- und Tourismusbereich, stattfindet.*

Denn in der Apotheke, Drogerie oder Drogeriemarkt kauft laut einer von der Fa. London-Rubber, dem weltgrößten Kondomhersteller in Auftrag gegebenen Studie zu 80% lediglich die Frau ihre Kondome und der Mann, der kauft sein Kondom zu 60% aus Notlage und weil er sich, wie aus einer von mir bei der Wirtschaftsuniversität Wien in Auftrag gegebenen Studie hervorgeht, auch 1994 noch beim Kondomkauf geniert, aus Anonymitätsgründen am liebsten beim Automaten.

Wenn es daher in unserer Heimat, um eine ungefähre Ziffer zu nennen, 900 Apotheken, 800 Drogerien und 500 Drogeriemärkte gibt, so bieten diese in ihrer Gesamtheit und damit zu 100% während ihrer Öffnungszeiten, nach der österreichischen Kondomprüfungsverordnung, auf die ich in der Folge noch zu sprechen komme, geprüfte Kondome an. Wohingegen im Freizeitbereich und damit da, wo nach dem übrigen Ladenschluß erst unser *Freizeitvergnügen* seinen Lauf nimmt, bei ca *75.000 möglichen Hotel-, Gastronomie-, Fremdenverkehr-, Disco- und Restaurantbetrieben* es erst bei 4000 dieser Betriebe möglich ist, sich nach 18 h aus der Notlage oder aus dem Bedürfnis der Anonymität heraus am Kondomautomaten zu bedienen.

Hier sehe ich mein Waterloo gelegen, da ich seit über zehn Jahren, vom ehemaligen Gesundheitsminister Dr. Steyrer bis heute, wie es auch einem Beitrag der Zeitschrift „Hotel & Touristik“ zu entnehmen ist, *umsonst auf diese von niemandem zu leugnende Tatsache hinweise,* daß in diesem Bereich und nur in diesem Bereich, wo von so vielen Möglichkeiten erst 4000 und damit lediglich 6% unserer Gastgewerbebetriebe durch den vorhandenen Kondomautomaten ihren Gästen bei Bedarf ein *gewisses Gesundheitsservice bieten.*

Allein aufgrund dieser Gegebenheit *behaupte ich*, daß es bei Ausschöpfung dieses solchermaßen brachliegenden *Gesundheitsvorsorge-Reservoirs* absolut im Bereich des Möglichen liegt, den bisherigen Kondomabsatz entschieden zu steigern. *Die geringe Anzahl von Kondomen* (14 Millionen), die bisher in Österreich an die Frau bzw. an den Mann gebracht wurden, könnte solchermaßen innerhalb kurzer Zeit durchaus verdoppelt werden. Doch damit dies auch der Fall wäre, wäre vor allem einmal nicht nur das Interesse, sondern, in welcher Form auch immer, die Unterstützung der mit der Aids-Prävention, auf gut Deutsch, mit der Aids-Vorsorge befaßten Behörden erforderlich. Aufgrund eines Briefes vom 23. März dieses Jahres jedoch, welcher mich von dieser Behörde, sprich dem Gesundheitsministerium, nach dem Abgang *meines neunten* und vor der Ernennung *meines zehnten* Gesundheitsapostels, sprich Gesundheitsministers erreichte, bin ich, nachdem ich mittlerweile zehn lange Jahre auf dieses zusätzliche Kondomverteilernetz hingewiesen habe, schön langsam der Meinung, daß es für mich an der Zeit wäre, demnächst das Handtuch zu werfen. Lassen mich doch anhand dieses Briefes, welchen ich in der Folge zum Abdruck bringe, die Fachabteilungen des Gesundheitsministeriums allen Ernstes wissen, daß sie an einer Ausweitung des Kondomabsatzes auf kommerzieller Basis, wie sie es nennen, kein vorrangiges Interesse hätten. Ja mehr noch, daß sie mit *dem jährlichen Pro-Kopf-Verbrauch* von sage und schreibe *zwei, wie sie es nennen, Ö-Norm-geprüften Kondomen,* von Herrn und Frau Österreicher eine *zufriedenstellende* Gesundheitsvorsorge erblicken, andererseits es jedoch als ihr wichtigstes Anliegen zu erachten, eine Bewußtseinsbildung zum Zwecke der Verwendung von Kondomen herbeizuführen, wenn über den Gesundheitszustand des jeweiligen Sexualpartners in Hinblick auf Aids Zweifel bestehen. Es ist zum Verzweifeln: Da sehen allen Ernstes die mit der Aids-Vorsorge befaßten Beamten ihr diesbezügliches Unterfangen nur darin gelegen, uns *zum Russischen Roulette zu verurteilen.* Denn wer sagt ihm oder ihr, nach dem erstmals im Freizeitbereich stattgefundenen Kennenlernen, ob HIV-Gefahr in Verzug wäre, wenn der betreffende Partner, infolge seines Dranges nach wechselnder Partnerschaft, für den Moment selbst über seinen diesbezüglichen Gesundheitszustand im unklaren ist. Für mich besteht diesbezüglich *kein Zweifel, im Zweifel* nach einem Kondom zu greifen, nur ist es schier zum Verzweifeln, wenn keines greifbar ist.

Daher ist es für mich nur eine halbe Sache, wenn von Seiten der Gesundheitsbehörde lediglich Bewußtseinsbildung forciert, aber keinerlei zusätzliche Versorgungsmöglichkeiten, gerade im Freizeitbereich, geschaffen werden. Jedenfalls war ich diesbezüglich wieder einmal von mir aus versucht, auf meine Vermutung, daß der verantwortungsbewußte Mensch von heute *am jederzeitigen Zugriff zu Kondomen*, speziell im bereits angesprochenen Freizeitbereich, interessiert sein müßte, eine dementsprechende Bestätigung zu erhalten. Eine Bestätigung, die ich im Zusammenwirken mit der Wiener Stadtzeitung „Falter" und der Firma „London Rubber" schlußendlich im Frühjahr dieses Jahres auch gefunden habe. Wie aus der im folgenden abgedruckten Seite der Zeitschrift „Falter" ersichtlich ist, habe ich die Leser dieser Zeitschrift mit der Frage befaßt, ob sie an der Aufstellung eines Kondomautomaten in ihrem Stammlokal interessiert wären. Der Erfolg war überwältigend, mehr als dreihundert Leser dieser nur im Stadtgebiet von Wien aufliegenden Wochenzeitschrift nannten uns ihr Stammlokal, in welchem sie zukünftig einen Kondomautomaten vorzufinden wünschten. Diese Bestätigung meiner diesbezüglichen Vermutung wollte ich natürlich unserem damaligen 9. Gesundheitsminister nicht vorenthalten und habe diesen, in Unkenntnis, daß er mir demnächst wiederum abhanden kommen würde, am 8. März dieses Jahres in einem Schreiben über die Bestätigung meiner Vermutung in Kenntnis setzen wollen, um wenig später die Antwort, *des gerade ministerlosen* Gesundheitsministeriums meinerseits in Händen zu halten. Eine Antwort, auf welche ich, da ich im Gesundheitsministerium anscheinend für meine im Interesse unserer Gesellschaft und nicht in meinem Interesse alleine gelegenen Vorschläge nicht und nicht Unterstützung finde, am 1. April dieses Jahres an den mittlerweile 10. Gesundheitsminister ein Schreiben verfaßt habe, das ich aber in Anbetracht der zu diesem Zeitpunkt *natürlicherweise bestehenden Unbedarftheit* der neuen Ministerin bis heute und auch zukünftig nicht mehr absenden werde. Doch wenn ich mir heute, wir schreiben beim Verfassen dieser Zeilen Freitag, den 13. Mai 1994, diesen vor mir liegenden Wust an *vollkommen nutzlosen* Hin-und-Her-Briefen zwischen den diversen Gesundheitsbehörden, Ministerien, Landeshauptleuten und mir ansehe, dann fällt mir für meine *mit so viel Engagement* betriebene und dabei so nutzlose Beamtenmotivation meine Person betreffend nur ein Wiener Kraftausdruck ein: *Vollkoffer*, ja Du liest richtig, ich war und bin diesbezüglich *ein absoluter Vollkoffer*, der nicht und nicht verstehen will oder kann, daß Politiker kommen und gehen und Beamte *zeitlebens auf etwas bestehen, was sie nicht verstehen* können oder wollen. Aus dem Grund nicht verstehen können oder wollen, da leider *ihr im täglichen Stellungskrieg getrübter Blick* kein faires Gegenüber mehr auszumachen in der Lage ist. Und so will ich dieses Kapitel mit jenem Hinweis ausklingen lassen, *daß da wo ein Wille auch ein Weg zu finden wäre* und ich trotz aller leidvollen Behördenerfahrung auch weiterhin guten Willens bin!

„Auwi" und der Automat

Aber auch Ausserwinkler hat's mit den Automaten: Zur Unterstützung seiner Aids-Aufklärungskampagne ließ er in seinem Ministerium zwei Präservativ-Automaten aufstellen. Ob diese Geräte ebenfalls gratis angeliefert wurden, ist unbekannt. Der FPÖ ging es bei einer parlamentarischen Anfrage auch nicht darum. Die Freiheitlichen wollten von „Auwi" nur wissen „Welche Anlaßfälle haben Sie zu dieser Aktion bewogen und besteht für die in Ihrem Ministerium beschäftigen Beamten und Beamtinnen diesbezüglich ein erhöhtes Risiko?" Besonders boshaft war dann noch die Zusatzfrage der Blauen: „Entsprechen die Präservative den qualitativen Anforderungen oder handelt es sich um Kondome minderer Qualität, wie sie an den Schulen verteilt wurden?" Ausserwinklers Antwort auf diese parlamentarische Anfrage ist noch ausständig...

Kondom-Verordnung

Daß unsere Verwaltung bisweilen auch viel Heiteres produzieren kann, wissen Staatsbürger nicht erst seit der Verordnung über die Gurken-Krümmung. Nun hat der Amtsschimmel mit einer achtseitigen Prüfungsverordnung für Kondome zugeschlagen. Darin zum Beispiel ausführlich geregelt: das „Scherzkondom". Dabei handelt es sich um Typen, „die eine starke Oberflächenstrukturierung oder eine besondere Form aufweisen und daher nicht geeignet sind, den im Anhang . . . angeführten Prüfungen unterzogen zu werden". Die „ernsthaften" Kondome werden hingegen neben vielen anderen Tests auch „durch Betrachtung mit dem unbewaffneten Auge" auf ihre Wirksamkeit untersucht. Selbstverständlich schreibt der Gesetzgeber auch Normlängen und Normbreiten vor und überlegte sich, daß ab 18 cm die Bezeichnung „extra lang" erfolgen muß.

Die älteste Kondomautomaten-Produktion der Welt

Doch damit mein Leben nicht allzu *eintönig* verläuft, hielt mein Schicksal, der Zufall oder wie immer ich diese nicht vorhersehbaren Begebenheiten meines Lebens auch bezeichnen mag, sich immer wieder *etwas vordem schier Undenkbares* für mich in der Rückhand. So mußte es eines Tages, so gegen Ende des Jahres 1985 anscheinend dazu kommen, daß mich der letzte Nachfahre der Braun Dynastie und damit der Produzent all meiner Kondom-, Brieflos- und späteren Pez- und Gummibärenautomaten eines Tages zur Seite nahm, um mir folgendes zu eröffnen:

„Herr Ebert, *Sie sind mein letzter Kunde,* und da ich über keine männlichen Nachkommen verfüge, sehe ich mich gezwungen, per Ende dieses Jahres meine Firma zu schließen.“

Wummmmms, das hatte gesessen, da denkt allen Ernstes gerade der Mann, der Eigentümer des Betriebes, welchen ich in den letzten Jahren durch den Ankauf tausender von Kondom- und Brieflosautomaten am Leben erhalten hatte, auf einmal allen Ernstes daran, seine Pforten ein für allemal dicht zu machen. Jener Betrieb also, in welchem ich die Idee, die schlußendlich zur Entwicklung und späteren Produktion der Brieflosautomaten führte, überhaupt erst zur Durchführung bringen konnte. War ich dazumal wegen dieser noch dazu so überraschend über mich hereingebrochenen Eröffnung im ersten Moment der Meinung, aufgrund der uralten Tradition dieses Hauses, welches immerhin auf eine bis zu diesem Zeitpunkt bereits 150 Jahre alte Geschichte zurückblicken konnte, einem Aprilscherz aufgesessen zu sein, so änderte sich diese fälschliche Annahme schlagartig, als sich der letzte derer von Braun tatsächlich daran machte, seinen Betrieb dicht zu machen. Was blieb mir à la longue, wo ich doch zu diesem Zeitpunkt, Ende 1985 von diesem Produktionsbetrieb schon tausende von Kondom-und Brieflosautomaten angekauft hatte, allein aus der Überlegung heraus, zukünftig über keinerlei Ersatzteile und, was mir zu diesem Zeitpunkt noch gravierender schien, auch auf keine heimische Produktionsstätte mehr zurückgreifen zu können, da viel anderes übrig, *als den entscheidenden „Fehler“* meines Lebens zu machen und diese Produktionsstätte fast aller meiner bisherigen Automaten per Anfang des Jahres 1986 schlußendlich doch zu übernehmen. Daß ich mich dabei *in Hinblick* auf meine Bankverbindlichkeiten gehörig übernommen haben mochte, liegt heute, laut meinen Bankauszügen, eindeutig auf der Hand. Was aber aus diesen Bankauszügen nicht abzulesen ist, ist die Tatsache, daß ich, in Verbindung mit einem absolut motivierten Betriebsleiter und späteren Geschäftsführer, ohne auch nur von irgendwoher, wie es speziell in der verstaatlichten Metallbranche üblich ist, *einen Subventionsschilling* zu fordern, fünfzig Mitarbeitern dieses Betriebes in der Folge fast *zehn lange Jahre* Arbeit beschaffen konnte.

Ein Unterfangen, welches in Anbetracht unserer Lohnkosten und des von mir übernommenen nostalgischen Maschinenparks, sicherlich kein Honiglecken war, noch dazu, *wo ich zeitlebens niemals Produzent,* sondern nur ein *fahrender Händler war.*

So hatte ich also, damals am 1. 1. 1986 die grenzenlose „Freude", mich erstmals in meinem Leben nicht nur als fahrender Händler, sondern auch noch als Produzent zu sehen. Und wenn ich dazumal schon an die sechstausend diverser Automaten mein eigen nennen konnte, so war dieses Aufstellnetz *in einem Zeitraum von zwanzig Jahren gewachsen*, wohingegen *nun* aus meiner Fabrik *in einem Jahr* genauso viele Geräte *Ausschau nach Abnehmern* hielten, und mich damit in der Folge gehörig auf Trab halten sollten.

Doch diese von so vielen fleißigen Händen jahrein jahraus produzierten Automaten waren keinesfalls innerhalb der Grenzen unserer Heimat an den Mann zu bringen, *sondern, wenn überhaupt, so jenseits davon.*

Doch damit es überhaupt einmal so weit kommen konnte, die Produkte dieses altehrwürdigen Hauses auch jenseits unserer Grenzen anbieten zu können, mußte natürlich eine neue Generation von Automaten her. Aber woher nehmen, wenn nicht stehlen, wo mir doch gerade erst der Kaufpreis für dieses Unternehmen von den Banken vorgestreckt wurde, und so blieb mir als frischgebackener Automaten-Produzent nichts weiter übrig, als diesbezüglich wiederum bei meinen Banken vorstellig zu werden, um eine neue, nach dem Weltmarkt hin ausgerichtete Automatengeneration entwickeln zu können.

Unternehmerschicksal: Kaum glaubst Du, daß Du wer bist, bist Du der, der am meisten in der Kreide ist. So ging es mir mit diesem *wirklich herrlichen,* nostalgischen seit 160 Jahren in den gleichen Mauern atmenden Betrieb von Anfang an.

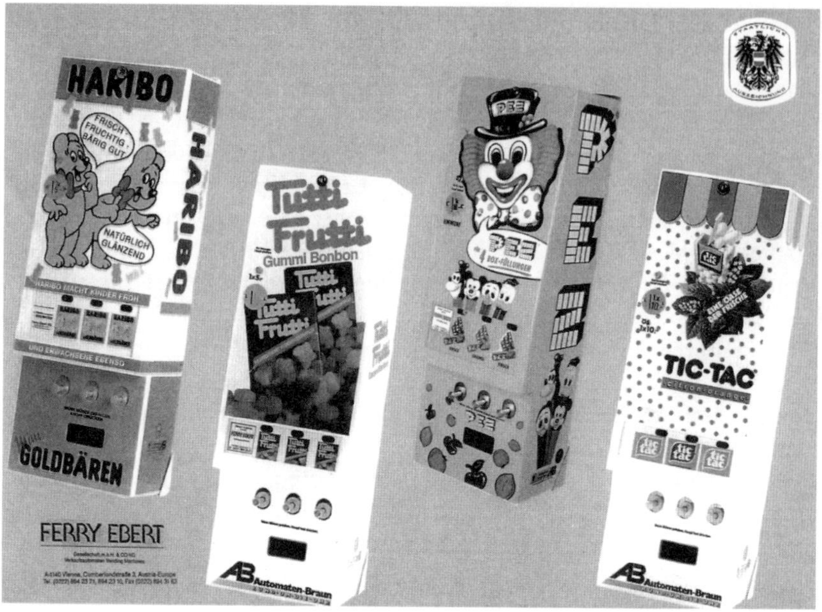
HARIBO
FRISCH FRUCHTIG BÄRIG GUT
NATÜRLICH GLÄNZEND
HARIBO MACHT KINDER FROH
UND ERWACHSENE EBENSO
GOLDBÄREN
FERRY EBERT
Tutti Frutti
Gummi Bonbon
TIC-TAC
Automaten-Braun

Blausiegel

PARKSCHEIN
ENTNAHME
PARKSCHEINE
Automaten-Braun
RUND·UM·DIE·UHR

Alles war ich bereit, für dieses Unternehmen zu setzen, welches mich vordem zwanzig Jahre lang durch seine *Qualitätsarbeit*, und damit auch *die Qualität seiner Automaten*, mein eigenes Aufstellunternehmen so nach und nach aufbauen ließ. Doch hatte ich in meiner Euphorie bei der Übernahme dieses feinmechanischen Betriebes leider etwas sehr Wesentliches übersehen, nämlich, daß heutzutage nur mehr *Quantität und nicht mehr Qualität* gefragt ist.

Dieser entscheidende Irrtum bei der Übernahme dieses Betriebes wurde mir, daß ich das nun folgende Wort gerade bei der Niederschrift der Gedanken zu diesem Buch so oft verwende fällt auch mir schön langsam auf, wieder einmal zum Waterloo, doch habe ich fast zehn lange Jahre wie ein Berserker darum gekämpft, daß dem hoffentlich nicht so werde. Dazumal also, anno 1986, dem ersten Jahr meiner Produzentenschaft, habe ich nicht nur unter viel Tamtam im Hotel Mariott die neue Automatenlinie unter der Headline Braun 2000 präsentiert, sondern erstmals auch einen aus dem Brieflosautomaten speziell für die Wiener Parkscheine entwickelten Parkscheinautomaten der Öffentlichkeit vorgestellt. Ein Parkscheinautomat also, *der es schon vor zehn Jahren in sich gehabt hätte, rund um die Uhr,* vor Ort, damit meine ich an jeder Kurzparkzonentafel, den *Parkschein-Suchenden* nicht mehr suchen zu lassen. Ja mehr noch, den Ortsunkundigen, der gerade einen Parkplatz gefunden hatte, aber nicht im Besitz eines Parkscheines war, vor Ort von seinem Dilemma zu befreien. Genauso hätte sich auch *die nutzlose Suche* nach einem Parkschein während der langen Mittagspause der Trafiken solchermaßen, aufgrund *des allzeit verkaufsbereiten Parkscheinautomaten, erübrigt.*

Doch der Prophet gilt nichts im eigenen Lande, noch dazu, wenn er durch seine Ideen Otto Normalverbraucher hunderte Millionen an Strafen und viele leere Kilometer wegen vergeblicher Parkscheinsuche erspart hätte, aber andererseits gerade diese Beträge der Gemeindekasse vorenthalten hätte.

Doch war es mir nicht beschieden, so sehr ich auch betreffend dieses Parkscheinautomaten allerorts Unterstützung fand, die Gemeinde Wien in der Person ihres noch amtierenden Finanzstadtrates davon zu überzeugen, daß weniger Strafe zwar weniger Geld in der Gemeindekasse bedeuten würde, aber á la longue mehr Anerkennung von Seiten der Bürger brächte. Anscheinend etwas, was dazumal, so um 1986, für die verantwortlichen Politiker noch kein Thema war, aber demnächst *mit Sicherheit eines sein wird.*

Das waren also nur ein paar Gedanken zum Parkscheinautomaten, der 1986 anläßlich der Präsentation meiner neuen Automatenlinie zwar aus der Taufe gehoben wurde, aber unmittelbar darauf bis zur heutigen Stunde *lediglich als nie geliebtes Kind* im Winkerl unseres Hausmuseums sein Dasein fristet. Doch habe ich nicht nur solche *„Nieten"* wie den Parkscheinautomaten alleine aus der Taufe gehoben, sondern habe aufgrund meiner jahrzehntelangen Erfahrung mit der österreichischen Seele anläßlich der Aufstellung von Kondomautomaten, diesen ein neues Kleid, ein neues Design verpaßt, welches den mit so viel Voreingenommenheit bedachten Automaten zumindest für die nächsten fünf Jahre außerhalb der Grenzen unserer Heimat Tür und Tor zu öffnen vermochte und damit uns andererseits für einige Zeit volle Auftragsbücher bescherte. Doch dieser weltweite Erfolg, noch dazu in Anbetracht unserer hohen Lohnkosten, hatte gar viele Väter.

Wir standen dazumal am Beginn des Aids-Zeitalters, ich war als neuer Besitzer mit vollem Elan aufgrund meiner jahrelangen Außendiensterfahrung mit einem gewissen Heimvorteil ausgestattet und obendrein war es mir per Zufall nach dreimaligem, verlustreichen Anlauf gelungen, doch noch einen Produktionsleiter für dieses Unternehmen zu finden. Aber bis es soweit kommen konnte, daß wir dazumal daran denken konnten, unsere Produkte nicht nur in der EG, sondern auch in Übersee anzubieten, bedurfte es meinerseits noch einiger Standfestigkeit. Denn ein mit dem neuen Logo „Lady-Boutique" und „Men-Shop" *verkleideter Kondomautomat*, der in Folge tatsächlich in vordem nicht gekanntem Ausmaß Tür und Tor sowohl bei dem Gastwirt, wie auch bei der Wirtin zu öffnen vermochte, wollte zuallererst einmal auch kostengünstig produziert sein. Doch damit hatte es sich fürs erste einmal. *Denn wichtigste Regel für Mutige,* die mehr ein Museum, denn einen Betrieb übernehmen, wäre auch für mich dazumal gewesen, *und hier bitte ich meine ehemaligen Mitarbeiter um großzügige Nachsicht,* herauszufinden wieviele der Museumsmitarbeiter sich demnächst dem Pensionsalter nähern und wieviele denn tatsächlich noch in der Blüte ihrer Jahre stehen würden.

Doch optimistisch, wie ich dazumal war, habe ich beides ignoriert. Und so mußte es kommen, wie es dann auch über mich hereinbrechen sollte, daß gerade die erfahrensten Mitarbeiter dieses Betriebes sich kurz nach der durch mich erfolgten Übernahme daran machten, in den Genuß ihres wohlverdienten Ruhestandes zu kommen. Allein im ersten Jahr meiner Produzentenschaft, klingt wie Präsidentschaft, aber mit geringem Lohn, stand ich zwar mit einem herrlichen alten Betrieb, aber nur mehr mit halber Mannschaft da. War mir doch nicht nur der Betriebsleiter, sondern auch der Chef der Entwicklung und zu guter Letzt auch noch der Leiter der Endfertigung aus besagten Pensionsgründen abhanden gekommen. Mit einem Wort, ein schönes Bummerl, welches mir dazumal das Schicksal verpaßt hatte. Doch kommen anscheinend wirklich immer wieder nur *die Härtesten, die Ausdauerndsten, die Fleißigsten* oder die *vom Glück beflügelten* durch. Kam mir doch nach drei Anläufen, welche mir vordem einen in Australien tätigen Designer, einen Philanthropen und einen gitarrespielenden Alleinunterhalter nacheinander als *Produktionsleiter* beschert hatte, *die rettende Idee*.

Zu jener Zeit las ich in einer Zeitung einen Bericht darüber, daß im Raum Ternitz demnächst an die zweitausend Metallarbeiter freigesetzt würden, was lag da für mich näher, als unter diesen zweitausend demnächst freigestellten Metallwerkern meinen so dringend benötigten Produktionsleiter zu suchen. Kaum legte ich damals besagte Zeitung, aus welcher ich gerade diesen Bericht entnommen hatte, aus der Hand, hielt der Bürgermeister von Ternitz schon ein von mir abgesandtes Telegramm in der seinen, in welchem ich ihn um Unterstützung bei der Suche nach einem Betriebsleiter ersuchte. Schon anderntags konnte ich mich auf Einladung des Ternitzer Bürgermeisters, in dessen Vertretung mich Herr Peter Marizzi empfangen hatte, durch die stillgelegten Hallen der Schöller-Bleckmann-Werke auf die Suche nach meinem neuen Produktionsleiter machen. Doch vorher hatte ich noch eine Schwelle zu nehmen. Wollte doch Herr Marizzi in Anbetracht der brachliegenden Hallen am liebsten meinen gerade erst erworbenen Produktionsbetrieb in Ternitz ansiedeln und es bedurfte einiger Überredungskunst, meinen Begleiter davon zu überzeugen, daß auch mein Betrieb über keine Aufträge verfügen würde, sondern ich mich gleichfalls auf der Suche nach einem Retter aus meinem Dilemma befände.

Herr Marizzi wollte dies anfangs nicht wahrhaben, aber beim Durchschreiten einer riesigen leeren Halle unter dem Hinweis: „Da oben im Stock sitzt Ihr Problemlöser“, nahm er sich für mich doch ein Herz. Ich aber dachte in Anbetracht dieser unendlich leeren Halle fürs erste: „*Was soll mir der Mensch da oben denn schon helfen,* wenn er selbst auf so einer leeren Halle sitzt?“

Jedoch als wir wenig später wiederum an dieser Halle vorbeikamen und ich nochmals von meiner Begleitung auf den Retter da oben aufmerksam gemacht wurde, klingelten bei mir die Glocken. „Wenn Sie, Herr

Marizzi, von dem Mann da oben so viel halten", ich war vordem schon zum Mittagessen eingeladen worden, „darf ich Sie bitten, diesen Mann ebenfalls zum Essen einzuladen", wandte ich mich, nachdem ich zweimal auf diesen Mann oberhalb der leeren Halle aufmerksam gemacht wurde, an meinen Begleiter. Sieben Jahre lang war daraufhin dieser Mann aus *dem ersten Stock* einer meiner wesentlichsten, aber auch eigenwilligsten Begleiter.

Doch acht Jahre als Eigentümer eines Betriebes, bei dessen Übernahme es nichts mehr zu produzieren gab, ist ein eigene Geschichte, die eines Tages ein eigenes Buch wert wäre. Hatte mich doch gerade die Arbeits- die Auftragsbeschaffung für diesen Betrieb acht lange Jahre rund um die Welt in Trab gehalten. Hat mir Begegnungen mit australischen Aboriginals, indischen Gurus, ägyptischen Beduinen und Menschen sondergleichen beschert, welchen ich ansonsten nie begegnet wäre, und uns so nebenbei von Australien bis Singapur, von Skandinavien bis in die USA *Aufträge*, aber genauso auch *Enttäuschungen* sonder Zahl beschert.

Ob Du in Zürich oder Miami landest, ob Du in Berlin mit der U-Bahn fährst, oder ob Du in Singapur oder Australien mancherorts ein Stilles Örtchen aufsuchst, so lacht Dir vielleicht eine „Lady-Boutique" oder ein „Men-Shop"-Automat made in Austria entgegen.

Möglich machte dies alles das überaus gefällige Design unserer Automaten, welches bis heute seinesgleichen sucht, die kostenbewußte Produktion, die jener Mann aus dem ersten Stock in Ternitz anfangs, wie es schien, in den Griff bekam und unsere weltweiten Reisen, um neue Märkte zu erobern.

Daß aber ein Eroberer, wie uns die Geschichte lehrt, für seine Eroberungsgelüste oftmals sein Leben, in unserem Fall seine Existenz riskiert, sollte uns eines Tages unser Engagement in den USA nur all zu deutlich vor Augen führen.

Gerade hier, wo wir dazumal an die zwei Jahre lang Container um Container von Bremerhaven aus unseren Kondomautomaten nach Florida verschifft hatten, zeigten uns eines Tages unsere *Geschäftsfreunde*, wo der Herrgott wohnt. Hatten uns doch diese Geschäftsfreunde zwei Jahre lang teilweise durch Vorauszahlungen, dann wiederum durch Bankgarantien ihre Bonität solchermaßen lange genug vor Augen geführt, um eines Tages den großen Coup zu landen. Wir hatten damals an die 2000 Kondomautomaten versandbereit, als wir routinemäßig um die Vorlage der dementsprechenden Bankgarantie ersuchten und uns, und das war, wie sich nur allzubald herausstellen sollte, unser entscheidender Fehler, aufgrund unserer bereits zwei Jahre währenden Zusammenarbeit mit diesem Kunden mit in etwa folgendem Telefax begnügten.

„Bitte Versand der avisierten Automaten über Bremerhaven an unsere Adresse wie bisher durchführen. Unser Finanzdirektor weilt zur Zeit auf Urlaub, daher Durchführung der Zahlungsmodalitäten, wie bisher gehandhabt, *etwas zeitverschoben*. Im voraus besten Dank für die prompte Lieferung. Ware wird dringend benötigt."

Das war's. Jetzt hatten wir das Bummerl. Sollen wir oder sollen wir nicht? Wenn nicht, verlieren wir unseren besten Kunden, der uns zwei Jahre lang teilweise im voraus bezahlt hatte, waren unsere Überlegungen, aber unser Bauchweh, als wir uns schlußendlich doch zur Lieferungen aufgrund des avisierten dringenden Bedarfs entschlossen hatten, sollte uns in der Folge leider nicht getäuscht haben, da wir fürs erste weder die nach der Rückkehr besagten Finanzdirektors zugesagte Bankgarantie, noch den selbsternannten Finanzdirektor je wieder zu Gesicht bekommen sollten.

Die Firma war ganz einfach pleite und hatte unsere letzte Lieferung noch als Sicherheit für andere Verbindlichkeiten benötigt. Eine Million Dollar war dazumal der Preis für unsere Entscheidung, die all unsere harte Arbeit die Jahre vorher, um den Aufträgen *gerade dieser Gruppe* gerecht zu werden, mit einem Schlage als *umsonst geracker*t erscheinen ließ und die Sicherheit der Arbeitsplätze unserer Mitarbeiter gleichfalls in Frage stellte.

Daß aber dieses Business in den USA für unsereins aus Old Europe nicht nur zu den risikoreichsten, sondern auch zu den trickreichsten zu zählen ist, zeigte uns eine Begegnung in New York, gegen die der *Große Bluff*, wie ein Krippenspiel aussieht. Es war so um das Jahr 1989 herum gewesen, Herr Rückert, mein damaliger Produktions-Wunderwuzzi, welchen mir besagter Peter Marizzi so sehr ans Herz gelegt hatte, und meine Wenigkeit hatten anläßlich einer bevorstehenden USA-Reise unter anderem die Absicht, einer Produktionsstätte der „London Rubber Company" in New Jersey unsere Aufwartung zu machen, um den Boß dieses Unternehmens mit unserer neuen Automatengeneration bekannt zu machen. Da fällt mir kurz vor unserer Abreise in die USA eine amerikanische Zeitung in die Hände, in welcher eine New Yorker Firma den preiswertesten elektronischen Kondomautomaten der Welt, um die Hälfte billiger als unsere eigenen Automaten, offerierte. Schon komisch, dachte ich dazumal bei mir, da brichst Du nach drüben, nach New Jersey auf, um den größten Kondomproduzenten der Welt mit Deinen Automaten bekannt zu machen, und da flattert Dir so *zufällig* eine Zeitschrift in die Hände, in welcher eine Firma gleich nebenan in New York noch dazu einen vollelektrischen Automaten um den halben Preis Deiner Geräte anbietet.

Was lag da für mich näher, als vor unserer Abreise dieser New Yorker Firma per Fax unser Interesse an deren Automaten für Europa unter dem Hinweis zu signalisieren, in den nächsten Tagen aufgrund eines Kundenbesuches selbst in New York zu weilen und bei dieser Gelegenheit ihre elektronischen Kondomautomaten persönlich in Augenschein nehmen zu wollen. Und kaum zu glauben, erreichte uns anderntags kurz vor unserem Abflug in die Staaten eine kurze Fax-Mitteilung dieser Firma, in etwa mit dem Wortlaut, wo immer wir uns in den nächsten Tagen auch in oder um New York aufhalten würden, uns telefonisch zu melden, da uns ein Driver dieser Firma jederzeit abholen würde. Super, dachte ich bei mir, zwei Fliegen auf einen Schlag. Auf der einen Seite einen bereits von Wien aus fix vereinbarten Besuchstermin beim weltgrößten Kondomproduzenten und auf der anderen Seite läßt uns der vielleicht weltgrößte elektronische Kondomautomatenproduzent sogar durch einen eigenen Fahrer abholen, das kann ja gut werden, dachte ich dazumal vor Antritt unserer Reise bei mir, ohne zu ahnen, wie „gut“ diese Reise denn dann auch tatsächlich werden würde. Jedenfalls begann sie nicht nur was den Flug, sondern auch unserer New Yorker Hotel betrifft ganz ausgezeichnet. Wir logierten nämlich im „Holiday Inn“ Hotel, welches in einem der beiden World Trade Center Wolkenkratzer im Herzen von New York untergebracht ist, unter welchem jene Metrostation zu liegen kommt, die schon Crocodile Dundee in seinem Film zum Staunen brachte und anderntags von uns als Ausgangspunkt für den Termin in New Jersey auserkoren wurde.

Dieser Termin, nun bei „London Rubber“ in New Jersey, der von Wien aus anderntags für 11 Uhr vereinbart war, gab uns, so waren wir zumindest der laienhaften Meinung, genug Spielraum, um dem reichlichen Frühstücksbuffet im Hotel auch ohne Hast und Eile unsere Aufwartung zu machen. Wir waren nämlich, wie sich nur allzubald herausstellen sollte, der fälschlichen Annahme, daß, wenn wir zwei Stunden vor dem vereinbarten Termin, noch dazu mit der kreuzungsfreien Metro Richtung New Jersey fahren würden, wir über genügend Zeitpolster verfügen würden. Doch kamen uns diesbezüglich allein schon beim Ansichtigwerden der unter dem Hotel gelegenen, zur Metro hinunterführenden Rolltreppen erstmals

Bedenken. Führten doch von sage und schreiben *zehn Rolltreppen* zur Morgenstund allein *neune* nach oben in diesen World-Trade-Büroturm hinein und nur eine zur Metro hinunter. Mein Begleiter, ein Schrank von einem Alemannen, brauchte mir vor lauter Erstaunen über diese Menschenmassen denn doch ein wenig zu lange, bis er sich zu dem Entschluß durchgerungen hatte, sich in die Warteschlange hinter der einen nach unten führenden Rolltreppe einzureihen, wohingegen ich schon längst unten war, wobei ich in meiner Unbekümmertheit außer Acht gelassen hatte, daß der nie versiegende Menschenstrom vor den neun nach oben führenden Rolltreppen uns vielleicht ein für allemal zu trennen vermochte. In Anbetracht dieser Überlegung und der Tatsache, nicht einmal *einen* Dollar, geschweige denn meinen Paß in Händen zu halten, da beides von Herrn Rückert bei all unseren Reisen immer wohlweislich verwahrt und damit behütet wurde, veranlaßte mich diese Gegebenheit, wie aus Kindheitstagen gewohnt, mitten in diesem Strom von Menschen unvermittelt stocksteif stehenzubleiben. So lange, bis ich nach endlos scheinenden Minuten meinen Begleiter und dieser wiederum mich aus der Entfernung ausmachen konnte. Doch das war erst der erste Streich, der uns etliche Minuten unseres, wie wir der Meinung waren, Zeitpolsters gekostet hatte, doch der nächste Streich folgte sogleich.

Hatten wir doch keine Ahnung, daß dieses New Jersey, welchem wir fälschlicherweise die Ausdehnung eines Wiener Randgebietes zugedacht hatten, über weitaus mehr Metrostationen, als die gesamte Wiener U-Bahn verfügt und so nebenbei von mehr als viereinhalb Millionen Einwohnern besiedelt ist. Es half uns daher auch nicht, daß wir nach einer schier endlos scheinenden Fahrt mit der Metro diese an einer der vielen New Jersey-Stationen schlußendlich fluchtartig verließen und mittels eines Taxidrivers versuchten, den vereinbarten Termin bei „London Rubber“ doch noch einzuhalten.

Es war alles vergebens, denn auch der Taxidriver fand die von uns angegebene Adresse so lange nicht, daß er von sich aus, in Anbetracht seiner aus Zeitnot aufgebrachten Fahrgäste, gar nicht wagte, einen Fuhrlohn für seine Irrfahrt zu verlangen, sodaß wir, nachdem wir eine Stunde später als von Europa aus vereinbart, endlich das Areal von „London Rubber“ in New Jersey doch erreicht hatten, dem guten Mann sein Geld direkt aufdrängen mußten. Um eine Stunde verspätet betraten wir damals die heiligen Hallen der zwar in den USA gelegenen, wie sich aber wenig später herausstellen sollte, von einem englischen Gentleman geführten Company. Daher gab ich in Anbetracht unserer langen Anreise wohlweislich fürs erste einmal der Telefonistin die Telefonnummer jener New Yorker Firma mit den elektronischen Kondomautomaten, die uns von ihrem Driver, wie sie es uns ja per Fax angeboten hatte, abholen lassen würde, mit der Bitte, diese Firma über unseren momentanen Standort zu informieren, uns aber vorher bei ihrem Chef unter dem Hinweis, daß unser Taxidriver nicht und nicht hierher gefunden hätte, sowohl anzumelden, dabei aber auch gleichzeitig unser Zuspätkommen zu entschuldigen.

Doch was ein richtiger Gentleman ist, der läßt Geringschätzung seiner Person, und Terminversäumnis ist nun mal für einen *wirklichen* Gentleman, wie wir uns späterhin sagen lassen mußten, eine Mißachtung seiner Person, fürs erste einmal Aug um Aug in der Form vergelten, daß er uns seinerseits in seinem Vorzimmer endlos lange warten ließ, um uns, nachdem er uns in seinen Hallen endlich doch Audienz gewährte, mitzuteilen, für uns keine Zeit mehr erübrigen zu können und im übrigen mit Kondomautomaten, noch dazu aus Europa, schon rein gar nichts am Hut zu haben. Und ehe wir es uns versahen, waren wir *very british, very cool* wiederum zur Tür hinauskomplimentiert.

Da saßen wir zwei aus Old Europe also wiederum im Vorzimmer bei jener Telefonistin, welcher ich schon bei unserem Kommen die Telefonnummer besagter New Yorker Firma mit der Bitte um Kontaktaufnahme übergeben hatte, als auf einmal, wie wir im ersten Moment vermeinten, der Chauffeur seiner Lordschaft himself die Vorhalle betrat und bedächtigen Schrittes sich dem Office näherte.

Diese Engländer haben Stil, schoß es mir dazumal in den Kopf, schau Dir doch diesen Chauffeur an. Nicht nur, daß er groß und schlank ist und in einer livrierten Uniform steckt, ziert sein Haupt auch noch ein Rehlederkäppi und Rehlederhandschuhe trägt er auch. *Ein Sir muß einer sein,* um sich so etwas leisten zu können, wie der Chef dieser Firma, war mein nächster Gedanke, als auf einmal mein Gedankenfluß jäh unterbrochen wurde. Aus dem Grund jäh unterbrochen wurde, da sich *vermeintlicher Chauffeur seiner Lordschaft* vor uns verbeugte, meinem Begleiter und mir das Gepäck abnahm und mit den Worten „*Follow me*" wiederum mit majestätischem Schritt mitsamt unserem Gepäck sich dem Ausgang zuwandte. Wir waren beide fürs erste ob der soeben gewährten Audienz des Chauffeurs seiner Lordschaft sprachlos, als wir in unserem Rücken die Stimme der Telefonistin vernahmen: „Diesen Driver hat Ihnen die Firma aus New York geschickt, deren Telefonnummer Sie mir gegeben haben."

Wir beide, die über Aufforderung des livrierten Chauffeurs diesem mittlerweile bis zur Ausgangstür gefolgt waren, trauten fürs erste unseren Augen nicht. Schritt doch *unser* Chauffeur mit standesgemäßem Schritt auf eine Rolls-Royce-Limousine zu, wo sich ihre vermeintliche Lordschaft, besagter very british Gentleman, der uns gerade zuvor so unfreundlich aus seinem Büro hinauskomplimentiert hatte, die Nase am Fenster plattdrückte, um sich gleich darauf, als er unser ansichtig wurde, mit hochrotem Kopf seinerseits zu verdrücken, wohingegen wir beiden Plattfußindianer über Aufforderung unseres Gentleman Drivers es uns im Fond des Rolls Royce erst einmal bequem machten. Wir konnten einen Lachkrampf nur unter Aufbietung aller Disziplin ob dem soeben Vorgefallenen zurückhalten. Werden wir zwei doch glatt am anderen Ende von New Jersey, nachdem uns von einem vermeintlichen Gentleman die Tür gewiesen wurde, der sich noch dazu in der Folge die Blöße gab, seine Nase an *unserem Royce* vor unseren Augen platt zu drücken, von einem Chauffeur, wie aus dem Bilderbuch, nur aus dem Grund abgeholt, *weil ich zufällig einen Zeitungsartikel* über einen elektronischen Kondomautomaten *zu Gesicht bekommen hatte.* Nie zuvor in meinem Leben saß ich hinter einem livrierten Chauffeur, von diesem durch eine Glasscheibe getrennt, in einem Royce, der nicht nur eine edelholzverzierte Bar im Fond, sondern noch dazu auf der Ablage vor mir ein von Frank Sinatra handsigniertes Buch mit dem Titel *My Way* aufwies. Schier unglaublich, wo doch gerade dieser Song mit diesem Interpreten seit vielen Jahren mein *absolutes Lieblingslied* darstellt, ich die deutsche Übersetzung zu diesem Lied in meinem Herzen trage, *weil ich es liebe, aus dem Grund so liebe, da ich so lebe, wie das Lied erzählt.* Dermaßen liebe, daß alle Jahre wieder, wenn ich mit meiner Frau im herrlichen Montecatini nahe Florenz, meiner jährlichen mineralwässerlichen Trink-Heilstätte, sprich italienischem Karlsbad, zum Kuraufenthalt anreise, der Pianist unseres Hotels als seinen Willkommensgruß meine Lieblingsmelodie, die da auf gut Deutsch *Mein Weg* heißt, zum Besten gibt. Und dieser Weg, der einmal oben und einmal unten für jeden von uns verläuft, beschert uns da auf einmal als fahrbaren Untersatz, mitten in New York, vielleicht gar Frankieboys ehrenwerte Familienkutsche mit der schlichten Bezeichnung Rolls Royce und als Draufgabe sein handsigniertes Buch MY WAY!

„The show must go on", heißt es im Englischen und wie diese Show weiterging, das sollten wir spätestens dann erleben, als Frankieboy's Fahrer, wie wir nur vermuten konnten, in der hintersten Bronx auf einmal von der Straße abbog und auf eine Ruine von einem Fabriksgebäude zufuhr, um anschließend im Hof dieser Ruine, welchen wir durch den Hintereingang, *sprich durch ein Loch in der Mauer,* mit unserem Prachtmobil anvisiert hatten, unvermittelt anzuhalten. Und genauso verdutzt, wie wir uns vor dem Platznehmen in diesem nicht alltäglichen Automobil gegenseitig angesehen hatten, sahen wir uns nun gleichfalls beim Verlassen desselben wiederum an.

Im Moment mochte in uns beiden die Erinnerung an den Film „Der Pate" lebendig geworden sein, als wir auf einmal, nachdem wir den Wagen verlassen hatten, von so an die zehn bis zwölf der unterschiedlichsten Typen umringt und in dieser Formation in das Innere besagter Ruine im wahrsten Sinne des Wortes eskortiert wurden, in welcher unsere Begleiter alsdann ohne weitere Umstände zur Sache kamen. „Ihr wollt", wandte sich daraufhin einer aus der Eskorte an uns, „für Old Europe die Exklusivvertretung für den besten Kondomautomaten der Welt, unseren elektronischen Super-Dispenser übernehmen?" „Well, *bei welcher Telefonzelle* in Paris oder Rom sollen wir Euch denn einen vollen Container hinstellen?"

übernahm daraufhin der Nächste das *Verkaufsgespräch*, um dabei auf unseren zaghaften Einwand, wie denn so eine Lieferung verzollt und von uns bezahlt werden sollte, mittels einer wegwerfenden Handbewegung darauf hinzuweisen, daß wir uns doch über *diese Lappalie* keine Gedanken machen sollten, als gleich darauf schon der dritte unserer Begleiter das Wort an sich riß: „Der Zoll ist für uns kein Thema, genausowenig wie die Bezahlung. Wir holen uns das Geld direkt von Euch, da laßt Euch nur ja keine grauen Haare wachsen". Wenn der Gute dazumal nur gewußt hätte, wie sehr uns in dieser Situation, die Haare für den Moment zwar nicht ins Graue hinein wuchsen, doch dafür umso kerzengerader zum Himmel standen.

Unglaublich, dachte ich damals bei mir, nur weil ich anläßlich unseres bereits geplanten Aufenthaltes in New York die Gelegenheit beim Schopf ergreifen wollte, *ein Konkurrenzprodukt aus der Nähe in Augenschein zu nehmen,* stellen mir diese Leute, bevor ich auch nur einen Prototyp dieses Gerätes in Augenschein nehmen konnte, wo immer ich es in Europa wünschte, *einen Container voll mit Kondomautomaten neben jede beliebige Telefonzelle.*

Jedenfalls war uns beiden in dieser Situation, noch dazu in dieser Umgebung, die dieses verfallene Fabriksgebäude zu vermitteln vermochte, ganz schön mulmig zumute und so blieb uns fürs erste nichts anderes übrig als vorerst einmal vorsichtig darauf hinzuweisen, daß wir in good Old Europe selber Kondomautomaten herstellten. Da war plötzlich rings um uns Funkstille, denn mit so einer Frechheit hatten wohl unsere vermeintlichen Gastgeber nicht gerechnet, daß sich, noch dazu Konkurrenten aus Old Europe mitten in die Höhle des Löwen wagen würden, nur um die Konkurrenz in Übersee in Augenschein zu nehmen. Doch gerade durch diesen Hinweis war auf einmal das Eis gebrochen und ohne daß wir danach im speziellen verlangt hätten, wurde uns sowohl der Prototyp ihres elektronischen Kondomautomaten, wie auch *Ihre Kondommanufaktur* vorgeführt, beziehungsweise wir beide noch tiefer in die Höhle des Löwen gebeten. Doch was wir da zu sehen bekamen, vor allem, was ihren Kondomautomaten betraf, versetzte uns nicht nur in grenzenloses Erstaunen, sondern animierte uns zu Lachanfällen, die wir nur unter Aufbietung aller Kräfte wohlweislich zu unterdrücken vermochten. *Fiel mir doch beim Öffnen* die Tür ihres elektronischen Kondomautomaten, welchen sie uns containerweise neben jede Telefonzelle zu stellen gedachten, nicht nur entgegen, sondern es fiel gleichzeitig auch noch das Sicherheitsschloß heraus.

Jedoch unsere Eskorte war auch durch diese Demonstration, daß es sich bei ihrem Kondomautomaten eher um eine Attrappe, als um einen einbruchsicheren Kondomdispenser handeln würde, nicht aus der Ruhe zu bringen. „No problem", war ihr Kommentar, „wird bei Lieferung alles behoben". Doch hatten sie anschließend nichts dagegen einzuwenden, daß der solchermaßen sich in seine Bestandteile auflösende Automat wiederum durch mich persönlich zusammengeschraubt wurde, wobei ich im stillen die zukünftigen Käufer eines solchen Automaten mehr als bedauerte. Genauso bedauerte wie all jene Käufer von Kondomen, da hier die Kondome *händisch, wie zu Beginn der Kondomproduktion* zur Jahrhundertwende, von an die einhundert Koreanerinnen im Hinterhof dieser *„Kondomfabrik"* über Eprouvetten gestülpt und anschließend wiederum zusammengerollt wurden. Jedenfalls genügte uns beiden das, was wir zu sehen bekamen, war es doch für uns *simple Europäer* unbegreiflich, gerade zu Beginn des Aids-Zeitalters, diesem *American Way of Life* unter Ausschluß jedes Sicherheitsfaktors ansichtig zu werden. Damals war ein jeder der Meinung, mit Kondomen Millionär werden zu können und je schneller und billiger er an fernöstliche Massenware herankam, umso eher vermeinte da einer sein Ziel zu erreichen. Uns beiden jedenfalls reichte es fürs erste, waren wir doch von Anbeginn an ausschließlich bemüht *Qualität und nicht Quantität anzubieten.*

Doch unsere *„Gastgeber"* waren nur durch den Erwerb eines ihrer Mustergeräte bereit, uns wiederum ziehen zu lassen, wobei sie uns noch vorher, wie es sich für richtige *„Gastgeber"* gehört, großzügig zum Essen einluden. So suchten wir also damals in Begleitung unserer Eskorte, die aus russischen, rumänischen, ukrainischen, polnisch-ungarischen und etlichen anderen in diesen Ländern geborenen Neo-Amerikanern bestand, mitten in der Bronx ein in einer Baracke gelegenes Restaurant auf, um gemeinsam unser Mittagessen einzunehmen. Es war ein Umfeld wie aus einem Thriller und von Roma und Sinti bis hin zu Schwarzafrikanern war alles zu Gast, was die Bronx nur anzubieten hatte. Einzig unseren livrierten Gentleman Driver, den Fahrer, hatten wir anschließend nicht mehr zu Gesicht bekommen. Jedoch als es ans Zahlen ging, sollte diese unglaubliche Geschichte noch genauso ein unglaubliches Ende finden wie sie begonnen hatte. Wir beide, *die doch der Meinung waren, Gäste unserer „Gastgeber" zu sein,* hätten bald noch für unsere gesamte Eskorte die Zeche bezahlt, da uns von unseren Gastgebern eröffnet wurde, daß wir nur dann ihre Gäste gewesen wären, wenn es zu einem Deal gekommen wäre, sprich, wenn wir ihnen etwas abgekauft hätten. *That's America* und wir simplen Europäer kamen, sahen, staunten offenen Mundes und träumen heute noch davon, dereinst vielleicht *mit Frankieboy's Rolls Royce durch New York gerollt zu sein!*

Doch was wäre diese bescheidene Zeche, die wir dazumal in New York fast zu berappen gehabt hätten, gegen die Million Dollar gewesen, die wir Jahre vorher in Florida tatsächlich in den Sand gesetzt hätten. Sind wir doch auch hier den US Boys à la longue auf den Leim gegangen. Jedenfalls hat mir in den sieben Jahren meines Produzentendaseins der Wind gehörig um die Ohren gepfiffen, waren es doch nicht nur die Kondomautomaten alleine, *die mich auf Trab und auch in Atem hielten.* Aber darüber will ich ein andermal in einem meiner nächsten Bücher berichten.

KURIER

MITTWOCH, 10. FEBRUAR 1993

Jährlich wird in Österreich mit Hunderttausenden nicht sicherheitsnormgerechten Präservativen gehandelt

Meistverkauftes Kondom ist nur ein „Scherzartikel"

Die Affäre um die „Gummibären"-Kondome, die bis vor kurzem gratis von rund 900 österreichischen Ärzten verteilt wurden, weitet sich aus. Denn nicht nur diese, mittlerweile eingezogenen, sondern auch viele andere in Österreich verkauften Präservative entsprechen nicht den strengen heimischen Normen. Die Anwender sind verunsichert.

Konkret sind es zwei Produkte, die vor allem in den rund 4000 Automaten in WC-Anlagen angeboten und von der Firma Blautex produziert werden, die ebenfalls den „18-Liter-Luft-Test" nicht bestanden haben.

Die Markenbezeichnungen: „Blausiegel Koralle feucht" und „Casanova". Sie dürfen zwar weiterhin angeboten werden, müssen aber seit Inkrafttreten der Kondomverordnung vor zwei Jahren den Aufdruck „Scherzkondom" tragen. „Koralle feucht" ist der Marktleader: Automaten-Vertreiber Ferry Ebert verkauft jährlich rund 100.000 Doppelpackungen des beliebten Kondoms. Und das seit 30 Jahren. Reinhold Oblak, Sprecher von Gesundheitsminister Ausserwinkler: „Statt eines dieser Dinger zum Geschlechtsverkehr zu verwenden, sollte man lieber einen Luftballon daraus machen."

Woran erkennt der Konsument nun wirklich, ob das von ihm gekaufte Präservativ den Sicherheitsnormen entspricht, ohne 18 Liter Luft hineinzublasen? An der Registrierungsnummer, die auf jeder Packung zu finden sein muß. Findet man den Schriftzug „A-Reg. Nr." mit einem vierstelligen Zahlencode, bededeutet das, daß das „Präserl" alle vorgeschriebenen Tests bestanden hat.

EVA GOGALA ■

Die österreichische Scherz-Kondomverordnung

Doch was ist die weite Welt gegen die *Scherze*, gegen die es in der Heimat galt und gilt zu bestehen, um dabei nicht auch vielleicht gar noch zu Hause unterzugehen.

Hatte sich doch nicht allen Ernstes einer meiner bisherigen *zehn Gesundheitsapostel*, sprich Gesundheitsminister, so um 1988/89 dazu berufen gefühlt, *am europäischen Markt vorbei*, wir waren ja damals noch nicht einmal EU-Aspirant, *eine spezifisch auf die Potenz* des österreichischen Alpenbewohners hin ausgerichtete Kondomprüfungsverordnung in Auftrag zu geben, um diese späterhin dann auch tatsächlich aus der Taufe zu heben. Für dieses Vorhaben wurde zuerst einmal die Bundeswirtschaftskammer, die zu dieser Zeit noch unter anderer Benennung firmierte, beauftragt, ein Konzilium, sprich ein aus Vertretern der Wirtschaft, der Konsumentenschützer und den Gesundheitsbehörden bestehendes Gremium zusammenzustellen, um die dementsprechenden Vorschläge auszuarbeiten.

Leider war der von der Kammer mit dieser Aufgabe betraute Beamte, wie er mir dies Jahre später einmal im Beisein meiner persönlichen Assistentin entschuldigend erzählte, selber gar *kein Kondomanwender*, sonst hätte er vermutlich meine Kondomautomaten gekannt, und war daher solchermaßen *als Branchenfremder* in Unkenntnis der Sachlage diesbezüglich dazu angehalten das Branchentelefonbuch zu bemühen, um überhaupt seinen Kondombeirat installieren zu können. Ein Buch also, in welchem jeder Apotheker, jeder Drogist und Sexshopbesitzer verewigt ist, jedoch kein Kondomautomatenaufsteller. So mußte es ganz einfach passieren, daß in diesem beratenden Gremium von Seiten der Wirtschaft neben den beiden einzigen Kondomimporteuren, der Firma „Blautex" und „London Rubber" lediglich noch ein Sexshopbesitzer seinen Platz finden sollte. Daher mußte es ganz einfach aufgrund der produktspezifischen *Inkompetenz* besagten Bundeskämmerers, der mit der Zusammenstellung des Kondombeirats ganz einfach überfordert war, schlußendlich dazu kommen, daß von einem Gremium eine Verordnung verabschiedet wurde, deren beratende Mitglieder über sage und schreibe *drei* Vertriebsstellen für Kondome verfügten, jedoch auf das *diesbezügliche Insiderwissen* jener Kondomautomatenaufstellfirmen, die über etwa 5000 Kondomverteilerstellen (Kondomautomatenstandorte) in diesem Land verfügen, nur aus dem Grund, *weil sie im Branchentelefonbuch nicht verzeichnet waren,* ganz einfach verzichtet wurde.

Auch wurde von seiten der Gesundheitsbehörden in bezug auf die im Entstehen begriffene Kondomprüfungsverordnung auf die Erfahrung des ältesten Kondomautomatenproduzenten, der Firma Theodor Braun, die ihren Sitz seit 160 Jahren „*zufällig*" ebenfalls in unserer Bundeshauptstadt hat, verzichtet. Jedenfalls wurde von seiten der Behörden in der Folge eine aus vielen Druckseiten bestehende, ausschließlich für *Kondom-Importeure* verbindliche Kondomprüfungsverordnung verfaßt, die weltweit ihresgleichen sucht. Begnügt sich doch der bisherige Raum der Europäischen Gemeinschaft, der jetzigen EU, die Elastizität des einzelnen Kondoms betreffend, mit 1,20 m Dehnkapazität desselben, wohingegen wir Berg- und Talfexen laut unserer Kondomprüfungsverordnung den von uns in Anspruch genommenen Kondomen eine Elastizität von 1,44 m abverlangen. Einer Ausdehnung also, die mehr einem *Ganzkörperkondom* denn einem bescheidenen Penisüberzieher entspricht. Ja mehr noch, kam doch besagte *Kondomverordnungserstellungskommission* bei ihrer Entscheidungsfindung zu der Erkenntnis zukünftig für all jene Kondome, die unter anderem der Ganzkörperelastizität (1,44 m) nicht entsprechen, zwingend die Bezeichnung *Scherzkondom* vorzuschreiben. Was nun diesen „*Scherz*" besagter Kommission anno 1989 betraf, waren davon in der Folge hunderttausende meiner ehemaligen Kunden fürs erste die *absolut Verunsicherten*, wie jener Grazer Kunde, der sich diesbezüglich schriftlich beim damals amtierenden Gesundheitsminister beschwerte. Dieser Herr Jelinek (der richtige Name ist dem Verlag bekannt) hat im Verlaufe seines Schreibens mit den Worten „*IST DAS NICHT EINE BODENLOSE FRECHHEIT?*" die Sache auch bezüglich meiner *damaligen* Betrachtungsweise auf den Punkt gebracht.

Daß dabei andererseits sich ein Kondomanwender, wie aus folgendem *„Beitrag"* ersichtlich, aus welchem Grund auch immer, veranlaßt sah hier im speziellen der Produkthaftung auf den Grund zu gehen, zeigt der nachstehend abgedruckte Brief jenes Kondomanwenders, der mir vom Besitzer eines Wiener In-Treffs erst vor kurzem mit der Bemerkung überreicht wurde: *„Ferry, I krieg 16.300,– öS von Dir!"* Doch der Ferry, seinerseits nicht faul, befragte diesbezüglich, in Erinnerung an die seinerzeitige Reklamation des Friseurmeisters im schönen Salzkammergut, umgehend seinen Rechtsfreund, der nun seinerseits, wie im folgenden ausgeführt, zu den Vorhaltungen des verhinderten Kondombenützers Stellung nahm. Wobei ich abschließend zu diesen beiden Stellungnahmen bemerken will, daß besagter Kondomanwender, wie ich erst später erfahren habe, Stammgast in diesem In-Lokal ist und sich *nur* mit dem Wirt *seinen Spaß* erlaubt hatte. Oder doch nicht? . . .

Sah ich mich doch als *einziger überregionaler* Kondomautomatenaufsteller, unabhängig davon, ob ich nun an der Entscheidungsfindung besagter Scherz-Kondomverordnungskommission teilgenommen hatte oder auch nicht, *von Haus aus, in Anbetracht der permanenten Ansteckungsgefahr durch AIDS,* dazu veranlaßt, *über meine Automaten nur mehr dieser Verordnung entsprechende Kondome anzubieten.* Daß sich dabei in den ersten Jahren etliche meiner langjährigen Kunden vor den Kopf gestoßen fühlen mußten, zeigt nicht nur dieser berechtigte Beschwerdebrief aus Graz, sondern auch die Tatsache, daß ich mich, genauso wie der Markeninhaber „Blautex", gezwungen sah, ein durch dreißig Jahre unter der Markenbezeichnung *„Blausiegel-Koralle"* bis dahin millionenfach verkauftes Kondom ab sofort als *Scherz-Kondom* bezeichnen zu müssen. Ein Kondom also, welches dreißig Jahre lang seine Abnehmer gefunden und damit meiner Meinung nach auch den Anforderungen dieser Abnehmer entsprochen hat, mußten wir nun auf einmal aufgrund dieser Kondomprüfungsverordnung als *Scherz-Kondom bezeichnen.* Der Watschenmann im Prater hat seit seiner Zurschaustellung nicht so viele Ohrfeigen zu kassieren gehabt, wie ich sie seit der behördlicherseits vorgeschriebenen *Scherz-Kondomverordnung* einzustecken hatte. Ja mehr noch, forderte mich doch allen Ernstes mit Schreiben vom 22. April 1993 das Gesundheitsministerium dazu auf, meine Automaten an ihrer Vorderseite als *Scherz-Kondomautomaten* zu bezeichnen. Als schlußendlich auch noch mein langjähriger Haus- und Hoflieferant, die deutsche Mapa Gummiwaren GmbH., die immerhin mit den Marken *„Blausiegel"*, *„Fromms"* und *„R3"* sechzig Prozent des deut-

Sehr geehrter Herr [redacted]!

Ich darf Ihnen folgenden Vorfall zur Kenntnis bringen:

Sie haben in den Räumlichkeiten Ihres Restaurationsbetriebes mit der Etablissementbezeichnung "[redacted]" einen Automaten aufgestellt, in dem Präservative feilgeboten werden. Ich habe aus diesem Automaten am 1.3.1993 eine Packung Präservative mit der Bezeichnung "Gliss feucht", beinhaltend 2 St.Condome mit Reservoir gekauft.

In den frühen Morgenstunden des 2.3.1992 ergab sich - für mich unvorhergesehen - die Möglichkeit (und aufgrund der vielleicht auch Ihnen bekannten Gefahren ungeschützten Geschlechtsverkehres damit auch Notwendigkeit) der praktischen Verwendung dieser Präservative. Bedauerlicherweise erwiesen sich die kurz zuvor von mir gekauften Präservative für den bestimmungsgemäßen Gebrauch aber als uvnerwendbar, da die gegenständliche Packung - was ich buchstäblich im letzten Moment feststellte - als Ablaufdatum "Dezember 1991" aufwies.

Mir ist bekannt -ich habe mich diesbezüglich bei meinem Rechtsfreund erkundigt - daß nach ständiger Rechtssprechung die Aufstellung eines Automaten als an einen unbestimmten Käuferkreis gerichtetes Anbot auf Abschluß eines Kaufvertrages zu beurteilen ist, wobei der Vertrag durch Bewirkung der Gegenleistung (Einwurf des Geldes) zustandekommt. Die Rechtsfolgen richten sich daher nach den Bestimmungen der §§ 1o53 ff ABGB.

Durch die von Ihnen zu vertretende Unverwendbarkeit des Kaufgegenstandes ist mir folgender Schaden, für den Sie zu haften haben, entstanden:

1) Da es mir nicht möglich war, Ersatz zu beschaffen, war der Vollzug des Geschlechtsverkehrs (in welcher denkbaren Variante auch immer) nicht möglich. Meine Partnerin war über die Unmöglichkeit des - von ihr wie von mir mehr als erwünschten - Vollzuges des Beischlafes derart ungehalten, daß sie sich umgehend wieder bekleidete und das eigens für den beabsichtigten Zweck angemietete Hotelzimmer verließ, ohne auch nur von dem bereits geöffneten Champagner auch nur zu kosten.

2) Aufgrund der bei mir gegebenen Erwartungshaltung bewirkte dieser Vorfall bei mir einen posttraumatischen Schock, der eine stundenlang anhaltende (und äußerst schmerzhafte) Dauererektion meines Gliedes zur Folge hatte. Als Therapie entschloß ich mich daher zu einer unverzüglichen Ersatzvornahme, die aber - im Hinblick auf die fortgeschrittene Zeit - nur gegen Zahlung eines Schandlohnes im professionellen Bereich möglich war.

3) Ziffernmäßig beträgt mein Schaden daher wie folgt:

a) frustierte Hotelkosten (Hilton)	S 2.85o,--
b) Champagner (o,75 l Roederer)	S 2.45o,--
c) Ersatzvornahme (Nina)	S 5.ooo,--

d) Schmerzensgeld S 1.ooo,-- (Ausdehnung vobuhalten)
e) Abgeltung seelischer Unbill
(Lustverlust etc.) S 5.ooo,--

insgesamt daher S 16.3oo,--.

Ich darf Sie daher auffordern, sich umgehend mit mir, wegen Regulierung der der Angelegenheit, in Verbindung setzen und zeichne in

vorzüglicher Hochachtung

Aus dem eingeholten Rechtsgutachten:

Den, im mir vorliegenden Schreiben geäußerten Ansichten kann nur in einem Punkt zugestimmt werden:

Richtig ist, daß durch das Einwerfen einer Münze und die darauf folgende Entnahme des Kondoms ein Kaufvertrag zustandegekommen ist und die Rechte und Pflichten aus diesem Kaufvertrag daher nach den Vorschriften des § 1053 ABGB (2. Teil, 24. Hauptstück) zu beurteilen sind.

Unrichtig ist jedoch bereits, daß zwischen dem Adressaten des Schreibens und dem Anspruchsteller ein Kaufvertrag zustandegekommen ist, vielmehr ergibt sich aus der Beschriftung der Automaten, daß ein derartiger Kaufvertrag mit Ihnen und nicht etwa mit dem Besitzer der Örtlichkeit, wo der Kondomautomat aufgestellt ist, zustande kam.

Diese Ansicht ist insoferne leicht nachvollziehbar, als ja ansonsten jedesmal, wenn man ein Kondom aus einem Automaten kauft, der in einer öffentlichen Bedürfnisanstalt aufgestellt wurde, ein Kaufvertrag etwa mit der Gemeinde Wien zustande käme.

Selbst wenn man unterstellt, daß der im Schreiben wiedergegebene Sachverhalt den Tatsachen entspricht, obwohl sich bei genauem Studium erhebliche Zweifel ergeben, empfehle ich Ihnen, aus folgenden Gründen auf jeden Fall die im Schreiben gestellten Ansprüche zurückzuweisen:

Wenig glaubhaft ist, daß die Gelegenheit zur Benützung der Präservative für den Anspruchsteller unvorhergesehen war. Vielmehr deutet sowohl die Anschrift des Anspruchstellers (ein Wiener) als auch der Umstand, daß sich die Ereignisse in diesem Schreiben in einem Wiener Hotel in den frühen Morgenstunden offenbar wenige Stunden nach Ankauf der Präservative ereignet haben, darauf hin, daß der Anspruchsteller die Durchführung des offensichtlich außerehelichen Geschlechtsverkehrs geplant hatte. Anders ist die kurze Dauer zwischen dem offenbar unroutinierten Ankauf Ihrer Präservavite und den im Brief dargestellten Ereignissen, der Ort der Ereignisse, sowie auch der Umstand, daß in den frühen Morgenstunden Champagner konsumiert werden sollte, nicht erklärlich.

Der Anspruchsteller war also offenbar im Moment des Kaufes gewärtig, daß er die erworbene Ware möglicherweise sehr bald benötigen würde.

Schon aus diesem Grund wäre der Anspruchsteller verpflichtet gewesen, die Ware unmittelbar nach deren Erwerb auf allenfalls vorhandene Mängel zu überprüfen.

Da das Ablaufdatum von Präservativen ohne weiteres ersichtlich ist, handelt es sich um einen in die Augen fallenden Mangel. Gemäß § 928 ABGB (2. Teil, 17. Hauptstück) ist in einem solchen Fall ein Gewährleistungsanspruch ausgeschlossen.

Bedenklich ist auch die unter 1. beschriebene Kausalität des Verlassens des Hotelzimmers durch die vom Anspruchsteller vergeblich gewünschte Geschlechtspartnerin. Für ein derartiges Verlassen des Hotelzimmers sind nämlich - abgesehen von technischen Möglichkeiten für den Ersatz eines Geschlechtsverkehrs - noch ganz andere Ursachen außer der vom Anspruchsteller dargestellten Enttäuschung möglich, die bei körperlichen Unzukömmlichkeiten des Anspruchstellers beginnen und bei plötzlich auftretendem schlechten Gewissen der Dame enden.

Wenig glaubhaft ist auch die Behauptung, durch das „Abrauschen der Dame" sei es zu einer posttraumatischen, stundenlang anhaltenden und schmerzhaften Dauererektion des Anspruchstellergliedes gekommen.

In 68,75 % aller derartigen Fälle bewirkt ein derartiger Schock nämlich genau das Gegenteil.

Vorsichtshalber soll aber auch hier unterstellt werden, daß die Behauptungen des Anspruchstellers richtig sind. Hier hätte der Anspruchsteller sich allerdings umgehend in ärztliche Behandlung begeben, und nicht eine - wie er es nennt - Therapie als Selbstbehandlung durchführen dürfen.

Die Behandlungskosten wären von der Sozialversicherung des Anspruchstellers zu tragen gewesen, wodurch es zu einer Legalzession der Ansprüche gekommen wäre, sodaß der Anspruchsteller aktiv nicht legitimiert ist.

Zur Höhe der Ansprüche ist folgendes anzuführen:

Generell hat der Anspruchsteller gegen die ihm auf Grund der Vorschriften der §§ 1293 ff ABGB (2. Teil, 29. Hauptstück) obliegende Schadenminderungspflicht verstoßen. Wenn auch allenfalls ein anspruchsbegründetes Verschulden auf Ihrer Seite darin zu sehen ist, daß das Ablaufdatum der im Automaten befindlichen Ware nicht ordnungsgemäß überprüft wurde, so ist der vom Anspruchsteller behauptete Schade sowohl akausal, mittelbar als auch viel zu hoch angesetzt.

Der Hotelaufenthalt wurde einerseits in Anspruch genommen, andererseits wird ja auch behauptet, daß die Möglichkeit zur Verwendung des Kondoms überraschend gekommen wäre, sodaß diese Ausgaben nicht im Zusammenhang mit dem geplatzten Geschlechtsverkehr stehen können; gleiches gilt für den Champagner.

Die Ersatzvornahme hätte einerseits händisch durchgeführt werden können andererseits handelt es sich beim Geschlechtsverkehr um eine unvertretbare Leistung, sodaß eine restitutio in integrum entsprechend dem § 1323 nicht in Frage kommt.

Für die behaupteten psychischen und physischen Schmerzen liegen weder Anhaltspunkte, geschweige denn Beweise vor. Sie sind auch im höchsten Grade unglaubwürdig, da nach der auch vom Gericht anzuwendenden Erfahrung des täglichen Lebens Erektionen, selbst wenn sie lange andauern, regelmäßig als angenehm empfunden werden.

Dem Anspruchsteller steht daher keinerlei Schadenersatzanspruch sondern lediglich die Lieferung eines frischen Kondoms zu und zwar Zug um Zug gegen Rückgabe des (ungebrauchten) erworbenen.

Viele Grüße
Ingo

schen Kondommarktes abdeckt, aufgrund der komplizierten, kostenaufwendigen Prozedur, die die österreichische Kondomprüfungsverordnung für diesen größten europäischen Produzenten darstellte, die Freundschaft, sprich die Kondomlieferungen nach Österreich ganz einstellte, verstand ich auf einmal die Welt nicht mehr. Warum, dachte ich dazumal *nicht nur einmal* bei mir, muß ich, der lediglich mittels meiner Kondomautomaten Kondome anbietet, auf einmal nach allen Seiten den Kopf hinhalten, um mich abklopfen zu lassen? *In der Form abklopfen lassen,* daß die verunsicherten Kunden, die jahrzehntelang bei mir das Kondom mit der Markenbezeichnung „*Koralle*" gekauft haben, sich nun durch die behördlicherseits diktierte Bezeichnung „*Scherz-Kondom*", *als seit dreißig Jahren von mir verarscht* vorkommen müssen. Ja mehr noch, *fallen doch mir und niemand anderem jene Mehrkosten zur Last,* die deinem deutschen Zulieferanten aufgrund der kostenaufwendigen Prüfung durch ein öffentlich autorisiertes Institut, die die österreichische Kondomprüfungsverordnung verlangt, von einer weiteren Belieferung des österreichischen Marktes absehen läßt. Nämlich in der Form zur Last, als daß deine restlichen beiden Kondomlieferanten, die Firmen „Blautex" und „London-Rubber" ihre durch diese Prüfungsprozedur verursachten Kosten in Form eines erhöhten Einkaufspreises auf mich abwälzen. Eine Erhöhung, die ich aufgrund meines durch die Konstruktion der Automaten *seit zwanzig Jahren* fixierten Abgabepreises von öS 20,– pro Packung nicht an meine Kunden weitergeben kann. Doch als dann noch zu guter Letzt, über einen Zeitraum von mehreren Monaten, einer meiner Lieferanten sich außerstande sah, mich mit geprüfter Ware zu beliefern, platzte mir verständlicherweise vorerst einmal der Kragen.

Du Idiot, dachte ich damals bei mir, warum hältst gerade du dich an diese hirnrissige Kondomprüfungsverordnung, die von beamteten Konsumentenschützern absolut an den Gegebenheiten des Marktes vorbei ohne deine Mitwirkung konstruiert wurde? Alle deine Mitbewerber, und deren sind nicht wenige, lachen sich doch wegen deiner *Markentreue*, die sich an die Richtlinien dieser Kondomverordnung hält, ins Fäustchen. Merkst du denn nicht, daß gerade diese restriktive Verordnung nach einem *grauen Markt* schreit, der sich nicht im geringsten um diese Verordnung schert. Hatte doch dazumal, 1989, bei der Verabschiedung dieser Kondomprüfungsverordnung *keiner der damit Befaßten* auch nur im entferntesten daran gedacht, daß jene europäischen Kondomproduzenten, die den EG-Raum und damit einen Markt von 350 Millionen Menschen zu beliefern hatten, der

„*Kondome*“ mit einem Dehnvolumen *von NUR 1,20 m* vorschreibt, zu allererst einmal diesen riesigen Markt zufriedenstellen würden. Wohingegen *der winzige Markt* von 8 Millionen Österreichern, der noch dazu eine Umstellung der Produktionsanlagen aufgrund seiner Potenzanforderungen von *1,44 Kondomelastometern* erfordert, sich doch gefälligst *hintanstellen mag*. Es ist heute, wir schreiben mittlerweile den 5. Oktober des Jahres 1994, in Anbetracht unseres bevorstehenden EU-Beitrittes, müßig Vergangenem nachzuweinen. Aber eines ist wohl nicht von der Hand zu weisen, daß hunderte über einen Zeitraum von einigen Monaten durch die Auflagen der österreichischen Kondomprüfungsverordnung *nicht belieferte* Kondomautomaten ein tausendfaches *Aidsrisiko* darstellten, welches beileibe nicht durch mich, sondern durch branchenfremde Konsumentenschützer hervorgerufen wurde. Niemand vermag heute im nachhinein zu sagen, *wieviele Menschen* sich im Verlauf dieser durch die Kondomprüfungsverordner dazumal verursachten *Kondomunterversorgung* von hunderten von Kondomautomaten, gezwungenermaßen ohne Kondom ins Aidsrisiko begeben haben, *welches nicht entstanden wäre,* wenn wir uns den im EU-Raum üblichen Normen schon damals angepaßt hätten.

Doch, was soll's. Es blieb unseren Konsumenten-Gesundheitsschützern vorbehalten, gerade durch diese an den EU-Normen vorbeipfeilende Kondomprüfungsverordnung einen *grauen Kondommarkt* zu begründen, der es in sich hat. Gibt es oder gab es doch allein im Marktsegment der Kondomautomaten Mitbewerber, die sich keinen Pfifferling darum scherten und auch heute noch scheren, was auch für sie diese Kondomverordnung zu bedeuten hätte. Es mag meiner Schätzung nach an die 3.000 „graue“ Kondomautomaten auch heutzutage noch in unserer Heimat geben, die nach wie vor ungeprüfte Billigware von wo auch immer unters Volk bringen. Eine Ware also, die weder der EU-Norm und schon gar nicht der österreichischen Kondomverordnung gerecht wird. Daß ich persönlich, aufgrund meiner teureren Einkaufspreise, darob nicht erfreut bin, ist nur zu verständlich. Daß man aber, aufgrund *eigener Unzulänglichkeit*, von Seiten des Gesundheitsministeriums nicht nur an mich alleine herangetreten ist, *diese dermaßen unseriösen Mitbewerber* zu denunzieren, zeigt mir nur allzu deutlich, wohin die Politik in diesem Land, meiner und Deiner Heimat, unweigerlich führt.

Wurde und wird doch allen Ernstes in Form dieser Kondomprüfungsverordnung ein Instrument geschaffen, welches ganz einfach provozierte. Provozierte allein dadurch, daß von Anbeginn an auf die Gegebenheiten des Marktes, der da neben den üblichen Vertriebskanälen wie Apotheken, Drogerien und Supermärkten auch aus dem Rotlichtmilieu, Stundenhotels, Sex-Shops, Versandhäusern und last but not least aus abertausenden von Kondomautomatenverkaufsstellen besteht, nicht im geringsten Rücksicht genommen wurde. Daher ist es für mich nicht verwunderlich, daß sich gerade hierdurch ein grauer Markt, sprich ein Markt im Windschatten dieser Verordnung, etablieren mußte, da von Seiten der Behörde auf diese Gegebenheiten überhaupt nicht Rücksicht genommen wurde. Niemand hat sich vor der Verabschiedung dieser Verordnung auch nur im geringsten darüber Gedanken gemacht, von wo bis zu diesem Zeitpunkt sowohl das Rotlichtmilieu, wie auch die Stundenhotels und die einzelnen Sex-Shops ihre Kondome bezogen, ja vielleicht selbst importiert hatten. Da nur die beiden namhaftesten Kondomimporteure zur Sinnfindung einzuladen, war in Anbetracht hunderter von Eigenimportmöglichkeiten denn doch zu wenig. Genauso wie es diesbezüglich einen Affront darstellte, die Betreiber von immerhin an die 5.000 Kondomautomaten in ihrer Gesamtheit durch den Rost fallen zu lassen, sprich diese in ihrer Gesamtheit zu ignorieren. Da kann man es meinen Mitbewerbern, die, genauso wie ich seit vielen Jahren, *über alle Preiserhöhungen hinweg,* den Automatenverkaufspreis für ein Kondom mit öS 10,– und für zwei Kondome mit öS 20,– gehalten haben, in Anbetracht der durch die *Scherz-Kondomverordnung* verursachten hohen Prüfkosten gar nicht einmal verargen, sich weiterhin um billige Einkaufsquellen und damit um ungeprüfte Ware umzusehen. Denn hier, und nur hier, wurde der entscheidende Fehler von Seiten der Behörde, ob Kammer, Gesundheits- oder Konsumentenschützer, gemacht. Denn entweder ist Aids jenes Thema, das uns alle angeht und *„das Kondom"* jenes Produkt, das die einzige Medizin gegen Aids darstellt, dann hätten auch alle Kanäle und somit jedes *„Nadelöhr"*, durch welches ein Kondom an den Mann oder an die Frau gelangt, bei der Erstellung dieses im Interesse der Gemeinschaft gelegenen Konzeptes ihre Berücksichtigung oder zumindest ihre Anhörung finden müssen.

Wen wundert es daher, wenn diese nicht berücksichtigten Vertriebskanäle abseits der österreichischen Scherz-Kondomverordnung ihre Eigendynamik entwickeln und für den Nachschub von ungeprüfter, billiger und damit nicht im gewünschten Maße gesundheitsschützender Ware Sorge tragen. Es ist leider dieses Geschäft mit Kondomen ein Geschäft wie jedes andere auch, *in welchem auf die Kostensituation, um bestehen und dabei auch überleben zu können,* Rücksicht zu nehmen ist. Wenn mir daher von

Seiten meiner beiden Kondomlieferanten, aufgrund besagter Kondomverordnung, eine 25%ige Preiserhöhung in Rechnung gestellt wurde und wird, die ich mitnichten an den Kondomletztverbraucher, nicht nur aufgrund der Konstruktionsmerkmale meiner Automaten (Einwurf 2 × öS 10,– seit 1982), *sondern auch meiner persönlichen Einstellung nach,* nicht weiterzugeben in der Lage bin, so stimmt einen die folgende Antwort, aufgrund meines diesbezüglichen Hinweises gegenüber Beamten des Gesundheitsministeriums, wohl mehr als nachdenklich: „Herr Ebert, wenn Sie", so wurde es mir nicht nur einmal nahegelegt, „aufgrund der durch die Kondomprüfungsverordnung verursachten Mehrkosten nicht mehr Ihr Auslangen finden, dann . . ." und, lieber Leserfreund, Du liest jetzt richtig: *„verlangen Sie halt statt 20,– eben 30,– Schilling pro Packung".* Anscheinend bin ich wirklich so ein Philanthrop, jedenfalls war ich aufgrund gerade dieses Hinweises aus dem Mund eines für die *Gesundheitsvorsorge verantwortlichen* Beamten, in Anbetracht der immer gegenwärtigen Gefahr durch Aids und dem Wissen, daß gerade ein junger Mensch lieber ins Risiko geht, als ein Kondom zu verwenden, über diesen Vorschlag wie vor den Kopf gestoßen. Entweder ist es ein Anliegen der Gesundheitsbehörde, daß gerade ein junger Mensch bei „Gefahr", bei soeben erst herbeigeführter Partnerschaft, aus eigenem zum Kondom greift, dann soll doch bitte diese Behörde auch gefälligst ihren Beitrag dazu leisten, daß dieser Mensch *so billig wie nur möglich*, jedoch nicht umsonst, zu einem Kondom kommt, war und ist mein Denken. Aber mir zu empfehlen, aus eigener Inkompetenz, aus behördlicher Unzulänglichkeit heraus, gerade für dieses Produkt, nur aus dem Grund der durch die Auflagen der Kondomverordnung verursachten Mehrkosten, egal von wem auch immer, einen dermaßen erhöhten Preis zu verlangen, hat mich dazumal an den Rand des Aufgebens gebracht. Doch wenn dieser Hinweis, meine durch die Gesundheitsbehörde verursachten Mehrkosten doch gefälligst vom Mann auf der Straße und nicht aus den Mitteln der sinnlos verschleuderten Aids-Kampagnen zu verlangen, mich schön langsam weichgeklopft hatte, so war die Einladung zur Denunziation meiner grauen Mitbewerber, noch dazu in den Räumen des Gesundheitsministeriums, wohl der Gipfel, das Tüpfelchen auf dem I!

„Herr Ebert", so wurde mir im Beisein einer vielköpfigen Tafelrunde erklärt, „wir haben ganz einfach nicht die Möglichkeiten, um gegen Ihre Mitbewerber, *die sich nicht an unsere Kondomprüfungsverordnung halten* und weiterhin ungeprüfte Ware verkaufen, vorgehen zu können. Machen Sie uns doch Standorte namhaft, wo Automaten mit ungeprüfter Ware anzutreffen sind, da wir, wie es scheint, von Ihren Mitbewerbern an der Nase herumgeführt werden. Aus dem Grund an der Nase herumgeführt werden, da uns von einem Ihrer Mitbewerber, *welchen wir schriftlich* um die Bekanntgabe seiner Aufstellplätze ersucht haben, fünfzehn Standorte seiner Kondomautomaten namhaft gemacht wurden, die nach Eintreffen der von uns beauftragten Kontrollorgane, was für ein ‚Zufall', *leider ohne Kondomfüllung angetroffen* wurden. Ja mehr noch, es liegt uns ein Schreiben des Bezirkshauptmanns einer steirischen Bezirkshauptmannschaft vor, in welchem dieser die Aufforderung zur Überprüfung von Kondomautomaten von Seiten der Sanitätsbehörden in seinem Hoheitsbereich zwar begrüßt, sich aber aus Personalmangel außerstande sieht, diesem Auftrag der Sanitätsbehörde Folge zu leisten, außer das Gesundheitsministerium kommt für die Kosten der erforderlichen B- und C-Beamten auf." Was soll ich zu diesen Ausführungen noch hinzufügen? Alles das, was ich von Haus aus befürchtet hatte, ist eingetreten. Menschen, die vor 1984, Du weißt schon, dem erstmaligen Auftreten von Aids, das Wort Kondom kaum, wenn überhaupt, in den Mund genommen hätten, haben eine Verordnung verabschiedet, deren Kontrolle, deren Überwachung, im Sinne der Gesundheitsvorsorge ein absolutes Ding der Unlösbarkeit darstellt. Wer soll denn in einem Land, in welchem seit 1945 ein Konvolut an Gesetzen, Verordnungen und Novellierungen im Umfang von sage und schreibe 140.000 Seiten verabschiedet wurde, noch durchblicken, *geschweige denn diesem Wust ohne Frust überhaupt noch Folge leisten?* Wo doch nicht einmal die Behörde selber sich imstande sieht, die bundesweite Befolgung der von ihr verabschiedeten Verordnung auch überprüfen zu können.

Jedenfalls war und ist die diesbezügliche *Branchenunkenntnis* gerade jener Behörde, die für die Verabschiedung der Kondomverordnung verantwortlich zeichnet, schier unglaublich, und nur so konnte es passieren, daß wir auf Einladung der burgenländischen Lebensmittelpolizei, die für die Überprüfung der Kondomautomaten auf burgenländischem Gebiet verantwortlich zeichnet, diese anläßlich eines gemütlichen Beisammenseins in einem burgenländischen Wirtshaus dahingehend informierten, *was sie, die Kontrollorgane,* eigentlich bei unseren Kondomautomaten denn auch *zu kontrollieren hätten.* Ja mehr noch, war doch meine persönliche Sekretärin bemüht, und dies ist ihr auch anläßlich dieser Besprechung gelungen, einen unserer *grauen Mitbewerber* für diese Begegnung zu gewinnen. Aus dem Grund zu gewinnen, da dieser wohlweislich seine Kondomautomaten anonym, das heißt ohne Firmenaufschrift betrieb beziehungsweise noch betreibt und die daraus resultierenden Beanstandungen immer wieder uns, dem einzigen auf diesem Gebiet gegenüber der Behörde kooperativen Kondomautomatenaufstell-Unternehmen, untergejubelt wurden. Daß dabei immer wieder nur wir, die der Behörde jede unsere eigene Aufstellung betreffende Auskunft zuteil werden ließen, die *Dummen* waren, zeigt alleine die durchaus berechtigte Beschwerde jenes Grazer Kunden, die vielleicht gar nicht einen der von uns betreuten Automaten betraf, aber unbeschadet dessen von Seiten des Ministeriums uns angelastet wurde (laut Schreiben des Ministeriums). Wir, damit meine ich meine Kondomautomatenaufstellung, waren aufgrund unseres auf jedem Automaten angebrachten Firmenschildes für die Behörde immer greifbar, was unter anderem auf einen unserer grauen Mitbewerber aus westlichem Gefilde nicht zuzutreffen scheint, da dieser der Gesundheitsbehörde über deren Aufforderung von seinen über tausend Kondomautomatenaufstellplätzen *lediglich fünfzehn* bekanntgab, die bei Eintreffen der behördlichen Kontrollorgane, was für ein „Zufall", auch noch allesamt miteinander ihrer ungeprüften Kondome beraubt, sprich um der drohenden Strafe zu entgehen, (von Unbekannt?) komplett entleert wurden. So ein Katz' und Maus-Spielen muß man sich allerdings gefallen lassen, wenn man eine durchaus löbliche, *da im Gesundheitsinteresse aller gelegene Sache verkehrt herum anpackt.* Ich kann doch nicht einen Markt, der jahrzehntelang ohne behördlichen Eingriff eigendynamisch funktioniert, noch dazu ohne Kontaktaufnahme mit dessen Basis, per Verordnung dazu vergattern, von heute auf morgen einen Großteil seines Sortiments auf einmal als *Scherz-Angebot (Scherz-Kondom)* zu bezeichnen. Da hat sich doch, für jeden Laien ersichtlich, *jemand mit jemandem* einen Scherz erlaubt, der zum Himmel stinkt.

Wie kommt, frage ich mich, im freien Wettbewerb, in welchem wir uns bewegen, ein Unternehmer dazu, einen Großteil seines Sortiments als *Scherz-Artikel* bezeichnen zu müssen, die weltweit maximal als *Spezial-Kondome*, aufgrund ihrer stärkeren Ausführung, aber absolut nirgendwo auf dieser Welt unter der Bezeichnung *Scherz-Kondom angeboten werden müssen.* Dies ist eine Geschäftsschädigung erster Ordnung, die nur einer österreichischen Behörde einfallen konnte und die ihresgleichen mit Sicherheit auf dieser Welt vergeblich sucht. So mußte es sich erst unlängst ein Mitarbeiter besagter Gesundheitsbehörde gefallen lassen, daß vor der Eröffnung eines Kondomspezialshops die Betreiberin wohlweislich bei der Behörde mit etlichen der Kondomverordnung entsprechenden Kondomen vorstellig wurde und sich die ordnungsgemäße Qualität der vorgelegten

Kondome sicherheitshalber von besagtem Beamten bestätigen ließ. Aber nur aus dem Grund bestätigen ließ, um anderntags, anläßlich der Eröffnung des besagten Kondomshops, vor Presse und Fernsehen festzustellen, daß in ihrem Shop nur geprüfte Kondome angeboten werden. Der gute Gesundheitsbeauftragte, welchem ich anderntags gegenüber sitzen sollte, war ob dieser Cleverness, auf die er ja hereingefallen war, mehr als ungehalten. Hatte doch *die Gute* solchermaßen auch für ihr *restliches Sortimentangebot* ein behördlicherseits zumindest in mündlicher Form bestätigtes *Unbedenklichkeitszeugnis* in Händen, um nicht schon am Eröffnungstag vielleicht 99% ihres Sortiments mit dem Wort *Scherz-Kondom* versehen zu müssen. Für mich nur wieder ein Beweis dafür, wie unüberlegt seitens der Gesundheitsbehörden an diese Scherz-Kondomverordnung herangegangen wurde, aufgrund welcher besagte Kondom-Boutique-Besitzerin ihren Kondom-Shop von Haus aus als *Scherz-Kondomladen* bezeichnen hätte müssen. Eine Bezeichnung also, die vermutlich diese Unternehmerinitiative zum Scheitern verurteilt hätte. Genauso wie der Umstand, daß erst seit kurzem das mit viel Trara als Kondom für die Frau programmierte *‚Femidom‘* nach den Richtlinien der österreichischen Kondomprüfungsverordnung (1,44 m Dehnelastizität) aufgrund seiner geringen Elastizität ebenfalls als *Scherz-Kondom* bezeichnet werden müßte. Doch hier fand man im Kreis unserer Gesundheitsbehörden eine echt österreichische Lösung, die da lautet, daß das *als Kondom für die Frau* am österreichischen Markt eingeführte und auch unter dieser Bezeichnung beworbene Femidom ja gar kein Kondom im üblichen Sinne wäre und daher die Bezeichnung Scherz-Kon*dom* für das Femi*dom* nicht zutreffen würde. Bei einer derart mit gespaltener Zunge von Seiten der Gesundheitsbehörde vertretenen Kondomprüfungsverordnung frage ich mich nur, warum die beiden Marktführer ‚Blausiegel‘ und ‚London-Rubber‘ nicht ebenfalls ein *Kondom für den Mann* namens *‚Homo-Dom‘* kreieren, welches, so wie das Femidom, das ja von Seiten der Gesundheitsschützer lediglich als *Scheidenauskleidung* angesehen wird, in diesem Fall lediglich als *Penisverkleidung* und solchermaßen auch nicht mehr als Kondom zu betrachten wäre. In diesem Fall meiner *scherzhaften Überlegungen* dürfte daher die Bezeichnung Scherz-Kondom für dieses *Homo-Dom* ebenfalls nicht mehr zutreffend sein. Doch ist mir dieses Thema in Anbetracht unserer Zeitqualität viel zu ernst, um darüber solchermaßen ernsthaft zu spaßen, ich will mit meinen Ausführungen nur aufzeigen, mit welch unterschiedlichem Maß die verordnende Behörde ihre Verordnung von sich aus auszulegen weiß. Ist ihr doch, besagtes Femidom betreffend, welches als *Kondom für die Frau* beworben wird, vollkommen egal, ob sich die Anwenderin, aufgrund der *nicht der Kondomverordnung entsprechenden Qualifikation dieses Kondoms für die Frau*, bezüglich der immer möglichen Ansteckung mit dem HIV-Virus, einem um vieles höheren Risiko aussetzt, indem die Behörde dieses Femidom aus der Kondomverordnung herausfallen läßt, um andererseits durch extreme Anforderungen *an das Kondom für ihn* einen grauen Markt *für weitestgehend ungeprüfte Kondome heraufzubeschwören.* Für mich gäbe es diesbezüglich nur eine klare Entscheidung, die sowohl für *sie wie auch für ihn* lautet:

1. Dieses Verhütungsmittel ***entspricht** den Auflagen* der österreichischen Kondomprüfungsverordnung.
2. Dieses Verhütungsmittel **entspricht** ***NICHT*** den Auflagen der österreichischen Kondomprüfungsverordnung.

Aber alles andere, welches unter anderem *das Kondom für die Frau* überhaupt aus dieser Verordnung herausfallen läßt und für alle übrigen Produkte, die nicht besagter Kondomverordnung entsprechen, ***ZWINGEND*** *die Bezeichnung*

Scherz-Kondom

vorschreibt, ist für mich *„**ein Scherz der schmerzt**"*, da er dem unlauteren Wettbewerb Tür und Tor öffnet. Jenem Wettbewerb, auf welchen sogar ein nicht mehr amtierender Gesundheitsminister, indem er ungeprüfte Kondome an die Ärzteschaft zur Verteilung gelangen ließ, erst unlängst ziemlich spektakulär *selbst hereinfiel.*

Doch was soll ich Vergangenem, wenn es mich auch noch so viele Nerven gekostet haben mag, nachtrauern, wird doch über kurz oder lang unser EU-Beitritt auch auf dieser Ebene für *neue Perspektiven sorgen.*

Sie hielten dem strengen Prüfverfahren in Österreich nicht stand

Verteilung von Gratis-Kondomen wurde von Behörden gestoppt

Wien. – Die von 900 Ärzten in ganz Österreich im Kampf gegen die tödliche Seuche AIDS gestartete Gratisverteilung von Kondomen mußte jetzt abrupt gestoppt werden: Die Kondome hielten einer Prüfung durch die Behörden nicht stand – in Österreich sind die Normen für Kondome besonders streng. Nun soll eine andere Marke von den Ärzten angeboten werden.

Neue Kronen Zeitung, 10. Feber 1993

Wie Don Quichotte allein auf weiter Flur

Doch was soll's, der Prophet gilt nichts im eigenen Land. Noch dazu, wenn es sich herausstellen sollte, daß da einer vielleicht gar ein Wissender wäre. Daher hätte es mir von Haus aus, gerade aufgrund meiner mehr als dreißig Jahre währenden Erfahrung mit dem Verhalten der österreichischen Seele gegenüber oder in Verbindung mit dem Kondom, bewußt sein müssen, daß gerade jene Menschen, die politisch beziehungsweise berufsbedingt erst seit kurzem (1984) durch das Kondom ihre *Selbstbestätigung* fanden, diese, koste es, was es da wolle, mit Händen und Füßen unter noch so fadenscheinigen Ausflüchten auf Leben und Tod verteidigen würden. Und so hätte es mir spätestens seit 1989 klar sein müssen, daß meine Erfahrungen durch den jeweiligen Ressortminister zwar dankbar angenommen, aber aufgrund seines frühen Hinscheidens, sprich dem Ende seiner ministeriellen Karriere, auch das Ende für meine Hinweise gekommen war. Hatte mir doch schon Jahre vordem, als ich wegen der Verwirklichung der *Brieflosautomatenidee* oft und oft umsonst im Ministerbüro des damaligen Finanzministers und späteren Gesundheitsministers Dr. Salcher vorgesprochen hatte, eine Sekretärin aus lauter Mitleid folgenden, nur zu wahren Ausspruch mit auf den Weg gegeben: „Herr Ebert, merken Sie sich doch endlich eines: Politiker kommen und gehen, nur die Beamten, *die bleiben Ihnen erhalten.*" Wie wahr diese Frau dazumal nur gesprochen hatte, galt und gilt doch ihr Hinweis für alles, was da unter dem Deckmantel der *Gemeinwohlverwaltung* kreucht und fleucht. Gemeinwohl? Wie komme ich denn überhaupt zu dieser Formulierung? Wo doch gerade in diesem Bereich *dieser Begriff* mehr als ein Fremdwort, denn als ein Auftrag angesehen wird. Gilt es doch leider gerade in diesem Bereich unserer Gemeinschaft, nach oben hin zu buckeln und nach links und rechts und am liebsten nach unten hin zu treten, um nur ja nicht selbst außer Tritt zu gelangen und seiner *Karrierechance* verlustig zu gehen.

Wie anders könnte ich es sonst verstehen, daß im Bereich der Gesundheitsbehörden meine jahrelangen mündlichen wie auch schriftlichen Hinweise, die da lauten, daß neben der durch Aids nun mal erforderlichen

Aufklärung über das Kondom auch *dessen Verfügbarkeit* nach den üblichen Ladenschlußzeiten von den Gesundheitsbehörden

rund um die Uhr

für alle Bevölkerungsschichten ***garantiert werden müßte***, immer wieder ignoriert werden. Unter anderem vielleicht nur aus dem Grund ignoriert werden, weil hinter meinen Hinweisen weniger meine jahrzehntelange Markterfahrung als jene Tatsache ins Gewicht fällt, daß in meiner Person sowohl ein Kondomautomatenproduzent, wie auch ein Kondomautomatenaufsteller zu sehen ist. Gegen diese Voreingenommenheit hilft auch keine von mir bei der Wiener Wirtschaftsuniversität (Prof. Eschenbach) in Auftrag gegebene Studie, die aufzeigt, daß sowohl der Zugriff rund um die Uhr, die geringe Wartezeit und die Anonymität, die nur der Kondomautomat gewährleistet, vom Kondomkäufer geschätzt werden. Doch rund um die Uhr, noch dazu anonym und ohne Wartezeit, vermag nur der Kondomautomat, so er vorhanden ist, sowohl Männlein wie Weiblein zu bedienen. Für mich seit Jahrzehnten eine Binsenweisheit, die ich auch ohne der erst unlängst bei der Wiener Wirtschaftsuniversität in Auftrag gegebenen Studie jederzeit gegenüber den Gesundheitsbehörden vertreten habe. Was nützt da eine noch so kostenaufwendig gestaltete Aids-Kampagne, die seit Jahren, so wie auch diesmal im Herbst 1994, vom jeweiligen Gesundheitsminister durchgeführt wird, wenn dadurch *nur* ein gewisses Kondombewußtsein geweckt, aber auf die Bedürfnisse des Kondombewußten nicht Bezug genommen wird?

Es sollten, so hoffe ich zumindest, auch für die beamteten Gesundheitsapostel im Bezug auf die österreichische Seele und das Kondom demnächst endlich einmal die Glocken der Erleuchtung klingen, daß sich hier eine Kluft wie zwischen Tag und Nacht auftut. Bei Tag will die österreichische Seele vom Kondom, wenn überhaupt, nur wenig wissen, doch in der Nacht, wenn sie sich auf Partnersuche befindet, hat *diesbezüglich* die Ladenschlußzeit allenthalben den Laden dichtgemacht. Wenn ich daher davon ausgehe, daß, wie es eine von der Firma „London Rubber" bei Nielsen in Auftrag gegebene Marktforschungsstudie unter Beweis stellt, sage und schreibe 80% der Kondomkäufer im Bereich der Drogerie-Supermärkte Frauen sind, dann erhebt sich wohl die Frage, wo denn, wenn überhaupt, *„ER"* zum Kondom greift.

Geschenkt, wie es die oberösterreichische Jugendzeitschrift **„Pen"** so repräsentativ zu erheben vermochte, wollen es 75% der Jugendlichen keinesfalls haben. Rund um die Uhr, wie es die WU-Studie so eindrucksvoll

Don Kondom
London
RUBBER
SAFER SEX
Blauziegel
OLLA
LONDON

unter Beweis stellt, hat weder eine Drogerie noch ein Supermarkt seine Pforten geöffnet, und auch während der Öffnungszeiten kann von Anonymität und keiner Wartezeit vor den Kassen, wie „*ER*" sich dies wünschen würde, wohl auch nicht die Rede sein. Im Bewußtsein dieser unumstößlichen Verhaltensweise nicht nur der österreichischen Seele im Bezug auf das Kondom war ich bis heute, wie Du aus den folgenden Zeilen entnehmen wirst, vergeblich um das Verständnis der österreichischen Gesundheitsbeamten bemüht und bin bei dieser jahrelangen Suche nur auf eine verständnisvolle Seele gestoßen.

Aber die war keine Gesundheitsapostelseele, sondern der Wiener Bürgermeister *Dr. Helmut Zilk*, der nicht nur redet, sondern auch handelt, und das alleine schon zeigt mir, *wer jemand wirklich ist.* Dr. Zilk gab also eines Tages meinem Produktionsbetrieb und damit allen meinen Mitarbeitern die Ehre seines Besuches. Aber nicht etwa um sich nach unserem Kondomautomatenabsatz zu erkundigen, sondern um sich ein Bild über unsere nostalgischen Briefkästen zu machen, die dieser Betrieb vor mehr als einem Jahrhundert für alle Kronländer unserer ehemaligen Monarchie gefertigt hatte und die wir gerne in der Innenstadt Wiens anstelle der heutigen Postkästen *wiederauferstehen lassen wollten.* Leider hat der Postfuchs in der Person von Herrn Dr. Sindelka für diese Umtauschaktion zu wenig springen lassen, sodaß bis heute aus meinem Vorschlag *aus neu mach alt, aber dafür wertvoll und lieblich,* in Bezug auf diese nostalgischen Briefkästen noch nichts geworden ist. Doch erfaßte ich bezüglich der Unterversorgung des Wiener Gastgewerbes, der Cafés und Hotels im Bezug auf die Ausstattung mit Kondomautomaten die Gelegenheit, Herrn Dr. Zilk auf diese Gegebenheit mit einem Schreiben vom 5. Juli 1993 aufmerksam zu machen.

Aus dem Grund aufmerksam zu machen, da meine diversen Schreiben an den Wiener Gesundheitsstadtrat bezüglich lediglich einer schriftlichen Unterstützung, die den Gastronomen auf seine Verantwortung dem Gast gegenüber in Form eines Schreibens aufmerksam machen sollte, darin gipfelten, daß ich, anstatt dieser von mir lediglich in Form eines Briefes erhofften Unterstützung, von seiten des Gesundheitsamtes der Stadt Wien über *die Kondom-Ausfallsquote der USA und Australiens informiert wurde.*

Doch wer ein richtiger Don Quichotte ist, der läßt es nicht nur bei der Motivation der Behörden (Gesundheitsbehörden) einer Stadt bewenden, sondern der wendet sich, *wenn schon, denn schon,* an die Verantwortlichen eines ganzen Landes. Wobei ich jedoch eines ganz im speziellen vorausschicken möchte: daß ich als Mitverantwortlicher für die Arbeitsplätze meiner Mitarbeiter und damit meiner Produktionsfirma, die nun einmal heute die älteste Kondomautomatenfirma der Welt darstellt, *nach jedem Strohhalm* ganz einfach greifen mußte und muß, um in Anbetracht unseres bevorstehenden EU-Beitritts nicht schon vordem unterzugehen. Daß ich daher nach dem Zeitalter der Pille ganz einfach die sich durch Aids (leider) anbietende Chance, speziell nach dem Desaster in den USA, natürlich auch zu Hause, in unserer Heimat, wahrnehmen mußte, liegt wohl auf der Hand.

Doch habe ich bei all meinem diesbezüglichen Bemühen niemals die Hand aufgehalten, sondern ganz im Gegenteil war ich bereit, wie Du den folgenden Seiten entnehmen kannst, nicht nur zu geben (Kondomautomaten), sondern auch ein gehöriges Quantum an Aufbauleistung miteinzubringen. Habe Begeisterung versprüht und mich bemüht, um schlußendlich zu erkennen, daß ich gegen eine Mauer von Interesselosigkeit renne. Und wenn all mein jahrelanges Bemühen um eine konstruktive Zusammenarbeit mit den Gesundheitsbehörden wie der Verlauf einer Quelle im Sand der Wüste enden sollte, *so bleibt mir eine Gewißheit:* daß ich mich nicht nur in meiner Verantwortung als Unternehmer, sondern gleichermaßen als verantwortungsbewußter Mensch bemüht habe.

So will ich den Reigen meiner Bemühungen um die Zusammenarbeit mit den Behörden in Form von Korrespondenz-Zusammenschnitten Dir, lieber Leserfreund, in der Folge zwar vorenthalten, bin aber der Meinung, daß mein Bemühen ein Zeitdokument der Zweiten Republik darstellt, welches seinesgleichen sucht, da es absolut kein Ergebnis zeitigte. Nur weil für mich die Partei wenig, der Staat etwas, *doch der Einzelne alles bedeutet?*

Wobei der im folgenden auszugsweise, stellvertretend von meinem Sohn verfaßte Brief an die Wiener Handelskammer vom 21. März 1990 schon vorausweisend die später für uns, und nicht nur für uns alleine, durch die Kondomverordnung verursachten Probleme aufzeigt:

1. Kosten der Prüfung bei kleineren Importmengen wirtschaftlich nicht vertretbar.
2. Deutscher Produzent (Mapa), europaweit an der Spitze (siehe „Bild-Zeitung" vom 27. Mai 1994), können wir aus Kostengründen nicht mehr importieren (stellt wenig später die Lieferung nach Österreich von selbst ein).
3. Kostensteigerung und Anforderungsprofil durch diese Verordnung führte in der Folge monatelang zur Unterversorgung hunderter Kondomautomaten.

Erst im Oktober 1991 habe ich erstmals, anläßlich einer Aids-Pressekonferenz im „Café Landtmann“ den damaligen Gesundheitsminister kennengelernt und dabei mit Erstaunen vernommen, daß schon bei der damaligen millionenschweren Aids-Kampagne keinerlei Hinweis, *„wo denn nach Ladenschluß der Erwerb von Kondomen möglich wäre“*, vorgesehen war. Bei diesem erstmaligen, aber wie sich in der Folge zeigen sollte, auch einmaligen Zusammentreffen, da mir auch dieser Gesundheitsminister umgehend wiederum abhanden gekommen war, kam es über die Köpfe der anwesenden Journalisten hinweg in etwa zu folgendem Disput: „Herr Minister, wenn ich Sie richtig verstanden habe, investieren Sie in diese bevorstehende Aids-Kampagne 26 Mio öS, nur um das Kondom *salonfähig* zu machen, ohne dabei zu berücksichtigen, *in welchem Salon*, an welchem Ort nach den üblichen Ladenschlußzeiten das durch Ihre Aids-Kampagne beworbene Kondom denn nun tatsächlich zu erwerben wäre? Herr Minister, Sie wissen doch ganz genau, so wie ich, wo sich nach Ladenschluß die Jugend begegnet und daß nach Ladenschluß nur der jederzeit verkaufsbereite Kondomautomat im Gastronomie- und Discobereich hierbei die einzige Alternative darstellt. Warum“, setzte ich damals nach, „kann man bei der bevorstehenden Aids-Kampagne nicht auch auf diese Alternative hinweisen?“ Worauf ich vom damaligen Gesundheitsminister Ettl folgende Antwort erhielt: „Herr Ebert, bei Ihren Automaten habe ich doch selber als junger Mensch meine Kondome gekauft, die kennt doch sowieso ein jeder. Warum sollen wir da noch im speziellen darauf hinweisen?“ „Wissen Sie warum, Herr Minister?“ gab ich daraufhin zurück. „Weil die Zeit nicht stehengeblieben ist und seit damals, als Sie bei meinen Automaten im Tabarin Ihre Kondome gekauft haben, doch schon etliche Jährchen ins Land gezogen sind. Doch seit 1970, dem Zeitalter der Pille, sind österreichweit mindestens 15.000 neue Lokale entstanden, wo heutzutage die Jugend verkehrt und wo auch heutzutage die Voreingenommenheit der österreichischen Seele, auch im Zeitalter von Aids, der Aufstellung von Kondomautomaten noch immer skeptisch gegenübersteht, und gerade in diesem Bereich bräuchte ich lediglich eine *ideelle Unterstützung*, die in der Aussage Ihrer bevorstehenden Aids-Kampagne gelegen sein könnte.“

Doch weder in dieser noch in einer der nächsten Aids-Kampagnen wurde auch nur im entferntesten auf meine aus der Erfahrung heraus begründeten Hinweise, weder von diesem noch von den nachfolgenden Gesundheitsministern Rücksicht genommen, und auch mein Schreiben vom 31. Oktober 1991 an besagten Minister brachte keinen Erfolg außer einem

Sind Gummis sicher?

Österreichs Kondomverordnung ist eine der strengsten der Welt. Aber die Österreicher sind Kondom-Muffel.

Thomas Rottenberg

Am Donnerstag der Vorwoche zeigte ÖVP-Gesundheitssprecher Günther Leiner mit dem Finger auf die „löchrigen Kondome von Nürnberg". In einer parlamentarischen Anfrage an Gesundheitsminister Michael Ausserwinkler wollte er wissen, ob dieser angesichts solcher Quasigießkannen noch immer an der „unverantwortlichen Gratis-Kondomverteilungsaktion an Schüler und Jugendliche" festhalten wolle.

Das Nürnberger Gesundheitsamt hatte kürzlich 10.000 Kondome an Jugendliche verteilt. Ein Test ergab, daß 48 Prozent der verteilten Kondommarke „Fromm" (meistverkaufte Marke in Deutschland) löchrig waren.

Aber die in Österreich angebotenen Kondome sind aufgrund der strengen Kondomverordnung, die Anfang 1991 in Kraft trat, verläßlicher als die deutsche Ware. Die Verordnung enthält die schärfsten Prüfvorschriften der Welt, wie Otakar Seycek, Leiter des „Österreichischen Forschungsinstituts für Chemie und Technik" im Wiener Arsenal, mit Stolz feststellt. Die strengen Vorschriften wurden erlassen, nachdem eine Testserie der Konsumentenschützer vor drei Jahren zu ähnlich „katastrophalen Prüfergebnissen" (Seycek) geführt hatte wie nunmehr in Deutschland.

Pro Jahr werden in Österreich etwa 13 Millionen Kondome verkauft, vor allem über den Tresen. Marktleader „Blautex" hält mit den von ihm vertriebenen Marken „Blausiegl" und „Olla" rund 60 Prozent des Marktes, der Rest geht großteils auf das Konto von „London Rubber".

Laut Kondomverordnung sind in Österreich nur „chargengeprüfte" Präservative zum Verkauf zugelassen. Jede „Charge" – die in einem Herstellungsgang fabrizierten Kondome – muß extra geprüft werden, bevor sie in den Handel kommt. „Durchfaller" dürfen nur noch mit dem Aufkleber „Scherzkondom" verkauft werden. Branchenkenner wissen aber, daß dennoch untaugliche oder auch ungeprüfte Ware ohne diese Kennzeichnung auf den Markt kommt, ohne daß die Behörde einschreitet. Geprüfte Kondome müssen auf der Packung eine Chargennummer und ein Ablaufdatum aufweisen.

Norbert Noé

Kondomprüfung: Nur einer von 250 Gummis darf undicht sein

Die Prüfung besteht aus mehreren Stufen. Die Präservative werden zunächst optisch auf Fehler untersucht. Die „Vermessung" (Länge: mindestens 160 Millimeter, Breite: 51 bis 52 Millimeter, Materialstärke: 0,04 bis 0,08 Millimeter) gab noch nie Anlaß zur Beanstandung. Beim „Dichtheitstest" werden die Kondome in einer Salzlösung auf Stromdurchlässigkeit geprüft. Nach weltweitem Standard dürfen bei einer Charge höchstens zwei von 200 getesteten Kondomen stromdurchlässig sein, in Österreich nur eines von 250. Beim „Berstversuch" müssen die Kondome ein Mindestvolumen von 18 Liter Luft aushalten, ohne zu platzen. Zuletzt werden die Gummis noch einem „Reißfestigkeits- und Reißdehnungstest" unterzogen.

Peter Lehner

Kondomautomat: „Wo geht's zum Gummi?"

Othmar Schneider, Verkaufsleiter der Salzburger Firma Blautex, ist überzeugt, mit einem EG-Beitritt Österreichs würden europäische Anbieter, denen die österreichische Normlatte derzeit zu hoch liegt, wieder auf den heimischen Markt drängen. Bei Inkrafttreten der Kondomverordnung hatte sich beispielsweise Europas größter Kondomproduzent und -vertreiber, die deutsche „Mapa", unter Protest aus Österreich verabschiedet.

Reinhold Oblak, Pressesprecher von Gesundheitsminister Michael Ausserwinkler, hingegen versichert, daß der Gummi-Paragraph bleiben wird, wie er ist, und daß das gemeinsame Europa nicht an einer hauchdünnen Latexwand scheitern wird.

Einig sind sich Produzenten, Gesundheitsministerium und Vertreiber allerdings darin, daß die „Versorgungssituation in Österreich sicherlich nicht optimal ist" (Blautex-Mann Schneider). Vor allem nach Geschäftsschluß ist die Frage „Wo geht's hier zum Gummi?" oft schwer zu beantworten.

In Obertauern zum Beispiel hängen nur in zwei von 100 Fremdenverkehrsbetrieben Kondomautomaten. Im Wiener Bermudadreieck, einer Begegnungs- und Aufrißpiste ersten Ranges, denkt nicht einmal jeder dritte Wirt an die Montage eines „stillen Verkäufers".

Österreichs „Mister Kondomat", der Automatenaufsteller Ferry Ebert, 58, ist schon froh, wenn Gastwirte oder Hoteliers dem Kondom in ihren Räumlichkeiten überhaupt eine Chance geben. „Gerade die besseren Hotels erklären oft, daß ihre Kunden – zum Großteil Handelsreisende, Kongreßbesucher und Vertreter – keinen Bedarf an ‚solchen Dingen' hätten." Selbst in Aids-Zeiten sind die Österreicher Gummi-Muffel.

In ganz Österreich hängen rund 8000 Kondomautomaten, allein 5000 davon werden von der Firma Ebert betreut, einem Quasimonopolisten in Ostösterreich. 1962, als Ebert seinen ersten Automaten an die Klowand hängte, kosteten drei Präservative zehn Schilling, heute gibt es nur noch zwei für 20 Schilling.

Karl Rauscher, Bürgermeister von Horn, lehnte Ferry Eberts Angebot, in der kommunalen öffentlichen Toilettenanlage einen Präservativautomaten aufzuhängen, „aus grundsätzlichen Erwägungen" ab.

Ebert weist den Verdacht, mit der Angst vor Aids Geschäfte zu machen, weit von sich: „Wenn mein Enkerl einmal schnackseln will und nirgendwo Gummis kriegen kann, will ich nicht dran schuld sein." ■

Rundschreiben an alle Landeshauptleute, welches aufgrund meiner schriftlichen Vorlage von besagtem Minister nicht nur gutgeheißen, sondern tatsächlich auch in Umlauf gebracht wurde.

Allein aufgrund dieses erstmals anhand des Rundschreibens an die Landeshauptleute gezeigten Interesses eines Gesundheitsministers, sah ich mich am 7. Januar 1992, ebenfalls durch ein Rundschreiben an alle Landeshauptleute, meinerseits veranlaßt, in Erwartung ihrer Unterstützung auf Landesebene, jeweils die kostenlose Aufstellung von Kondomautomaten anzubieten. *Der Erfolg war umwerfend, nämlich absolut null!* Zwar haben sich fast alle Landeshauptleute zumindest veranlaßt gesehen, mir zu antworten und meine Initiative zu begrüßen, aber ansonsten sind meine Vorschläge von jenen Abteilungen, an die sie durch den jeweiligen Landeshauptmann weitergereicht wurden, in etwa so wie durch das Wiener Gesundheitsamt behandelt worden, indem man sie am liebsten in die USA oder nach Australien verbannt hätte. Nur ja keine Leistung erbringen, war allenthalben die Devise, soll er sich doch seine Kondomautomaten selbst umhängen. Uns sind doch die Hände gebunden, wo wir doch nicht einmal an der Kontrolle der Kondomprüfungsverordnung interessiert sind. Ich armer Tor, war ich doch tatsächlich der Meinung gewesen, daß diese Kondomprüfungsverordnung, die zu den strengsten der Welt zählt, zum Schutze der Gemeinschaft vor der Ansteckung durch Aids von der Gesundheitsbehörde ins Leben gerufen wurde. Von jener Behörde, wie sich in der Folge zeigen sollte, die durch ihre geringe Voraussicht die Kontrolle dieser Verordnung auf Bundesebene (siehe steirische Bezirkshauptmannschaft) selbst nur in geringem Maße zu vollziehen vermag. Gerade von dieser Behörde *tatkräftige, zielführende Unterstützung zu erwarten,* war eine Fehleinschätzung, die man mir bitte verzeihen möge.

Jedenfalls sind alle von meiner persönlichen Assistentin diesbezüglich über einen Zeitraum von Monaten herbeigeführten Kontakte mit den einzelnen Landesgesundheitsreferenten, welche uns von den Landeshauptleuten als Bezugspersonen genannt wurden, ergebnislos im Sand verlaufen. Mit anderen Worten, *den Sanitätsbehörden war und ist es vollkommen egal* wo, wann und ob sich da einer vor der Ansteckung mit Aids mit einem *geprüften oder ungeprüften Kondom* zu schützen gedenkt, Hauptsache sie selbst *kommt unbehelligt davon.* Anders ist es für mich nicht zu verstehen, daß fast durch ein Jahrzehnt von Seiten der Gesundheitsbehörde Stöße an Papier und viele Millionen Schillinge für die Aids-Kampagnen bemüht werden, *aber einer der Hauptfaktoren mißachtet wird,* daß noch soviel

Aufklärung und noch soviel Gesundheitsbewußtsein sich in Schall und Rauch auflösen, wenn der Gesundheitsbewußte nach Ladenschluß *vergeblich* nach seinem Schutzmittel Ausschau hält.

Mir persönlich sind diesbezüglich, unter anderem auch aufgrund der durch die Kondomprüfung verursachten Mehrkosten, Grenzen gesetzt, noch dazu wo die Behörde der Grauzone, den ungeprüften Kondomen und Ihren Verteilern, trotz ihrer eigenen 140.000 Seiten langen Gesetzes- und Novellierungssucht *nicht gerecht zu werden vermag*. Einzig meine Automaten wurden österreichweit kontrolliert: Kunststück, habe ich doch als einziger Automatenaufsteller von Haus aus mit den Gesundheitsbehörden kooperiert. Aber was soll's, wenn da einer wie Don Quichotte, um gegen die Windmühlen anzukommen, mit ihnen kooperiert, dann kann es halt passieren, daß er zwischen ihnen auch zerrieben wird. Und so habe ich, nachdem mir mein vergebliches Bemühen schön langsam bewußt wurde, sowohl der Müllerin, wie dem Müller, Frauenministerin Johanna Dohnal und Gesundheitsminister Dr. Ausserwinkler mit den Schreiben vom 27. Januar 1992 beziehungsweise vom 9. Juli 1993 nicht nur meine diesbezügliche Problematik, sondern auch meine absolute Bereitschaft zur Zusammenarbeit, *die zu einer Verdoppelung des bisherigen Absatzes an* ***geprüften Kondomen*** *führen könnte,* nicht nur aufgezeigt, sondern auch angeboten. Ja mehr noch, habe ich gegenüber der *Windmüllerin*, Frau Dohnal, mit Ergänzungsschreiben vom 24. März 1992 darauf hingewiesen, daß auf diesem Sektor, der möglichen Abgabe von geprüften Kondomen in Damentoiletten, *die Frau* gegenüber dem Mann bis heute *absolut stiefmütterlich behandelt wird.*

Doch wer glaubt, daß meine Anregung zu einem diesbezüglichen Interesse von Seiten auch nur eines der beiden Ministerien geführt hätte, der könnte sich anhand des Antwortschreibens des Frauenministeriums vom 16. März 1992 selbst ein Bild machen, wobei hier, im Gegensatz zum Gesundheitsministerium, meine Anregung, mein Angebot wenigstens einer Antwort wert war.

Wenn ich nun dieses Kapitel eines österreichischen Don Quichottes in der Folge ausklingen lasse, so würde ich dies am liebsten in Form einer Zusammenfassung von Presseberichten zu diesem Thema tun, anhand welcher sich ein jeder selbst über mein „*utopisches*" Bemühen ein Bild machen könnte. Ich gebe dabei nur eines zu bedenken, nämlich *daß ich nichts dafür kann'* sowohl um das größte österreichische Kondomautomatenaufstellunternehmen, als auch über weite Strecken *um die älteste,* ebenfalls in unserer Heimat ansässige *Kondomautomatenfabrik der Welt* und damit ausschließlich um *heimische*

Arbeitsplätze bemüht zu sein. Wobei beides nicht von mir gewollt, *sondern mir die ersten Kondomautomaten ohne mein Zutun,* sei es Schicksal oder Zufall, *ins Haus gestellt wurden* und wiederum, so ein Zufall, etliche Jahre später mir auch noch die älteste Kondomautomatenfabrik mangels eines Nachfolgers *ans Herz gelegt wurde.* Daß aus diesen schicksalshaften Zufällen, oder auch umgekehrt, ein *„dreißigjähriger Krieg"* zuerst einmal gegen die Voreingenommenheit der österreichischen Seele gegen das Kondom an sich und sich in der Folge, im Zeitalter der Pille, ein daraus entstehender *existentieller Überlebenskampf* ergeben sollte, war nicht vorauszusehen. *Genausowenig vorauszusehen wie die Voreingenommenheit der österreichischen Beamtenseele,* die im Zeitalter von Aids erstmals das Wort Kondom *in den Mund nehmen mußte*, gegen das von mir durch ein Jahrzehnt immer wieder kostenlos angebotene, auf meiner so vielfältigen Erfahrung basierende Insiderwissen, *welches bei etwas gutem Willen* schon seit langem *den bei Bedarf erforderlichen Zugriff zum Kondom* ***vervielfacht*** hätte!

Daß dies nur anhand einer vermehrten Aufstellung der zufällig von mir *ausschließlich hier bei uns in Österreich produzierten Kondomautomaten* möglich ist, veranlaßt lediglich das Gesundheitsministerium, laut Brief vom 23. März 1994, auf einen möglichen Mitbewerb hinzuweisen, *der zumindest bis zu diesem Zeitpunkt nicht der österreichischen Kondomprüfungsverordnung entsprechende Kondome* und ausschließlich aus Fernost oder sonstwo importierte Kondomautomaten vor dem *wachsamen Auge* besagter Gesundheitsschützer in Umlauf brachte. Auch meine jahrelangen Hinweise, *daß die zwischenmenschliche Begegnung,* und damit der *„IM-MOMENT-BEDARF AN KONDOMEN"*, seit jeher nicht während der Öffnungszeiten einer Apotheke, Drogerie oder eines Supermarktes und schon gar nicht in deren Räumlichkeiten stattfindet, *sondern daß dieser Ort der Begegnung* in den Abendstunden *anderswo*, nämlich in der Gastronomie, im Hotel- und *Fremdenverkehrsbereich* und im speziellen in den heutigen *In-Lokalen* unserer Jugend gelegen ist, blieb bis heute gesundheitsbehördlicherseits unberücksichtigt. An diesen Orten der Begegnung ist, *wenn überhaupt,* sowohl für Weiblein wie für Männlein *„Not am Kondom"*, und es ist daher meiner Meinung nach Sache der Gesundheitsbehörde und nicht eines Unternehmers allein, für diese

Notversorgung Sorge zu tragen.

Wenn ich, wenn wir daher wieder einmal davon ausgehen, daß es in unserem Lande an die 900 Apotheken, 800 Drogerien und in etwa 500 Drogerie-Märkte gibt, bei welchen *„die Frau"* für 80% des Kondomabsatzes verantwortlich zeichnet, so ist in diesem Bereich *mit Sicherheit die Familienplanung mittels Kondom* und nicht der Schutz vor der Ansteckung durch Aids der Kaufanreiz. Dieses Thema stellt sich sowohl für sie, wie auch für ihn doch eher an jenen ca. 75.000 Orten der Begegnung, die durch ihre Gastgewerbekonzession sich als Ort der Begegnungen nicht nur unter uns Einheimischen, sondern im überwiegenden Maße auch für unsere jährlich an die 10 Millionen Urlaubsgäste anbieten. In diesem Bereich und nur in diesem so vielfältigen Bereich, welcher im Gegensatz zu Drogerien, Apotheken und Drogerie-Märkten erst zu etwa zehn Prozent am stillen Ort seinen Gästen durch den jederzeit verkaufsbereiten Kondomautomaten *ein frei wählbares Gesundheitsservice anbietet*, bestehen *noch zu neunzig Prozent Vorbehalte* gegen dieses im Interesse aller und damit auch im Interesse unserer Gesundheitsbehörden gelegene Gesundheitsservice. Hier, wie im Schreiben vom 23. März 1994 ausgeführt, von Seiten des Gesundheitsministeriums von einer an und für sich zufriedenstellenden Kondomversorgung zu sprechen, ist in Anbetracht der etwa 70.000 noch nicht genützten *Kondom-Nahversorgungsmöglichkeiten* im Hotel-, Gast und Fremdenverkehrsbereich für mich nur der Beweis dafür, wie ernsthaft sich unsere beamteten Gesundheitsschützer tatsächlich mit dieser Materie auseinandersetzen.

In dieses Bild paßt zusätzlich noch die Unbedarftheit von Seiten gerade dieser um den Gesundheits*schutz* bemühten Behörde, mit welcher diese seinerzeit an die Kondomprüfungsverordnung herangegangen ist und dabei außer auf die beiden Kondomimporteure „Blautex“ und „London-Rubber“ auf den Rest gerade jener Verteiler von Kondomen verzichtet wurde, welcher sich seit Jahrzehnten durch die Betreuung seiner Kondomautomaten *„vor Ort, am stillen Ort“*, und damit um *die Versorgung des* ***„Impulskäufers“****, immer wieder bemüht zeigte.* Wenn dazumal mit Bedacht auf diese im Interesse aller gelegenen Verordnung herangegangen worden wäre, gäbe es heute *keinen nicht in den Griff zu bekommenden grauen Markt an ungeprüften Kondomen und unkontrollierbaren Automaten*, ebenso wie auch die monatelange Nicht-Belieferung von hunderten von Automaten zu vermeiden gewesen wäre. *Genauso zu vermeiden gewesen wäre wie das Wort Scherz-Kondom,* welches in der Folge (siehe Zeitungsausschnitte) leider auch die österreichische Kondomverordnung zur *Scherz-Kondomverordnung* verkommen ließ.

Zehn Millionen Touristen im Jahre

Zehn Millionen Touristen im Jahr dürften doch, wie ich annehme, ob nun zur Sommers- oder Winterszeit, auch ihrem Drang nach körperlicher Liebe nachgehen. Da sie 120 Millionen Nächte in unseren Betten, sprich in den von unserem Fremdenverkehr angebotenen Betten zubringen, durch ihre Ausgaben zu einem guten Teil zu unserer Gesamtwirtschaft beitragen und in Anbetracht von 120 Millionen Übernachtungen, *über das Jahr gerechnet,* ein Drittel unserer Gesamtbevölkerung darstellen, unser Fremdenverkehr müßte sich auch im Bezug auf den Bedarf an Kondomen in etwa mit einem Drittel des für unsere eigene Bevölkerung von den Gesundheitsbehörden geschätzten Kondomverbrauches von jährlich 12 bis 14 Millionen Stück und *somit mit einem Mehr von etwa 4 Millionen Kondomen positiv bemerkbar machen.*

Doch dem ist leider nicht so. Entweder bringt der Gast seine Urlaubsration an Kondomen als Handgepäck mit, oder er übt aufgrund der Tatsache, daß er sowohl zur Sommers- wie auch zur Winterszeit erst in den Abendstunden und damit nach Ladenschluß seine Bettstatt wiederum erreicht, diesbezüglich *allenthalben Enthaltsamkeit.* Aber ein noch viel wesentlicherer Aspekt wurde von unseren Gesundheitsschützern bis heute nicht und nicht zur Kenntnis genommen, nämlich daß in einem nicht unbeträchtlichen Teil unserer Fremdenverkehrsorte weder eine Apotheke, noch eine Drogerie und schon gar kein Drogerie-Markt vorhanden ist. Jetzt übertreibe ich natürlich wiederum ein bißchen. Entweder ist also unser Gast diesbezüglich ein Selbstversorger, Kostverächter oder er übt *Enthaltsamkeit*, eine Disziplin, welcher ich im Urlaub nur geringen Stellenwert einräume, oder er ist ein Spieler und spielt, da kein Verhüterli greifbar ist, *„Russisches Roulette"*, was ich in Anbetracht von Aids heutzutage jemandem nicht unbedingt raten würde. Also ist gerade in diesem Bereich, wo die Möglichkeit sowohl des Kennenlernens, wie auch des Partnerwechsels wie nirgend sonstwo gegeben ist, *bei Bedarf* der unmittelbare Zugriff zum Kondom meiner Meinung nach *ein Gebot der Stunde.* Aus dem Grund ein Gebot der Stunde, da gerade der Fremdenverkehr zu 75 Prozent westwärts, damit meine ich in den Bundesländern Salzburg, Tirol und Vorarlberg und damit in der Hochburg der Voreingenommenheit der österreichischen Seele gegenüber dem Kondom angesiedelt ist. Aber nicht gegen die Voreingenommenheit des Kondomanwenders, der nirgendwo anders so zahlreich wie in diesen Bundesländern meine *wenigen* Automaten zu frequentieren weiß, habe ich seit Jahrzehnten erfolglos angekämpft, sondern gegen jene Voreingenommenheit, die gerade die Fremdenverkehrswirtschaft in diesen Bundesländern dem Kondom und somit dem Automaten auch heute noch entgegenbringt. Daß sich aufgrund der kurzen Sommer- oder Wintersaison mancherorts die Aufstellung eines Kondomautomaten, vom rein wirtschaftlichen Standpunkt aus betrachtet, nicht rechnet, ist eine Gegebenheit, die für mich durchaus ein Thema ist, *aber für eine an der Volksgesundheit interessierte Behörde absolut kein Thema darstellen darf.* Entweder ist Aids ein Thema, das uns alle, einschließlich den Gesundheitsbehörden, angeht oder nicht, dann haben auch alle und nicht nur ein Einzelner daran, in welcher Form auch immer, mitzuwirken. Doch wenn ich diesbezüglich von einer falschen Voraussetzung, und das Schreiben des Gesundheitsministeriums vom 24. März 1994 läßt dies nur zu deutlich erkennen, ausgegangen sein sollte, dann frage ich mich nur, was diese Kondomverordnung und diese Aids-Kampagnen sollen, wenn der allzeit mögliche Zugriff zu *geprüften Kondomen* für diese Behörden, ob sie nun im Frauenministerium, im Gesundheitsministerium oder sonstwo angesiedelt sein mögen, *absolut kein Thema darstellt.* Für mich persönlich stellt gerade dieser Sektor, der mit Unterstützung, in welcher Form und von wem auch immer, zu den zukunftsträchtigsten Wirtschaftszweigen zu zählen wäre, unter anderem auf Jahre hinaus die Auslastung der einzigen österreichischen Kondomautomatenfabrik und damit auch die Sicherung der damit verbundenen heimischen Arbeitsplätze dar, und ich dürfte kein Unternehmer sein, wenn ich dies nicht so sehen würde. Doch um meine Vermutung, daß der Feriengast weder sein Kondom in ausreichendem Maße mitbringt, noch aus Mangel daran gar Enthaltsamkeit übt, zu bestätigen, habe ich in meinem vielgeliebten Obertauern diesbezüglich eine Saisonstudie gestartet. Aber nicht, daß Du jetzt vielleicht gar der Meinung bist, ich hätte in einer Saison von den hundert Pensionen oder Hotels, die es in diesem Ski-Ort gibt, gar die Aufstellungsbewilligung für meine Kondomautomaten erhalten, *sondern bedurfte es zehn Jahre,* um bei meinen Freunden, ich bin da oben auf 1800 m seit Jahren wie zu Hause, sage und schreibe zehn Kondomautomaten aufzustellen.

Doch mit dieser Saisonstudie meine ich nicht meine Automaten, sondern etwas ganz anderes. Nämlich wie viele Kondome kann ich in einer Saison verkaufen, beziehungsweise welcher Bedarf an Kondomen ist innerhalb einer Wintersaison in einem Ort gegeben, in welchem der Gast sich diesbezüglich nach Ladenschluß nicht mehr zu versorgen vermag. Das Ergebnis ist absolut befriedigend, jedoch nur auf die kurze Wintersaison bezogen, die wiederum aus Kostengründen die Aufstellung der Kondomautomaten auf ein ganzes Jahr nicht rechtfertigen würde, da ich in den vier Wintermonaten nicht den erforderlichen Kostenbeitrag für jene acht Monate, in welchen dieser Ort seinen Sommerschlaf hält, zu verdienen vermag. Doch frage ich mich, was ist für uns als Gesellschaft wesentlicher? Der für jederfrau und jedermann jederzeit mögliche Zugriff zum Kondom oder aber, wenn dem von privater Seite aus Kostengründen und aus dem Grund der Voreingenommenheit der österreichischen Fremdenverkehrsseele gegenüber dem Kondom auch weiterhin nicht entsprochen werden kann, das Risiko,

weiterhin ungeschützt vor Aids zu lieben?

Jedenfalls, was mich betrifft, gebe ich gegenüber jederfrau und jedermann folgendes zu bedenken: Unsere Gesundheitsminister haben in den letzten Jahren aufgrund des Wechselspiels ihrer Anwesenheit, ihrer kurzen Funktionsperiode, weit über 50 Millionen öS in unzusammenhängende Aids-Kampagnen investiert, *die durchaus ein gewisses Kondombewußtsein bewirkt, aber den Hinweis auf Verfügbarkeit negiert haben.* Daher wäre es, nicht nur in meinem Interesse, an der Zeit, wenn schon der gegenwärtige Gesundheitsminister/in über den Oktober dieses Jahres hinaus seiner Funktion wiederum nicht sicher ist, ein auf Jahre vorausschauendes Konzept im Zusammenwirken von Behörden, Importeuren und der österreichischen Kondomautomatenindustrie auf die Beine zu stellen. Ein Konzept, dessen Ziel *die Verdoppelung des bisherigen Kondombedarfs sein sollte. Nur das ergibt Sinn,* überhaupt in Anbetracht dessen, daß durch unseren EU-Beitritt auch das österreichische Kondom als Medikament dem Herzschrittmacher gleichgestellt wird, und ich trotz alledem zu behaupten wage, daß auch in diesem Fall die österreichische Seele weiterhin ihr Kondom aus dem anonymen Verkäufer, *dem gepflegten Kondomautomaten,* beziehen wird. Speziell dann noch, wenn *„DIESER“* in verstärktem Maße anzutreffen ist. Jedenfalls, was meinen Optimismus betrifft im Zusammenwirken mit VIELEN, in einem gewissen Zeitraum den bisherigen Bedarf an Kondomen zu verdoppeln und dadurch *zu einem um hundert Prozent* gegenüber heute *gesteigerten Gesundheitsschutz beizutragen*, beruht auf den vielfältigen Erfahrungen, die ich in den letzten Jahren durch meine stummen Diener nicht nur im Bereich der Kondomautomaten gemacht habe.

Habe ich doch allein im Jahre 1983 den damals durch 1.800 Trafiken im Jahr 1982 erzielten Verkauf von 26,5 Millionen Brieflosen nur ein Jahr später durch die Aufstellung von 1.500 Brieflosautomaten auf 54,5 Millionen Brieflose und damit um mehr als 100 Prozent gesteigert. Warum, so frage ich mich, sollte mir dies nicht auch im Bereich des Kondomabsatzes gelingen? Nur aus dem Grund, weil die zuständige Behörde nicht und nicht bereit ist, mit mir diesbezüglich nicht im einsamen, sondern im gemeinsamen Interesse neue Wege zu beschreiten. Habe ich doch erst unlängst dem heute nicht mehr amtierenden Gesundheitsminister für den am stärksten frequentierten „stillen Ort“ in seinem Ministerium, sowohl für Weiblein, wie auch für Männlein zwei Kondomautomaten nicht nur zum Geschenk gemacht, sondern diese auch selbst zur Aufstellung gebracht. Und stellt nicht jedes aus diesen beiden Automaten vor Ort im Gesundheitsministerium *gezogene Kondom gegenüber vorher* eine hundertprozentige Zunahme nicht nur des Kondomumsatzes, sondern damit auch des Gesundheitsschutzes dar? Daher kann es ganz einfach, immer in der Annahme, daß für unsere Gesundheitsbehörden, und damit auch für die politisch Verantwortlichen in ihrer Gesamtheit, Aids sowie HIV-verseuchtes Blutplasma ein Thema darstellt, in Anbetracht dessen, daß tausende aus Fernost oder anderswo importierte Kondomautomaten in unserer Heimat vor dem Gesetz *unerlaubte, da nicht chargengeprüfte Kondome anbieten*, keine Utopie darstellen, daß neben dieser *Kondomprüfungsverordnung* auch eine eigene *Kondomautomatenaufstellungsverordnung* demnächst das Licht der Welt erblickt. Oder, wenn meine die Behörde und die Politiker betreffende Annahme eine irrige sein sollte, ich mich dazu veranlaßt sehen würde, meine gesamte Kondomautomatenaufstellung in diesem Fall zur Disposition zu stellen. Was wollte und will ich denn seit Jahren mit all meinem Bemühen um eine Zusammenarbeit mit unseren Gesundheitsbehörden bewirken? *Doch beileibe nichts Böses.* Will ich doch nur eine, im Gegensatz zur Pille vor zwanzig Jahren, sich heutzutage *leider* durch Aids bietende Chance für ein uraltes, *in diesem Moment gar nicht mehr mein Eigentum darstellendes,* heimisches Unternehmen und damit auch für die damit verflochtenen heimischen Arbeitsplätze nützen, indem ich, unter Verwendung von Kondomautomaten, die von heimischen Arbeitskräften gefertigt wurden, mich um die Verbreitung von Kondomen *speziell in den Abendstunden* seit Jahren bemühe.

Wen, frage ich mich, und hier ist unser gesamter Gastronomie-, Hotellerie- und Fremdenverkehrsbereich angesprochen, *kann, ja darf es stören,* wenn innerhalb der vier Wände seines stillen Ortes, in Form des durch die öffentliche Hand finanzierten Kondomautomaten *österreichische Wertarbeit*, und dafür steht diese 160 Jahre junge altösterreichische Automatenbaufirma Theodor Braun in Wien, ihren Weiterbestand durch die vermehrte Aufstellung von Kondomautomaten findet. Wen in diesem Bereich kann es stören, daß jedes über diese Automaten verkaufte Kondom *vielleicht die Gesundheit eines Menschen bewahrt* und daß der Erlös dieser unauffälligen „Stummen Diener" *den österreichischen Aids-Hilfen zur Verfügung gestellt wird?* Daß darüber hinaus jeder Gastwirt, jedes Hotel, jeder Fremdenverkehrsbetrieb seinen *Obolus* in Form einer zwanzigprozentigen Umsatzbeteiligung erhält, sollte doch diesen meinen hiermit zu Papier gebrachten Vorschlag an alle *gesundheitspolitisch* und an *heimatlichen Arbeitsplätzen Interessierten* nicht nur einer Überlegung wert erscheinen, sondern zu einer zielführenden Diskussion auch auf parlamentarischer Ebene führen. Denn nur der Kondomautomat ist jener *diskreteste aller Verkäufer*, der weder den Ladenschlußzeiten noch einer Arbeitszeitauflage unterliegt und der mit Sicherheit gerade an jenen Orten seine Dienste anzubieten vermag, *wo der Bedarf am ehesten gegeben ist.*

Und wenn schon in diesem so sensiblen Bereich, der noch dazu im Zeitalter von Aids im Interesse aller gelegen ist, allein durch das Vorhandensein eines Kondomautomaten bei Herrn und Frau Österreicher, beziehungsweise bei unseren ausländischen Gästen, *Gesundheitsbewußtsein geweckt und aber auch gleich gedeckt wird,* dann hat jeder einzelne, wo auch immer aufgestellte und betreute Kondomautomat wohl seinen Zweck erfüllt.

DAS PRODUKT DES JAHRES:

Kultobjekt Kondom

Die Aids-Kampagnen zeigen endlich Wirkung: Der Olla ist gesellschafts- und geschäftsfähig geworden.

trend 1/94

Voreingenommenheit hüben wie drüben grenzenlos

Doch was wäre schon ein Don Quichotte des zwanzigsten Jahrhunderts, wenn er nicht genauso wie sein Vorgänger frohen Mutes gegen die Windmühlen der Voreingenommenheit, in diesem speziellen Fall der österreichischen Seele, anzukämpfen hätte. Schwört doch, auch heute noch im Zeitalter nicht nur von Aids, sondern auch des Sittenverfalls allenthalben jeder Gastwirt, Hotelbesitzer oder Restaurateur, der etwas auf sein Lokal hält, Stein und Bein darauf, daß seine Gäste enthaltsam leben würden, *nur um sein Lokal vor der drohenden Gefahr der eventuellen Montage eines Kondomautomaten rein zu halten.* Ja mehr noch, konnte ich doch erst unlängst einen langjährigen Freund im winterlichen Obertauern, bei welchem ich genauso langjährig betreffend der Montage eines Kondomautomaten in einem seiner Lokale vorgesprochen hatte, aufgrund eines *„fatalen"* Fehlers eines Mitarbeiters, der irrtümlicherweise nur auf Geheiß des Junior-Chefs hin am stillen Ort dieses Lokals einen meiner Kondomautomaten montiert hatte, den Senior-Chef nur mit dem folgenden Hinweis beruhigen: „Geh', Herbert", so heißt mein Freund in Obertauern, „tu' Dir doch nichts an, kriegt doch auch der Klestil in der Hofburg (damit ist die öffentliche WC-Anlage im Melkerhof gemeint) einen Kondomautomaten montiert, wird doch Dein Lokal nicht feiner als die Hofburg sein?" *Das saure Gesicht des lieben Herbert hättest Du sehen müssen,* wie er, solchermaßen sein Lokal in den Rang der Hofburg gehievt, durch zaghaftes, gönnerhaftes Nicken sein Einverständnis zum weiteren Verbleib des Kondomautomaten zum Ausdruck brachte. Wobei ich bezüglich des bei meinem Freund Herbert montierten Automaten zu behaupten wage, daß dieser in Obertauern auf 1800 Meter montierte Kondomautomat zur Winterszeit von zehnmal mehr Kondomkäufern frequentiert wird als jener, der in der Hofburg auf seine Kunden wartet. Doch leider ist gerade in diesem Bereich der Gastronomie, der Hotellerie und des Fremdenverkehrs, speziell in jenen Betrieben, die die größte Frequenz aufweisen, auch die Voreingenommenheit der österreichischen Seele am größten. Doch 99% unserer zwischenmenschlichen Begegnungen finden nun mal nur in diesem Bereich statt, der aufgrund gerade dieser Gegebenheit heutzutage seinen Gästen dieses *zwanglose* Gesundheitsservice in Form eines vorhandenen Kondomautomaten bieten sollte.

Da ich aber auch andererseits, gesundheitsbehördlicherseits, gegenüber meinen auf einer dreißigjährigen Erfahrung beruhenden Erkenntnissen gleichfalls auf die Voreingenommenheit, in diesem Fall der österreichischen Beamtenseele, stoße, stellt sich für Dich, lieber Leserfreund, wohl die Frage: „Warum wirft denn dieser Mensch nicht endlich das Handtuch?" Ich will es Dir gerne verraten, weil ich nach diesen vielen Jahren der Berg- und Talfahrt gerade mit dem Produkt Kondom, und damit verwoben den Kondomautomaten, heute, dreißig Jahre an Erfahrung reicher, vermeine, einen Auftrag erfüllen zu sollen. Nämlich jenen, zumindest in der Form meiner rund um die Uhr jederfrau und jedermann zu Diensten stehenden Kondomautomaten ein Gesundheitsservice in einer Dichte zu bieten, die ihresgleichen sucht. Ist doch auch unsere Gesundheitsbehörde, aufgrund der durch die österreichische Kondomprüfungsverordnung auferlegten Prüfungsanforderungen an das Kondom, in Dimensionen vorgestoßen, die weltweit ihresgleichen suchen. Wenn daher unsere für die Gesundheit Verantwortlichen der Meinung sind, daß zukünftig die EU unsere Kondomnormen übernehmen wird, so ist es zumindest denkbar, daß die EU in nicht allzu weiter Ferne auf eine gleichfalls bei uns erprobte Kondomautomatenverordnung zurückgreift. Darunter verstehe ich nichts Anderes, als daß zukünftig die Gewerbeordnung bei der Erteilung einer Gastgewerbekonzession, oder wie dies nach unserem EU-Beitritt auch immer heißen wird, einen Kondomautomaten als Grundausstattung jeder Toilettenanlage vorschreibt. Nicht anders als dies bereits die Gewerbebehörde betreffend der Ausstattung einer WC-Anlage seit langem vorschreibt. Daß es dabei jedem Gastronom überlassen bleibt, von wo und von wem er sowohl Kondom als auch Kondomautomaten erwirbt, beziehungsweise vom wem er sich dieses Gästeservice durchführen läßt, bleibt meinem Selbstverständnis nach auch zukünftig der freien Marktwirtschaft überlassen.Daher bin ich durchaus der Meinung, nach dreißig Jahren mit dem Kondom und dem Kondomautomaten durch mehr dünn wie dick verbunden, wiederum vor einem neuen Anfang zu stehen, da es von niemandem von der Hand zu weisen ist, *daß Vorbeugen besser als heilen ist,* noch dazu wo *im Extremfall im Bezug auf Aids keine Heilung mehr möglich ist.* Wenn daher diesbezüglich an allen Orten der Begegnung, sprich Gastronomie, Hotellerie, Restaurants und Fremdenverkehrsbetrieben, *durch einen ALLZEIT mit geprüfter Ware versorgten Kondomautomaten Gesundheitsvorsorge betrieben werden kann,* bedarf es bezüglich der dafür erforderlichen Verordnung, genauso wie bezüglich der erforderlichen Investitionen, wohl keiner Frage, außer die Voreingenommenheit der österreichischen Seele hüben wie drüben weiß diesen meinen Vorschlag wiederum zu negieren, *dann habe zumindest ich mir persönlich nicht den geringsten Vorwurf zu machen.* Habe ich doch durch immerhin mehr als dreißig Jahre wie besagter Don Quichotte gegen eine Armada von Windmühlen, sprich eine Unzahl von voreingenommenen Seelen gekämpft, ohne daß mir selbst dabei bewußt war, welchen Beitrag zur Volksgesundheit *die Versorgung* meiner rund um die Uhr verkaufsbereiten Kondomautomaten dereinst einmal darstellen würde. Noch dazu wo meine stummen Diener am Nabel der zwischenmenschlichen Begegnung und damit im Bereich des effektiven Bedarfes allein durch ihr Vorhandensein *sowohl den Bedarf wecken als diesen zugleich auch decken.*

Daher bin ich guter Hoffnung, daß die österreichische Seele meine nicht von der Hand zu weisenden Argumente demnächst einmal akzeptiert, auch wenn ich persönlich bis zu diesem Zeitpunkt weder für die Produktion von Automaten, noch für die Betreuung derselben mehr zuständig sein werde. Vermutlich spätestens dann bin ich am Ziel, weil ich nämlich ab diesem Zeitpunkt für die österreichische Seele keine Zielscheibe mehr darstelle. Denn, wie gesagt, *der Prophet gilt nur dann, wenn er nicht mehr posaunt,* und spätestens ab diesem Zeitpunkt habe ich diesbezüglich nichts mehr zu posaunen.

Kondom-Automatenaufstellung in HAK Schule wurde mit Störaktionen gedroht

LINZ (OÖN-fsa). Die ursprünglich gestern geplante Aufstellung eines Kondom-Automaten in der Handelsakademie Linz-Rudigierstraße wurde verschoben. „Es müssen noch formalistische Details geklärt werden", erklärte dazu der Schulleiter Dkfm. Werner Grüll den OÖN. Der Direktor der HAK macht aber kein Hehl daraus, daß ihm die Verschiebung des Aufstellungstermines nicht ungelegen kommt: „Die Schule erhielt in den vergangenen Wochen anonyme Drohanrufe und Briefe, in denen wegen des Kondom-Automaten mit Störaktionen gedroht wurde."

Die HAK in der Rudigierstraße hatte sich, wie berichtet, nach einer Schülerinitiative als erste Schule Oberösterreichs zur Aufstellung des Schutzgummi-Automaten entschlossen. Vor den Semesterferien wurde außerdem mit mehreren Veranstaltungen eine Aids-Aufklärungsschwerpunktaktion gestartet. Dazu Grüll: „Die Eltern, Lehrer und Schüler haben sich ganz klar für diese Maßnahmen ausgesprochen. Das zeigte sich auch bei einer Podiumsdiskussion in der Linzer Universität. Nur der Pornojäger Martin Humer und rund 20 seiner Anhänger bezeichneten bei dieser Diskussion Kondome als unsicher und verwerflich."

Der Automat werde dennoch aufgestellt werden, der Aufstellungstermin müsse aber erst vereinbart werden. Grüll: „Der Landesschulrat hat uns einen Entwurf für einen Vertrag mit der Wiener Kondom-Erzeugerfirma Ebert zugeschickt. Der Vertrag muß nun von dem Unternehmen begutachtet und unterschrieben werden." In anonymen Telefonanrufen und Briefen wurde der Schule unter anderem gedroht, man werde den Kondom-Automaten, der im Nahbereich des Turnsaales aufgestellt werden soll, „zusammenhauen". Der Schulleiter läßt sich von solchen Drohungen nicht einschüchtern: „Der Hauseigentümer haftet, wie im Vertrag festgehalten wurde, nicht für Schäden an dem Apparat."

OÖ Nachrichten, 23. Feber 1983

Das Kondom am Beginn meiner Reise und heute

Wenn ich daher heute den Regenbogen meines bisherigen Lebens zurückverfolge, so fällt mir dabei auf, daß alles, was ich auch immer *an Neuem* begonnen haben mochte, immer wieder aus dem Schatten der Kondomautomaten hervortritt, die mir damals *der Zufall* in mein Elternhaus gestellt hatte. Daher ist es auch kein Zufall, daß mein Verleger unter den vielen Buchvorschlägen, die ich ihm vorgelegt habe, gerade jenen über den Kondomautomaten zu meinem Erstlingswerk erkor. Dieser Automat samt seinem Inhalt begleitet mich nicht zufällig durch mein Leben, sondern er ist wohl jener Auftrag, dem es für mich gilt, *gerecht zu werden. Daher ist auch mein jahrelanges Bemühen,* die Gesundheitsverantwortlichen in diesem Land nicht nur *von der Wandlung des Kondoms vom seinerzeitigen Geburtenregler zum heutigen Gesundheitsbewahrer*, sondern damit einhergehend, auch von der Bedeutung des Kondomautomaten als rund um die Uhr Verkäufer zu überzeugen, *in diesem Lichte zu sehen.* Daß damit einhergehend auch eine Wandlung meiner eigenen Betrachtungsweise einhergegangen sein mochte, liegt wohl auch in der Veränderung unserer Zeitqualität begründet. Nicht anders wäre es zu verstehen, daß just zu dem Zeitpunkt, wo ich mich anschicke, das letzte Kapitel dieses Buches in Angriff zu nehmen, zwei unternehmungslustige, aufgeweckte junge Männer in meinem Büro vorstellig werden, um mir den auf den folgenden Seiten abgedruckten *Präservativeinkaufstest* kostenlos zum Geschenk zu machen mit der Bitte, *für dessen Veröffentlichung zu sorgen.* Wenn ich daher an dieser Stelle mich wieder einmal dazu veranlaßt sehe, mein Wort an meinen Verleger zu richten, so liegt der Grund wohl darin, daß mir mein Verleger vor Beginn meiner Arbeit zu diesem Buch, aus seiner Kenntnis meiner Person heraus, nahegelegt hat, in meinem ersten Buch nicht zu sehr meinen Gefühlen und damit auch meiner Lebensphilosophie freien Lauf zu lassen. Mein guter Verleger, ich hätte nur zu gerne sein Gesicht gesehen, wenn er, so wie ich, jahrelang gegenüber den jeweiligen Gesundheitsministern immer wieder vergeblich darauf hingewiesen hätte, *daß nach Ladenschluß* die Versorgung mit Kondomen, außer beim Kondomautomaten, ein absolutes Problem darstellen würde, und ihm nun auf einmal, ohne sein Zutun, von zwei jungen Menschen *der unumstößlichste Beweis für seine These auf den Tisch* geblättert würde. Wer hat die beiden Burschen und ihre Freunde veranlaßt, sich dieser Aufgabe mit derartiger Akribie und, wie sie es selbst bezeichnen, *mit intelligentem Mut* in diesem Maße zu widmen? Ja, wer vermittelte den jungen Menschen mein Denken und mir ihre Gedanken? Wer gab ihnen, *außer der von mir immer wieder angesprochene Zeitqualität,* den Auftrag dermaßen zu handeln, sich die Nächte um die Ohren zu schlagen, nur um mir den Beweis zu liefern? *Und damit uns allen!*

Wie recht ich mit meiner diesbezüglichen Annahme betreffend der Problematik der Kondomversorgung nach den üblichen Ladenschlußzeiten immer wieder hatte. *Da läuft doch etwas nicht Faßbares,* und damit für uns Normalsterbliche *etwas Unfaßbares*, wenn Menschen, die sich vorher nie begegnet sind und noch dazu in ihrer Altersstruktur um Jahrzehnte differieren, auf einmal wie Marionetten von Geisterhand zusammengeführt werden, *nur um einer Idee zu dienen. Jener Idee zu dienen, die in Zeiten wie diesen den jederzeit möglichen Zugriff zum Kondom an den Orten der zwischenmenschlichen Begegnung ermöglicht.* Das ist für mich das *unfaßbar Wunderbare*, daß mein Verleger unter zehn von mir vorgelegten Buchthemen just diese Entstehungsgeschichte der Kondomautomaten in Auftrag gibt *und gleichzeitig* junge Menschen für die unumstößliche Beweisführung meiner Thesen aus eigenem, intelligentem und selbstverantwortlichem Antrieb Sorge tragen!

Grenzenlos ist darob meine Freude, vom Schicksal , vom Zufall für mein jahrelanges Bemühen dermaßen belohnt zu werden, in der Hoffnung, daß diese in der Folge zu Papier gebrachte *Botschaft junger Menschen* nicht wiederum ungehört im Windmühlenwald der österreichischen Beamtenseele *verhallt* !

Der Präservativeinkaufstest

Was bleibt nach diesem authentischen Bericht über die *Kondomversorgungsnotlage nach zwanzig Uhr* mir altgedientem „rund um die Uhr Kondomverteiler" viel anderes übrig, als diesen jungen Menschen für Ihr Engagement meine vollste Anerkennung auszusprechen. Aber nicht allein als ehemaliger Kondomautomatenproduzent, sondern auch als Mensch ihnen

DER [redacted] - PRÄSERVATIVEINKAUFSTEST

von PETER P. HABARTA & Ritchie Novy

Täglich werden wir weltweit mit Antiaidskampagnen bombardiert. Minister wollen an Schüler Präservative verschenken und die Meinungen teilt das Volk. Die Angst vor dem unbekannten Virus ist bereits fest in unserm Hirn verankert. Es ist gelungen, wir fürchten uns vor den Infizierten, die einen mehr die anderen weniger. Der Seitensprung hat einen tödlichen Beigeschmack bekommen. war es früher lediglich die Furcht vor dem Freund, der Freundin, dem Gatten bzw. der Gattin die einem auf den "Liebesausrutscher" gekommen ist, so ist es heute die Furcht vor Aids. Wir herrlich war da noch ein kleiner Herpes oder ein kaum erwähnenswerter Tripper. Von dem klassischen Pilz redet heute kein Mensch mehr, der hat den Aufstieg geschafft und ist Gesellschaftsfähig geworden. Die Industrie jubelt, eine plötzliche Beliebtheit der Präservative ließ die Zahlen steigen und die Umsätze sogar verdreifachen. Einschlägige Versandhäuser wie Orion und Beate Uhse schwärmen von nie dagewesenen Verkaufszahlen bei Präservativen.

Der Profi geht ohne Gummi nicht mehr aus dem Haus. Gut untergebracht in den bis dato sinnlosen viel zu kleinen Seitenfächern von Brieftaschen, Filofax und Handtaschen ist der kleine nun bei Bedarf schnell zur Hand oder wo er halt hingehört.. Der unbelehrbare erledigt weiterhin den "One Night Stand" ohne Netz und dann gibt es noch den Anfänger bzw. die Anfängerin. Diese Spezie besorgt sich den Präservativ erst kurz vor dem erkämpften, erarbeiteten oder erbratenen Liebesakt. Nach langen Verhandlungen einigten sich sogar die EU-Länder auf ein Einheitsmaß für den guten alten Gummi: Das Eurokondom "EN 600" hat eine Durchschnittsbreite von 5,6cm, eine Länge von 17cm, eine Wanddicke zwischen 0,04 und 0,08 Millimeter und ein Gewicht von höchstens 1,7 Gramm.

Aids ist allgegenwärtig und ein Großteil der Österreicherinnen und Österreicher ist nach Jahren der intensiven Aufklärung durch Mutter Medien und Vater Staat so weit wie noch nie: 92% der von uns befragten haben von Aids schon einmal etwas gehört (bei Michael Jackson und seinem angeblichen Hang zu minderjährigen waren es etwas mehr: 98%), Ganze 84% wußten genau die Bezeichnung für das Produkt das beim Geschlechtsverkehr nützt "Der Präservativ". Die Bezeichnungen allerdings wankten zwischen "Olla", "Gummi", "Pariser" & "Präservativ".
Unser Gesundheitsminister müßte Anhand dieser Zahlen jubeln. Sein Volk ist informiert, aufgeklärt und vor der schrecklichen Seuche geschützt. Wieviel der befragten den Präservativ, dann tatsächlich im entscheidenden Moment verwenden sei dahingestellt, wesentlich interessanter ist die Frage: "Woher einen Präservativ nehmen?"

Wir wollten es genau wissen und unter dem Motto "Gib Aids keine Chance" starteten wir einen Präservativeinkaufstest in der Bundeshauptstadt. Bewaffnet mit genug Geld, nicht zu vergessen den entscheidenden 10,-- Münzen, einer Liste aller Nachtapotheken und kleinen Aufnahmegeräten begann ein unglaubliches Monat für unsere zwei inszenierten liebeshungrigen Pärchen.

Benotung: 3 neue Präservative = Sehr gut
2 neue Präservative = Gut
1 neuer Präservativ = Befriedigend
1 gebrauchter Präservativ = Genügend
2 gebrauchte Präservative = Nicht Genügend
3 gebrauchte Präservative = Skandalös

20:15 "Zum Weißen Storch"
1010 Wien, Tuchlauben 9, Tel. 535 40 22
Ein etwa 30 jähriger Mann fragt mürrisch nach unserem Wunsch. Seine Unwirsche Art verstärkt sich nach unserer Bitte nach Präservativen. Ohne Antwort holt er eine Packung mit 10 Stück und kassiert öS 136,--. Der Kauf wird beendet wie er begonnen hat: ohne ein "Bitte" & "Danke" ohne "Guten Abend" oder "Auf Wiedersehen".
Benotung: 2 gebrauchte Präservative

20: 30 "Zur goldenen Krone"
1010 Wien, Himmelpfortgasse 14, Tel. 512 47 10
Eine fröhliche 25jährige öffnet noch fröhlicher die Tür. Unser Wunsch nach Schutz erfreut sie sichtlich noch mehr. Wir erhalten ein Packung "Curafam de Luxe" Condome um öS 122,-- mit 10 Stück Inhalt. Auf der Verpackung ist vermerkt, daß dieses Produkt das Konsumentenurteil "Gut" erhalten hat. "Gut" ist besser als befriedigend, aber schlechter als "sehr gut". Das freundliche Mädchen hat auch gute Erziehung genossen, denn sie verabschiedet sich mit "Vielen Dank und einen schönen Abend".
Benotung: 3 neue Präservative

20:55 "Rotundenapotheke"
1020 Wien, Ausstellungsstraße 15, 218 04 19
In der Ausstellungsstraße beweist uns eine ca. 40 jährige Frau, daß auch weibliche Apothekenbedienstete unfreundlich sein können. Kopfschüttelnd holt sie das gewünschte Produkt, welches sich als eines mit der bereits erwähnten Konsumentenbenotung "Gut" entpuppt. Ein fast unverständliches in den Fußboden gemurmeltes: "124,60" waren auch die letzten Worte die die Dame für uns fand. Meine Partnerin traut sich noch die Frage zu stellen, ob es keine andere Marke gebe, doch die Audienz war für die Frau mit Begleichung der Rechnung beendet.
Benotung: 2 gebrauchte Präservative

21:50 "Sophien-Apotheke"
1030 Wien, Marxergasse 22, 713 47 84
Auswahl gibt es keine eine Apotheke ist kein Supermarkt, wie man die verwendet steht im Beipacktext und kosten Tuns 136,--. Gute Nacht.
In der Marxergasse benötigen wir keine 3 Minuten, rasch, unfreundlich und Auskunftsunwillig. Ob die geschätzte 45jährige Frau wohl gerade den Schock der Wechseljahre erlebt, wer weiß. Dreimal dürfen Sie jetzt raten welche Marke wir bekommen haben? Genau, die Kondome mit der Benotung "Gut".
Benotung: 3 gebrauchte Präservative

20:45 "Rosenapotheke"
1210 Wien, Brünner Straße 37, 278 13 13
Zur Abwechslung wieder einmal ein Mann, knappe 40 Jahre nicht wirklich unfreundlich aber auch nicht freundlich. Für ihn ein Geschäft wie jedes andere, für 10 Stück bezahlen wir 112,50 und haben soeben den Billigstanbieter unter den Wiener Apotheken entdeckt. Erstmals erhalten wir auch eine andere Marke: Blausiegel, Transparent, Feucht mit Reservoir. Die Verpackung ist mit den Maßen 17cm x 11cm etwas überproportioniert und unhandlich.
Benotung: 1 neuer Präservativ

21:05 "Rennbahn-Apotheke"
1220 Wien Rennbahnweg 27, 25 15 50
Grinsend überreicht uns ein maximal 23 jähriges Mädchen eine von diesen übergroßen Blausiegelverpackungen. Trotz der Größe besteht der Inhalt nur aus 10 normal großen Präservativen mit der Bezeichnung ABC (für besondere Sicherheit antibakteriell und spermizid beschichtet). Interessant, bei der anderen, wie hieß sie doch gleich, Transparent, ja genau, bei der stand nur "Hygienisch und sicher". Daher vielleicht auch der Preisunterschied. Auch beim bezahlen der 136,--, konnte das Mädchen ihr Grinsen nicht verbergen. Schön wenn es auch in Apotheken glückliche Menschen gibt.
Benotung: 2 neue Präservative

23:00 "Adler Apotheke"
1180 Wien, Währinger Straße 149, Tel.: 479 33 20
Ein vielleicht 45 jähriger Mann überreicht uns wortlos und sehr verschlafen eine von den Kondompackungen mit dem Urteil "Gut" und kassiert weiterhin wortlos 132,80. Die einzigen Worten fand er beim bezahlen: "Haben sie es nicht kleiner?" wir mußten verneinen und so bekamen wir nach mehreren Minuten Wartezeit auch unser Wechselgeld. Für ein undeutliches Auf Wiedersehen reichte die Energie des Mannes dennoch. Besser als nichts.
Benotung: 1 neuer Präservativ

26.1.94 00:50 "Apotheke zum heiligen Josef"
1020 Wien, Taborstraße 63, 216 30 49
Wir geben der Dame schmeichelnde 55 Jahre vermuten aber mehr. Nach mehrmaligen Läuten ist endlich jemand bereit zu öffnen. Haben sie Ihr Insulin vergessen ist es für sie leider zu spät, für Präservative kann man jedoch mehr als Zwölf Minuten Wartezeit gerne in Kauf nehmen. Sie haßte entweder Präservative oder uns, denn sie suchte mit den ausgewähltesten Fachausdrücken wie: "Orschloch" die Ware. "Für Auskünfte gebe es einen Beipackzettel und Auswahl (kopfschüttelnd) gebe es in einer Nachtapotheke sowieso nicht, da muß man in einen von diesen Sexshops gehen." Für eine Packung der Marke Curafam mit spermaneutralisierenden Wirkstoff, sie wissen die Marke mit dem Testurteil "Gut", bezahlen wir 129,-- .
Benotung: 3 gebrauchte Präservative

01:03 "Franzensbrückenapotheke"
1020 Wien, Franzensbrückenstraße 17, Tel.: 214 31 91
ein knapp 25 jähriger Mann öffnet sehr freundlich die Tür und bedient uns auch nach Bekanntgabe unseres Wunsch weiterhin zuvorkommend. Der Höhepunkt war die Frage welche Kondomsorte wir denn gerne hätten. Wir waren sprachlos und wählten ein Sortiment farbiger Präservative der Marke London "Color Kondome" mit 10 Stück Inhalt um nur 122,--.
Ein kundenfreundliches "Danke und eine schöne Nacht" perfektionierte diesen Einkauf. Der Vollständigkeit halber sei erwähnt das die Firma London die beste und auch für den Laien verständlichste Gebrauchsanweisung (Beipacktext) der Packung beifügt.
Benotung: 3 neue Präservative

01:20 "Zum heiligen Geist"
1010 Wien, Operngasse 16 Tel.: 587 73 67
Die etwa 50 Jahre alte Frau empfängt uns grantig und zeigt kein Verständnis für unsere Problem. Das es Automaten gibt wissen wir, aber wo und Kleingeld haben wir auch keines. Durch diese Erklärung noch grantiger verkauft sie uns dann doch großzügiger Weise eine 10er Packung um 128,40 mit dem Urteil "Gut" (Die am Markt eher unbekannte Marke Curafam de Luxe dürfte das Lieblingsprodukt der meisten Wiener Apotheken sein.) Wie bei einem Großteil der Nachtapotheken üblich gab es auch hier keine Verabschiedung und kein Danke.
Benotung: 2 gebrauchte Präservative

01:35 "Zum Schwan"
1010 Wien, Schottenring 14, 533 35 41
"Muß das um diese Zeit sein?" fragte die 28 jährige Frau unwillig- Wir nickten und nicht gerade zuvorkommend und auch nicht wirklich willig verkauft sie uns dann eine 10er Packung um 134,60.
Wir waren einfach perverse Sexbesessene Geschöpfe die um halb zwei in der Früh an nichts anderes dachten als an Sex und den dazugehörigen Schutz. Irgendwie kam es uns so vor, als wüßten die meisten Mitarbeiter der Nachtdienstapotheken nicht, daß es nichts Abartiges ist sich vor einer Krankheit schützen zu wollen, auch wenn es 1/2 2 in der Früh ist.
Benotung: 2 gebrauchte Präservative

01:50 "Schweden Apotheke"
1010 Wien, Schwedenplatz 2, Tel.: 533 29 11
Bloßfüßig, Kaugummikauend und nicht mehr der jüngste. So präsentierte sich der männliche Nachtdienst der Schwedenapotheke. Wortlos, Grußlos, emotionslos überreichte er uns eine dieser unhandlichen Zehnerpackungen der Firma Blausiegel. Wir bezahlen emotionslos und nicht minder wortlos 138,-- und entfernen uns, sie haben es erfaßt, Grußlos.
Benotung: 1 neuer Präservativ

02:20 "Internationale Apotheke"
1010 Wien, Kärntner Ring 17, Tel.: 512 28 25
Das Paradies an Auswahl und Angebot stellt die Apotheke am Kärntner Ring 17 dar. Abgesehen von sehr freundlichem Personal kann man sogar zwei einzelne Präservative und 2 verschiedene Marken bei Tag & Nacht erwerben.
Curafam 25er Packung 217,40 / Curafam 10er Packung 122,40 / Patintex 8er Packung 105,-- / Curafam 2er Packung (!) 51,10
Benotung: 3 neue Präservative

23:20 "Alte Leopoldsapotheke"
1010 Wien, Plankengasse 6, Tel.: 512 13 81
Wir haben den etwa 33jährigen Mann offensichtlich geweckt, daß könnte seine Wortkargheit entschuldigen. Die Apotheke führt Curafam de Luxe, 10 stück um öS 112,80. Wir haben nur öS 50,-- und müßen uns von dem fassungslosen Apotheker verabschieden, denn um 50 schilling gibt es keinen Schutz.
Benotung: 1 gebrauchter Präservativ

23:34 "Alte Feldapotheke"
1010 Wien, Stephansplatz 8a, Tel.: 533 55 71
Eine sehr freundliche ca. 35 jährige Frau öffnet mit Guten Abend und bietet uns immer noch freundlich eine 10er Packung Blausiegel um 136 Schilling an. Wir haben nur 50 Schilling und plötzlich passiert etwas unglaubliches: Sie entschuldigt sich bei uns, daß Sie nur große Packungen hat, wird aber das Problem weiterleiten. Sie verabschiedet sich freundlich und wir sind zufrieden, aber leider nicht geschützt.
Benotung: 3 neue Präservative

00:15 "Zu unserer lieben Frau bei den Schotten"
1010 Wien, Freyung 7, Tel.: 533 24 57
Unfreundlich, Grußlos und voller Unverständnis für unser Problem zeigt sich der 40 jährige Nachtdienst in der "Zu unserer lieben Frau bei den Schotten-Apotheke".
Für 138 Schilling erhalten wir eine 10er Packung Blausiegel.
Benotung: 2 gebrauchte Präservative

00:36 "Barmherzige Brüder"
1020 Wien, Taborstraße 16, Tel.: 214 41 04
"Dafür ist die Nachtapotheke nicht da, dafür gibt es überall Automaten" meint die vielleicht 50jährige Dame. Sie läßt sich nicht erweichen und Geld für den Automaten will Sie schon gar nicht wechseln.
Jetzt wissen wir warum es "Barmherzige Brüder" und nicht "Barmherzige Schwestern" heißt.
Benotung: 3 gebrauchte Präservative

00:45 "Zur Hoffnung"
1020 Wien, Heinestraße 37, Tel.: 214 54 21
Bei der Apotheke "Zur Hoffnung" soll man die Hoffnung nicht gleich aufgeben und so warten wir nach mehrmaligen und wiederholten Läuten insgesamt 10 Minuten. Es kommt niemand und wir geben die Hoffnung auf. Vielleicht war der Nachtdienst auf der Toilette oder in einen Tiefschlaf verfallen, vielleicht probierte er gerade eine neue Lieferung Präservative. Wer weiß das schon. Die Apotheke hatte Nachtdienst und es brannte sogar Licht aber es gab keinen Schutz für uns.
Benotung: 3 gebrauchte Präservative

21:41 "Alte Löwen Apotheke"
1080 Wien, Josefstädter Straße 25, Tel.: 42 34 12
Männlich, etwa 30 Jahre und bietet eine 10er Packung Blausiegel um 135 Schilling an. Wir sind Studenten und haben nur 50 Schilling. Der Nachtdienst versteht nicht wie man annehmen kann, daß 50 Schilling ausreichen um einen Präservativ zu erwerben: Wo es einen Automat gibt weiß er nicht und ohne ein weiteres Wort sperrt er die Tür wieder zu.
Kopfschüttelnd und mit einem unverständlichen Murmeln.
Benotung: 2 gebrauchte Präservative

Interessanter Weise unterscheiden sich bei einigen Apotheken die Nacht und Tagespreise erheblich. Selbst wenn man die Nachtgebühr abzieht, kommt es zu Preisunterschieden bis zu öS 40,--. Unter Tag gibt es auch die Wahl zwischen verschiedenen Produkten und es besteht, im Gegensatz zur Nacht, auch in manchen Apotheken die Möglichkeit einzel- und zweierstücke zu erstehen.
Es gibt also nach wie vor eine Chance für Aids. Aber Dank vieler Apotheker und Apothekerinnen, sowie der hohen Preise haben auch Herpes, Tripper, Pilze und ungewollte Kinder eine hohe Möglichkeit das Gegenteil von Glück, in das traute Heim zu bringen.

Während der Minister darum kämpft Präservative zu verschenken hat der tatsächlich Schutzwillige nur eine Wahl "Geld oder Angst".
Der Einzelverkauf in Apotheken wäre ein Schritt vorwärts, kein Nachtzuschlag (30,--) der zweite Schritt. Ich höre schon die zuständige Innung jammern: "Dann kommen laufend Scherzbolde und Betrunkene und kaufen nur so aus Spaß einen Gummi um nur 5 oder 10 Schilling."
Und was meine Damen und Herren würde das ausmachen? Vielleicht verwenden 20 oder 30% der Scherzbolde und Betrunkenen den Präservativ sogar.

Wir klären unsere Kinder mit einem neuen Wissensstand und neuen Ängsten auf. Waren es früher einfache Diskussionen um das Wer, Warum und Wie lange, so ist heute nur eines wichtig, vielleicht sogar lebenswichtig, eine gezielte Schutzaufklärung zu betreiben. Statt nur Taschengeld muß es heute Taschengeld und Kondom geben. Wenn ein junges Pärchen schon den intelligenten Mut aufbringt und zu einer Nachtapotheke geht, dann sollten sie dort belohnt und nicht bestraft werden.

dafür meinen Dank auszusprechen, daß sie sich stellvertretend für unsere Jugend, unbeschadet dessen, ob da einer ein Kondomanwender sein mag oder auch nicht, Gedanken über den Erhalt ihrer Gesundheit machen. Gedanken, die eigentlich den beamteten Gesundheitsschützern zu eigen sein müßten, doch eignen diese sich in ihrer überwältigenden Mehrheit *leider nicht* für solche Überlegungen. Das ist das überaus Traurige an unserer politisch-bürokratischen Verwaltung, da an ihr die besten Ideen allein dadurch zugrunde gehen, daß *es dem Einzelnen zuerst um seine Kompetenz und damit um die Befriedigung seines Egos geht* und, wenn sich dieses befriedigt fühlt, *in der Folge sich niemand mehr findet, der da vielleicht gar für etwas auch noch kompetent wäre.*

Daher kann ich nur wieder einmal hoffen, daß zukünftig gesundheitsbewußten jungen Menschen, die, wie diese jungen Menschen selbst ausführen, den intelligenten Mut aufbringen, um nach zwanzig Uhr eine Nachtapotheke aufzusuchen für ihren „One Night Stand", *zusätzlich zu den 30,– öS für die Nachtgebühr, keine 10-er Kondompackung mehr aufgezwungen wird.* Wenn ich mir da noch die horrenden Preisunterschiede zwischen den freien Mitbewerbern zu Gemüte führe, die allesamt, außer den diensthabenden Nachtapotheken, spätestens um 19.30 Uhr auch noch ihren Laden dichtmachen müssen, *dann spüre ich,* daß ich noch nicht am Ende meiner österreichweiten Kondomversorgungsreise angelangt bin.

„Nun stehe ich wieder am Beginn meiner Reise“

Es ergibt doch Sinn, wenn ich in Anbetracht jener Preise und jenes Zeitaufwandes, die junge Menschen zu später Stunde aufzubringen haben, um ein Kondom überhaupt erwerben zu können, auf Betreiben der steirischen Aids-Hilfe nicht nur die Grazer Universität, sondern auch noch eine große Anzahl von Berufsschulen mit Kondomautomaten ausstatte. Gerade zu jenem Zeitpunkt ausstatte, zu dem dieses Kondomautomatenbuch erscheint und gleichzeitig die nächste millionenschwere *Aids-Kampagne wiederum über die zeitlosen, nachtgebührlosen Möglichkeiten des Kondomautomaten schweigt. Nur einmal eine 10,– öS Münze* werden die jungen Menschen an diesem Automaten einwerfen, welche der steirischen Aids-Hilfe zur Verfügung stehen, um dafür eine Zweierpackung geprüfte Kondome zu erhalten, ohne dabei lange zu warten oder zu riskieren, vielleicht gar unhöflich bedient zu werden. Und wenn ich mir da noch die Preise zu Gemüte führe, die die jungen Menschen bei den Nachtapotheken für eine Kondompackung zu entrichten haben, dann ist es für mich keine Frage, ob ich in Anbetracht von 72.502 Gast-, Hotel- und Fremdenverkehrskonzessionen mit meinen 4.000 Stummen Dienern bezüglich der *preiswertesten „Nahversorgung mit Kondomen“* schon am Ende meines Bemühens oder erst vor seinem endgültigen Durchbruch stehe.

Daß dieser Durchbruch, den ich hier meine, und der dafür Sorge trägt, daß wo immer sich körperliches Verlangen regt, auch für den jederzeitigen preiswerten Zugriff zu *geprüften Kondomen* weitestgehend vorgesorgt wurde, nicht mehr durch mich persönlich, sondern durch junge, engagierte Menschen geschehen sollte, ändert nichts an der Tatsache, *daß was auch immer auf diesem Gebiet geschieht, im Interesse aller und nicht mehr im Interesse eines Einzelnen geschehen sollte.* Denn es darf ganz einfach nicht im Interesse unserer Gesundheitsverantwortlichen gelegen sein, daß einerseits geschenkte Kondome als Luftballon oder Wasserbomben in der Schule zum Fenster hinausgeworfen werden, *da, was geschenkt ist, niemandem teuer ist,* und andererseits sich gesundheitsbewußte junge Menschen nächtens auf den Weg machen müssen und sich für den gleichen Schutz, der da anderswo, nur weil er gratis verteilt wurde, wiederum zum Fenster hinausgeworfen wird, für den nicht unerheblichen Betrag von 129,– öS auch noch unfreundliche Worte gefallen lassen müssen.

Mit einem Wort, der Erwerb von Kondomen sollte nicht gerade umsonst, aber andererseits auch wiederum nicht zu teuer sein. Daß es aber andererseits *ohne Kondom die „reine Freude" ist'* ist wohl für niemanden ein Geheimnis. Doch um dieses Geheimnis in der späteren Folge einer *soeben erst* herbeigeführten neuen Freundschaft auch ausgiebigst genießen zu können, bedarf es in Zeiten wie diesen vorerst eines ***Geheimnisträgers***, und daß dieser in diesem Fall heutzutage

Kondom

heißt, *ist nicht nur mein Geheimnis*!

PS.:

Erreicht mich, nachdem ich gerade das letzte Kapitel dieses Buches zu Papier gebracht habe, ein Anruf, wie ich ihn mir zu dem soeben abgehandelten Thema nicht ***hoffnungsvoller*** wünschen hätte können. Meldet sich doch ein Mitarbeiter des Gesundheitsministeriums mit folgender Information am Telefon: „Herr Ebert, wir wollen Sie nur informieren, daß wir das Projekt der steirischen Aidshilfe zur Gänze mittragen werden!!!"

IST DOCH TATSÄCHLICH NICHTS UMSONST IN DIESEM LEBEN GETAN,
DOCH BEDARF ALLES SEINER ZEIT UM ZU REIFEN.

My Way – Mein Weg
Streifzug durch mein Leben

Kondome am Postweg

Eines Tages, es mag Ende der sechziger Jahre gewesen sein, kam mir eine *Königsidee*: Biete doch Deinen Kunden, die jahrein jahraus sich bei Deinen Automaten ihre Kondome besorgen, *die Möglichkeit,* sich bei Bedarf auch eine größere Menge an Kondomen bestellen zu können. „Leg' doch", so folgerte ich damals, „deinen Kondompackungen einen Bestellzettel bei, vielleicht werden Deine Kunden auch von diesem erweiterten Angebot, noch dazu über den *anonymen Postweg* das eine oder andere Mal von dieser Möglichkeit Gebrauch machen." Das war dazumal und nicht nur dazumal, sondern bis heute eine Idee, die ohne viel Kostenaufwand nicht nur mir zu zusätzlichen Erträgen, sondern auch von einem nicht unbeträchtlichen Teil meiner bis dahin anonymen Automatenkunden, bis heute in Anspruch genommen werden sollte und auch noch immer in Anspruch genommen wird. Ja mehr noch, hat doch diese Idee unter anderem auch *jenen Kunden im Westen unserer Heimat*, welche bis heute aufgrund der Voreingenommenheit gegenüber dem Kondom, und damit auch seinem anonymen Verkäufer, dem Kondomautomaten, noch immer an Unterversorgung leiden, die Möglichkeit an die Hand gegeben, sich aus *versorgungstechnischen Gründen* sogar einen *Kondomvorrat* anlegen zu können.

Wenn dies, wie aus den Zeilen eines Innsbrucker Kunden ersichtlich, auch nicht die Regel sein mag, so zeigen mir *gerade diese aus 1994 stammenden Zeilen* nur wieder auf, wie recht ich mit meiner Annahme hatte, daß in bezug auf die *Kondomnahversorgung*, nicht nur von meiner Seite aus betrachtet, noch einiges zu tun wäre.

Doch dazumal, in den frühen sechziger Jahren, der Geburtsstunde des *Kondomversandes* am Postweg, plagten mich diese Kondomversorgungsprobleme mitnichten, sondern war ich bemüht, *auch den über den Kondombedarf hinausragenden Wünschen* meiner Versandkunden Folge zu leisten.

Es wäre heute, dreißig Jahre danach, müßig über die Vielfalt der in dieser Zeitspanne an mich herangetragenen *diesbezüglichen Wünsche* zu berichten, nur eines vorneweg: Des Menschen Phantasie, *höflich ausgedrückt,* ist wahrlich schier grenzenlos.

Doch für mich wurde in der Folge, schon zu Beginn des Pillenzeitalters Anfang der siebziger Jahre, die Vielfalt der an mich herangetragenen diesbezüglichen Phantasien zum Signal dafür, mich von diesen Versuchungen wiederum weitestgehend zu distanzieren.

Wenn auch dazumal die gesamte Pornoliteratur, das Verlangen nach Vibratoren, Liebeskugeln und wie die Dinge alle sonst noch geheißen haben mochten, in den *Babyschuhen* gesteckt haben mochte, so wurde mir jener in der Folge, natürlich unter Verwendung eines anderen Namens, abgedruckte, mir jedoch heute noch im Original vorliegende *„Hilfeschrei"* einer damals erst neunundzwanzig Jahre jungen, zweifachen Mutter *zum untrüglichen Hinweis dafür,* am Beginn des Verfalls der Sitten zu stehen.

Mag auch dieser Hilferuf eines, aus welchem Grund auch immer, *verirrten Menschen,* wiederum die Ausnahme von der Regel darstellen, so wurde er mir zum Anlaß, mich aus dieser Sparte der verlockenden Ertragsmöglichkeiten so nach und nach wiederum zurückzuziehen.

Wenn auch in der Folge aus dieser Idee des Postversandes von Kondomen, nicht nur im deutschsprachigen Raum, für die größten Versandhäuser die größten Profite zu erzielen waren, *so war es mir nicht beschieden* mich daran zu bereichern, sondern im Gegenteil, habe ich bis auf den Kondomversand diese aus meiner Idee hervorgegangene Sparte meines Geschäftes schon Mitte der siebziger Jahre wiederum in andere Hände gelegt.

Die Getränke-Shops

Also dazumal wiederum von Tisch und Bett, sprich dem Sexartikel-Versand getrennt, machte ich mich alsbald wieder auf die Suche nach einem zweiten Bein, welches mir Fruchtsaft- und Mineralwassertrinker so um 1970 von meinem damaligen Steuerberater, welcher in der Folge, aber nicht meinetwegen, all seiner Funktionen verlustig ging, in Form von *drei* Getränke-Shops, im wahrsten Sinne des Wortes gestellt wurde. Das war erst ein „Einfahrer", welchen ich wiederum meiner armen Frau, diesmal jedoch in dreifacher Ausfertigung zum Geschenk machte. Ich unbedarfter Dummkopf hatte mir doch mit diesen drei Getränke-Fachgeschäften eine Arbeit andrehen lassen, die fast die Strapazen der Kondomautomatenmontage in den Schatten stellte. Wollten doch diese drei Geschäfte schon des frühen

Wertes Versandhaus!

Bitte können Sie mir helfen den ich machte anfang Jänner einen Blödsinn, seitdem klapt es mit meinem Mann im Bett nicht; Ich fuhr damals zu meiner Schwester auf Besuch, wir feierten und ~~tanken~~ tranken viel, ich hatte einen festen Schwips sitzen. Vorm schlafengehen, fand ich im Badezimmerschranke einen Maßagestab denn ich gleich mit nahm ins Bett um so etwas zu proberen, daß war im Schwips so schön daß ich den Stab die ganze Länge einschob, die Miederhose anzog daß er ja nicht herausrutschen konnte.

Am Morgen summte der Stab noch in mir als ich die Hose hinunterzog traute ich meinen ~~Augen~~ kaum was ich für ein Drum die Nacht in mir hatte, den er hatte ein Maß vom 23 x 5,5 cm, ich hatte aber in Unterleib keine Schmerzen wegen der Größe. Seit dieser Zeit muß ich meinen Gatten ~~etwas~~ vorspielen den ich habe vom ihm keine Erfüllung mehr, sein Glied kommt mir zu klein vor obwoll er eine Größe von 14.5 x 4.5 cm hat, früher war ich immer restlos glücklich mit ihn, nur seit meiner Dumheit stimmt es ~~mit~~ bei mir nicht mehr. Mein Mann fagte schon öfter was mit mir loß sei ich sei anders als früher, aber ich geniere mich es ihn zu sagen, ich probirte schon manches, das beste ist noch einen festen Schlüpfer mit Strümpfe anzuziehen, was soll ich machen geben Sie mir einen Rat, ich will meinen Mann nicht verlieren, bin 8 Jahre verheiratet habe 2 Kinder werde bald 30 Jahre alt. Möchte fragen ein wie starkes Glied eine Frau vertragen kam, denn ich hörte schon oft daß ein Hengst in eine Frau eindringen kann ohne etwas zu reißen

Auch möchte ich fragen haben Sie Miederwaren bz. Hüfthalter oder können Sie mir eine Adrese geben wo es sowas gibt. bitte geben Sie mir baldige Antwort was ich machen soll, denn so kann es bei mir nicht weitergehen, ~~noch~~ noch etwas meine Schwester war gestern bei mir, zu fragen getraute ich mich nicht, aber Sie trug ein Korsett mit zk 15 cm langen Beinansatz und es saß sehr fest an ihren Körper.

hoffe auf baldige Antwort und zeichne

Hochachtungsvoll

[redacted]

Einmal versuchte ich es mit einen aufgeblaßenen Präservativ als ich ihn über 20 cm fest einschob, hatte ich in kurzer Zeit einen Orgasmus.

Sehr geehrte Frau [redacted]!

In Beantwortung Ihres Schreibens teilen wir Ihnen mit, daß Sie durch ein fest sitzendes Mieder beim Verkehr keinen Vorteil erlangen.
Die einzige Möglichkeit für Sie wäre, Ihrem Gatten ein Gummiglied zu besorgen, welches innen hohl ist, oder Sie kaufen sich ein Glied aus Gummi, welches sich nach oben und unten, sowie nach der Seite verdreht. (Dieses hat einen Batteriemotor, wie ein Vibrator und gibt es in allen Größen bis 25 cm). Der Erfolg damit ist für Sie bestimmt herrlich.
Wir legen diesem Schreiben ein Prospekt bei, und kreuzen diesen wunderbaren Glücksspender für Sie an.
Wir hoffen, daß Sie damit viel Freude haben werden und verbleiben

mit freundlichen Grüßen

Ihr

POST-VERSAND

Morgens VW-Bus-weise voll mit allerlei Getränken versorgt werden, die einerseits höllisch schwer (Mineralwasser und Bier) zu schleppen waren und aufgrund der Konkurrenz durch die Supermärkte eher für Verluste, denn für Gewinne sorgten, und andererseits sollte wohlüberlegt, dem Geschmack des Kunden entsprechend, eingekauft werden. Einen Geschmack also, welchen ich als damaliger Antialkoholiker, wie sich in der Folge herausstellen sollte, zwar nicht besaß, aber in Anbetracht dessen, daß *diese drei* vordem heruntergewirtschafteten Getränkegeschäfte ja sowieso kaum mehr über eine diesbezügliche Klientel verfügen sollten, ja sogar noch zu verschmerzen gewesen wäre. Doch was nicht mehr zu verschmerzen und für die Existenz auch meines ersten Beines, meine Kondomautomatenaufstellung, über kurz oder lang existenzgefährdend geworden wäre, war die Vermutung, daß die mit diesen Geschäften mitübernommenen Verkäufer nicht nur für meine Tasche alleine bemüht waren.

Daß aber vordem, um zu der Erkenntnis zu gelangen, aus diesem Geschäft, koste es, was es da wolle, schnellstmöglich wiederum auszusteigen, um dabei nicht auch noch selber gänzlich unterzugehen, meine Frau *drei* Jahre ihres Lebens für meine Unbedarftheit, mit welcher ich an dieses für mich so artfremde Geschäft damals herangegangen war, opfern mußte, *bedaure ich heute noch aus ganzem Herzen.* Doch ging auch diese schwere Zeit vorüber, *da wir sie gemeinsam, ohne uns deshalb gram zu sein, zu meistern wußten.* Und wenn auch unser gesamter körperlicher und zeitmäßiger Einsatz nicht nur umsonst war, sondern uns beim späteren Verkauf der drei Geschäfte dies auch noch eine schöne Stange Geldes gekostet haben mochte, so wurde dies alles mitsammen *zu jenen Jahresringen unserer Partnerschaft*, die, nicht aus Eisen, sondern aus Fleiß, Tränen und Verzweiflung geschmiedet, *zu den wertvollsten Jahresringen unserer bisherigen Partnerschaft zählen.*

Doch wenn sich auch dieser Versuch, ein zweites Standbein zu gründen, in der Folge als Flop herausstellen sollte, so wurde mein dritter Anlauf, gerade im Zeitalter der Pille, die als mein letzter Wille dazumal die Umsätze meiner Kondomautomaten und damit meines damaligen *Standbeines* in den Keller rasseln ließ, für etliche Jahre ein toller Erfolg.

Die Video-Spielautomaten

Da ich gemeinsam mit Freunden, die 1974 anläßlich einer USA-Reise den ersten *Video-Spieltisch*automaten nach Wien mitgebracht hatten, in welchem zwei Spieler nach Einwurf einer Fünfschillingmünze durch das Drehen an zwei Knöpfen auf einem schwarzweiß TV-Schirm miteinander Ping Pong spielen konnten, in der Folge ganz Österreich damit süchtig gemacht habe. Aber, wie gesagt, das war vor immerhin zwanzig Jahren, zu einem Zeitpunkt, d*er zur Geburtsstunde der harmlosen Schwarzweißvideospiele in den USA zu zählen ist* und in dessen späterer Folge erst die Japaner dem Videospiel zu seiner heutigen Aggressions-*Weltgeltung* verhalfen.

Jedenfalls, was mich betrifft, mag ich dazumal, *solange es keine Videokampfspiele* gab, durchaus zu den Pionieren gezählt haben, doch habe ich mich bereits zehn Jahre später, so um 1984 herum, von diesem Geschäftszweig wiederum getrennt. Trotzdem zählen die zehn Jahre an Aufbauarbeit, die ich mit der Aufstellung dieser Geräte zugebracht habe, zu den Sonnenseiten meines Unternehmerlebens. Standen uns doch zu jener Zeit mit dieser Weltneuheit sowohl die Türen der *Fünfsternehotels* nicht nur am Arlberg, sondern auch in Tirol, Salzburg, Kärnten, ja bis hin zum Wiener Parkhotel Schönbrunn für unsere, wie runde Tische geformten Tisch-TV-Spielautomaten offen. Mit einem Wort, es öffneten sich auf einmal all jene Türen der ersten Häuser, die für meine Kondomautomaten jahrein jahraus verschlossen waren und es auch heute wieder sind. Daß ich da mit vollem Elan bei der Sache war, versteht sich wohl von selbst, wie auch der Hinweis, daß ich alleine für diese *Videospiele* der allerersten Stunde, die ich zu hunderten über ganz Österreich verteilt hatte, noch mehr an Zeit aufzuwenden hatte wie für meine mechanischen Kondomautomaten. Es war nämlich die Elektronik der ersten Stunde, *die ihre Eigenheiten besaß* und aufgrund der Spielfreudigkeit der Geräte mich oft auch noch zu mitternächtlicher Stunde aus den Federn holte, nur weil ein paar Spieler nicht und nicht in die Federn fanden. Allein in Obertauern hatte ich zu jener Zeit innerhalb *nur einer Saison* mehr von diesen TV-Spieltischen aufgestellt als ich dies bei den Kondomautomaten in einem Zeitraum von zehn Jahren zuwege brachte.

Wenn ich daher jetzt bei der Niederschrift dieser Zeilen daran denke, was ich allein bei den Service-Fahrten in Obertauern, Tauplitz, am Katschberg, in Bad Kleinkirchheim oder Hinterstoder, die ich allesamt aufgrund der Abgeschiedenheit manch eines Hotels, einer Bergstation, die zur Winterszeit nur mit einem *Ski-Doo* zu erreichen waren, erlebt habe, bedarf allein dieses aus Arizona stammende Unikat der heutigen TV-Spiel-Generation wiederum eines eigenen Buches. Wobei ich zur Untermalung meiner Ansicht in der Folge, stellvertretend für viele andere, eine Geschichte zum Besten geben will, die es für mich von den Folgen her bis zum heutigen Tag ganz schön in sich hatte.

Es mag in der Wintersaison 1974/75 gewesen sein, als mich in unserer Berghütte in Obertauern, ich hatte dazumal da oben mein Ersatzteillager aufgeschlagen, der Anruf eines Gastwirtes auf der Tauplitz-Alm mit dem dringenden Ersuchen erreichte, umgehend seinen defekten TV-Spielautomaten auszutauschen, *da schon die Gäste rebellieren würden.* Was blieb mir in Anbetracht dessen, daß gerade dieser Standort zur Winterszeit die besten Umsätze erwarten ließ, da viel anderes übrig als mein Ränzlein zu schnüren, sprich einen TV-Automaten in meinen Kombi zu verladen, und mich damit *trotz klirrender Kälte* von Obertauern aus Richtung Tauplitz auf den Weg zu machen. An und für sich auch im Winter in Anbetracht der stets vom Schnee befreiten Mautstraße auf die Tauplitz kein Thema. Doch *zum Thema*, in diesem Fall zu meinem leidvollen Thema, sollte der Hausbursch werden, welcher mich nach telefonischem Aviso mitsamt meinem TV-Gerät vom Parkplatz mittels eines *Ski-Doos*, eines kleinen Pistenflitzers, abholen kommen sollte. Jedoch der Gute kam und kam nicht, ich war schon halb erfroren, als der Kerl auf einmal in höllischer Fahrt, die mich allein schon hätte stutzig machen sollen, über die Piste geflitzt kam. Doch war ich mittlerweile durch das lange Warten schon zu *tiefgefroren*, um mir bezüglich des Fahrstils jenes Hausburschen noch viele Gedanken zu machen. Ein Fehler, der sich in der Folge für mich als fatal herausstellen sollte.

Jedenfalls war dazumal besagter TV-Spieltisch, der zentimetergenau in die Ladefläche des kleinen Pistenflitzers paßte, gemeinsam mit dem Hausburschen schnell auf dieser Ladefläche verstaut, ohne daß ich dabei aufgrund seiner Paßgenauigkeit auch nur im entferntesten daran gedacht hätte, besagten Spielautomaten bei der herrschenden Kälte auch noch anzuzurren. Nein, ganz im Gegenteil, ich stellte mich mit gespreizten Beinen auf die Umrandung der kleinen Ladefläche und hielt mich links und rechts, den runden Spieltisch umgreifend und solchermaßen selber Halt suchend, an diesem fest, als unmittelbar darauf besagter Hausbursch sich anschickte mit dem TV-Spielautomaten und mir beladen, die Fahrt durch die tief verschneite Landschaft aufzunehmen. Doch währte zumindest der erste Teil unserer rasenden Fahrt nicht allzulange, da der Hausbursche als Lenker des Ski-Doos in voller Fahrt eine Schneewächte aufgrund seines *Jagateepegels*

Vom Kondom zum Runzelschuh

Ferry Ebert ist mit Präservativautomaten groß geworden. Jetzt macht der höchst ungewöhnliche Mann nur mehr in Märchen.

Ferry Ebert, 60, ist kaum zu fassen. Als Karikatur mit einem Präservativ auf dem Kopf posiert er vergnügt vor einem Blausiegelautomaten. Darüber prangt in großen Lettern der Titel: „Die stummen Diener ihres Herrn".

„Das ist nur ein grafischer Entwurf für die Coverseite meines neuen Buches", lächelt Ebert, der in den nächsten Wochen bei der „Edition S" die ultimative „Kondom-Automaten-Story" (Untertitel) herausbringen will. „In diesem Buch", sagt Ebert, „will ich mein ganzes Leben erzählen, mit all meinen Automaten."

Ein Leben wie auf Knopfdruck, ein Auf und Ab als Unternehmer der etwas anderen Art, gefühlsecht und reich an WC-Geschichten, an Histörchen über erregte Kunden und Gummiparagraphen diverser Gesundheitsminister. Und dazu noch der Sittenverfall einer Gesellschaft, die unter dem blauen Siegel der Verschwiegenheit immer ausgedehnter zu verkommen droht.

„Ich mach' dieses Geschäft seit 30 Jahren", sagt Ferry Ebert, „da hab' ich alles miterlebt. Zuerst waren auf den Häuseln nur die Betrunkenen, dann die Schwulen, und jetzt sind es die armen Schweine mit Aids und die Rauschgiftsüchtigen." Zum Teil hat all das dazu beigetragen, daß Ferry Ebert heute ein gemachter Mann ist. Wirtschaftlich gesehen ist er Herr von 4000 Präservativautomaten und damit in Österreich eindeutig Marktführer. Zusätzlich dienen ihm noch still und ergeben 6000 Süßwarenautomaten und 2000 Brieflosspender. Damit machte er zuletzt einen Umsatz von rund 174 Millionen Schilling. Geschäftsführer der „Ferry Ebert GesmbH & Co KG" ist inzwischen sein 34jähriger Sohn Andreas geworden. Er selber hat sich vor geraumer Zeit aus der Chefetage zurückgezogen und will schon bald gänzlich aus dem Unternehmen aussteigen. Ebert hat sich nämlich auf Märchen verlegt. Sozusagen als emotionales Kontrastprogramm. Denn das Verhüten von Nachwuchs sieht er nicht mehr als seinen Brotberuf, jetzt widmet sich Ebert viel lieber jenen Geschöpfen, deren Eltern früher nicht zu seinen Kunden zählten. 250 Märchenautomaten konnte er bereits aufstellen lassen. Sie funktionieren analog seiner üblichen Automationsphilosophie. Die Kinder werfen zehn Schilling hinein und bekommen dafür ein Märchen. Zusätzlich können sie aber auch ihre eigenen Märchen in den Automaten werfen, diese werden gesammelt, weiterverarbeitet oder auf Wunsch in einer Sammelmappe verschickt.

Autor Runzelschuh. Anfänglich schrieb Ebert die Geschichten selber. Mittlerweile läßt er von Autoren professionell fabulieren, wacht dabei aber wie der böse Wolf über die „Kinderfreundlichkeit der Storys". Ebert: „Ich will keine Geschichten, wo der Siegfried mit dem Schwert den Drachen erschlägt. So was ist kein Märchen, das ist Bosnien."

Eberts automatischer Märchenonkel firmiert unter dem Namen „Radomir Runzelschuh", er selber sieht sich dabei als die gute Fee des Familienglücks. „Es geht mir dabei vor allem darum, Wärme und Harmonie in der Familie wieder zu fördern", meint Ebert, „wegen des Geldes mach' ich das sicher nicht mehr."

Automatenverweigerer. Zwar klingt auch das wie ein Märchen, doch der alerte Automatenaufsteller kann durchaus glaubhaft machen, daß er von seinem angestammten Busineß, dem Kondomvertrieb, die Nase voll hat. „Als ich begonnen hab'", greift der ehemalige Blausiegel-Vertreter seinen Memoiren vor, „hatte ich kein leichtes Leben. Nur die wenigsten ließen sich dazu überreden, einen Präservativautomaten aufzustellen." Heute im Zeitalter von Aids sollte es theoretisch leichter sein. Doch die Gastronomie in Österreich geniert sich immer noch für ein Produkt, das die zuständige Gesundheitsbehörde in der EU mittlerweile als Medikament eingestuft hat. Ebert: „Das Kondom haben s' jetzt gleichgestellt mit dem Herzschrittmacher."

Die Wirte fassen sich jedoch für die Gummiware kein rechtes Herz und halten somit auch international nicht Schritt. Von den insgesamt 60.000 Gastronomiebetrieben in Österreich haben nur 600 einen Kondomautomaten von *übersah* und mich bei dieser Gelegenheit *samt TV-Spieltisch*, der immerhin an die 75 kg Eigengewicht aufwies, *kopfüber in den Schnee katapultierte*. An und für sich ein Sturz, der aufgrund meiner eigenen Ski-Doo-Künste, die ich anläßlich meiner oftmaligen nächtlichen Service-Fahrten in Obertauern schon das eine oder andere Mal selbst erprobt hatte, nichts Ungewöhnliches darstellte, außer daß damals auf der Tauplitz die 75 kg Eigengewicht besagten TV-Spieltisches auf mein linkes Knie herunterkrachten. Ein Umstand, der sich in der Folge mehr als schmerzlich erweisen sollte. So schmerzlich, daß ich noch am selben Tag nach meiner Rückkehr nach Obertauern den alten Dr. Aufmesser aufsuchen mußte. Der gute Dr. Aufmesser verpaßte mir nach Inaugenscheinnahme des lädierten Knies, besser gesagt meinem linken Bein, von der Hüfte bis zur Sohle einen Liegegips, der es mir bei dem herrschenden Sauwetter unmöglich machte zu Fuß zu unserer Hütte aufzusteigen. So blieb mir nichts weiter übrig als, zum bettlägerigen Patienten geworden, die Gastfreundschaft des Arzthauses in Anspruch zu nehmen, ja mehr noch, *als bettlägeriger Patient* mich auch noch so richtig von den an diesem Tag unterbeschäftigten Schwestern verhätscheln zu lassen ...

Auch meine Gattin verabsäumte es an diesem Tag trotz klirrender Kälte und herrschendem Schneesturm nicht, die Geborgenheit unserer warmen Holzhütte zu verlassen, um mir *„armem" bettlägerigen Patienten* Worte des Trostes zu spenden. Auf einmal sah zu vorgerückter Stunde eine meiner drei so fürsorglich um ihren einzigen Patienten bemühten Schwestern *mit folgenden Worten* bei der Tür meines Krankenzimmers herein. „Ferry, traust di, mit uns in die ‚Taverne' (Obertauerns älteste Tanzdiele) zu gehen?" Wer mich kennt weiß, daß ich so einer Versuchung nicht widerstehen würde, und so bin ich wenig später, eingehakt bei zwei von den *drei Schwestern*, samt Vollgipsbein vom Arzthaus Richtung „Taverne", zwar nicht gerade stolzierend, sondern eher humpelnd dieser Einladung nur allzugerne nachgekommen, wobei der an der *Gipssohle* montierte Gummistöpsel bei dem herrschenden Schneesturm *zur Drehscheibe* für uns drei wurde. Denn kaum rutschte eine der bei mir eingehakten Damen auf der eisigen Straße aus, drehten wir uns alle drei, einmal links, einmal rechts um die Achse, in diesem Fall *um meinen Gummistöpsel herum*. Doch wider allen Erwartens erreichten wir wohlbehalten besagte „Taverne", wo in der Folge unter lautem Hallo mein Gipsbein von oben bis unten mit Sprüchen tätowiert wurde, von welchen einer mich anderntags aus den Fängen des Arzthauses umgehend befreien sollte. Aus dem Grund umgehend befreien sollte, da einer meiner „Freunde“ in der „Taverne“ meinem Gipsfuß folgenden Spruch verpaßt hatte: „Vom Aufmesser zur ‚Taverne‘, da geht der Ferry gerne.“ Und als anderntags, anläßlich der Visite, *der alte Herr Dr. Aufmesser* diesen Spruch auf meinem Gips zu Gesicht bekam, sah er sich in der Folge, wohl aus Sorge um sein Dreimäderlhaus, dazu veranlaßt, mir umgehend wiederum die Freiheit zu schenken.

Doch diesen TV-Geräten, diesen TV-Spielautomaten der ersten Stunde, welchen ich unter anderem auch diesen „Unfall“ zu verdanken hatte, folgten wenig später die ersten Farbfernsehimitationen in Form verschiedenfärbiger, über den Schwarzweißmonitor geklebter Plastikbänder bis schlußendlich, so um 1980 herum, das Zeitalter der Farb-TV-Spiele und damit auch das Zeitalter *der aggressiven Videospiele* mich dazu veranlaßte, mich auch aus diesem Geschäftszweig wiederum zurückzuzieh

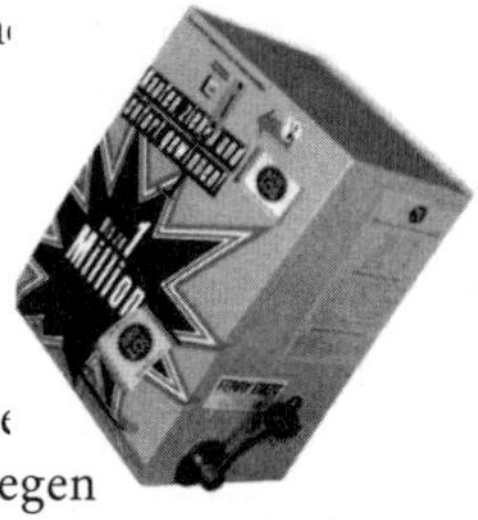

Der Brieflosautomat

Jedoch im Ende des Einen ist immer wieder der Beginn von etwas Neuem, oftmals durchaus auch im verborgene Gelegenen begründet, und so konnte oder mußte es gegen Ende des Jahres 1981 passieren, daß ich beim Durchblättern einer Zeitschrift in einer Trafik Zeuge eines Vorfalls wurde, welcher in der Folge zur Geburtsstunde des *Brieflosautomaten* werden sollte. Als ich damals in besagter Trafik, in welcher ich gerade eine Oldtimer-Zeitschrift erstanden hatte, aus lauter Neugier, was es auf diesem Markt wohl Neues gäbe, mit dem Durchblättern dieser Zeitschrift beschäftigt war, betrat ein weiterer Kunde den Laden mit dem Verlangen nach *Brieflosen*, von welchen ich bis zu diesem Zeitpunkt selbst noch nie etwas gehört hatte. Doch mein Interesse galt bis zu jenem Moment noch meiner Zeitschrift und wurde dann erst von dieser abgelenkt, als der Kunde, welchem der Trafikant gerade die Plastikbox mit den Brieflosen vorgesetzt hatte, auch noch eine Schachtel Marlboro verlangte, und bei dieser Gelegenheit der Trafikant dem Kunden den Rücken zukehren mußte, um die gewünschte Marlboro-Schachtel aus dem Regal zu holen.

Da war mein Interesse auf einmal hellwach, noch dazu als ich bemerkte, daß in dem Moment, wo der Trafikant dem Kunden seinen Rücken zeigte, sich dieser aus der vor ihm befindlichen Plastikbox durch die Entnahme dreier Brieflose selbst bediente. „Da bin ich jetzt aber neugierig“, dachte ich damals, über meinen Zeitungsrand hinausschielend, „ob der gute Mann tatsächlich die drei entnommenen Lose auch bezahlen würde". *Leider* sollte ich diesbezüglich in der Folge nicht enttäuscht werden, da besagter Kunde in Anbetracht dessen, daß ihm der Trafikant für kurze Zeit den Rücken zugekehrt hatte, nach der Bezahlung der Marlboro-Packung und *lediglich eines Briefloses* die Trafik wiederum verließ. Für den Moment war ich über diese Unverfrorenheit sprachlos und als ich auf meinen diesbezüglichen Hinweis gegenüber den Trafikanten, daß besagter Kunde, während er ihm den Rücken gezeigt hatte, aus der Plastikbox drei Lose selbst entnommen und nur eines bezahlt hätte, zur Antwort bekam, daß jener Kunde ein Stammkunde gewesen wäre, und man solchermaßen dagegen nichts machen könne, war es für den Moment an mir gelegen, ob dieser lakonischen Feststellung noch sprachloser zu sein. „Ja verdienen Sie denn an diesem Produkt (damit war das Brieflos gemeint) soviel, daß Sie sich solche Diebstähle leisten können?" wandte ich mich dazumal an jenen Trafikanten, um gleich darauf zur Antwort zu bekommen: „Ganz im Gegenteil, ich verdiene dabei so wenig, daß ich damit wiederum aufhören werde." Und gerade diese sarkastische Feststellung jenes Trafikanten, mit dem Brieflosverkauf aufgrund einer vermuteten zu hohen Diebstahlsrate wiederum *aufzuhören*, ließ mich im Gegensatz dazu *aufhorchen* und wenig später, bewaffnet mit fünf *bezahlten* Brieflosen bei meinem damaligen Kondomautomatenfabrikanten, der Firma Theodor Braun, mit folgender Frage auf den Lippen auftauchen: „Könnt ihr mir für dieses Papierl", gemeint war natürlich ein Brieflos, „einen Tresor bauen, der zugleich auch ein Automat ist, der nach Einwurf einer 10,– öS-Münze ein Los abgibt?" lautete damals meine Frage an die Techniker, die mir in ihrer Folgewirkung zu den herausforderndsten, spannendsten, himmelhoch jauchzendsten, zu Tode betrübtesten, weltumreisenden, Tanzböden umkreisenden, die *großartigsten Begegnungen beinhaltenden Jahren* meines bisherigen Lebens verhelfen sollte. *Der Brieflosautomat,* a star made in Austria, wurde damals in Zusammenwirken mit den Technikern der Firma Braun geboren, der in der Folge, die sich so spannend wie ein Kriminalroman lesen würde, allein in unserer Heimat hunderte Millionen von Brieflosen als Stummer Diener seines Herrn an all jenen Standorten anzubieten wußte, wo vordem der Verkauf von Brieflosen über die Plastikbox vollkommen undenkbar gewesen wäre. Nirgendwo auf der Welt gab es dazumal Vergleichbares, doch fehlten mir nicht nur die Mittel, sondern auch das Selbstvertrauen, um daraus ein weltumspannendes Imperium zu bauen. Doch unbeschadet davon war ich mehr als zehn Jahre meines Lebens darum mehr als bemüht, dieser aus dem Zufall heraus geborenen Idee mit ganzem Herzen zu dienen. Dermaßen zu dienen, daß ich im Verlauf der Jahre abwechselnd bei Willi Dungl in Gars am Kamp oder bei Baldur Preiml in Loipersdorf nach neuen Kräften Ausschau hielt. Dabei konnte es, wie 1986 in Loipersdorf bei Baldur Preiml *zum Ende* einer Aufbauwoche passiert, dazu kommen, daß ich anscheinend des Guten zuviel an Kraft getankt haben mochte und aus lauter Übermut statt mit Fallschirm mit einem aufgespannten Sonnenschirm von der Terrasse des Restaurants hinunter zum Schwimmbecken sprang. Alles wäre gut gegangen, wenn mich nicht eine seitliche Windböe erfaßt und anstatt, wie erhofft, mitten im Schwimmbecken, mit meinem linken Knie auf dem Schwimmbeckenrand aufschlagen hätte lassen. Nur der über meinem Kopf ausgebreitete Sonnenfallschirm wurde zum Zeugen jenes Schmerzes, den ich in diesem Moment wieder einmal aufgrund meines Übermutes zu gewärtigen hatte. Humpelnd, unter dem Gespött meiner Sport-Kameraden verließ ich damals die Stätte des Grauens, um nicht weiter für Spott zu sorgen. Doch was war der Spott gegen den Schmerz, welchen ich an diesem Tag bei der Heimfahrt noch zu ertragen haben sollte. Mein Knie ware dermaßen geschwollen, daß nach meiner Heimkehr meine Gattin die Naht meiner Hose auftrennen mußte, um mein geschwollenes Knie aus dieser Zwangsjacke zu befreien. Und daß mir die anschließende Nacht nicht nur zum Tag, sondern auch zur Qual wurde, brauche ich wohl nicht erst zu betonen. Dagegen war ja damals auf der Tauplitz der Schmerz durch den TV-Spielautomaten, der ebenfalls auf meinem linken Knie einen Kopfstand produzierte, *ein wahres Schmerzerl* gewesen. Doch das war erst der Anfang, es sollte noch viel schlimmer kommen.

Hatte ich doch eine Woche später in Bangkok anläßlich eines Lotteriekongresses erstmals die Gelegenheit, vor dem gesamten Lotteriebusiness der Welt ein Referat über den Brieflosautomaten zu halten. Die Frage war nur, auf welchem Bein? Da mir mein linkes Knie, je näher der Abreisetermin kam, schier aus den Nähten zu platzen schien, mußte ich mich als einer, der da der Meinung war, selbstverschuldetes Leid auch wiederum selbstverantwortlich heilen zu müssen, in Anbetracht des unmittelbar bevorstehenden Abreisetermins gezwungenermaßen hilfesuchend um einen Arzt umsehen. Einen Arzt, welchen ich in der Person eines jungen Assistenzarztes eines orthopädischen Spitals auch finden sollte, der, wie dazumal der mit der Schere bewaffnete Assistenzarzt zitternd in meinem Schlund herumfuchtelte, diesmal gleichfalls mit nicht allzu sicherer Hand die Injektionsnadel im Schleimbeutel meines entzündeten Knies versenkte und dabei, *oh du meine Qual,* mit der Nadelspitze leider auch meine Kniescheibe berührte. In diesem Moment schien es mir, daß Sterben dagegen eine Erlösung sein müßte, nur so schnell stirbt einer nicht wegen ein *„bißchen“* Schmerz am Bein und so kam, was leider kommen mußte, daß ich mich mit diesem lädierten Knie, in Begleitung meiner Frau und meiner Tochter, anderntags ins Flugzeug zu setzen hatte. Doch bei diesem verschwollenen Knie war von Sitzen keine Rede, obwohl mir die verständnisvollen Stewardessen in der ersten Reihe einen Platz und davor einen ganzen Turm von Kopfkissen zur Auflage für mein Bein vorbereitet hatten. Jedoch das schleimbeutelentzündete Knie tuckerte dermaßen, daß ans Niedersetzen gar nicht erst zu denken war, und so stand ich damals stundenlang im Jumbo vor dem Bereich der Toiletten auf meinem rechten Bein, um nur ja das linke Bein zu entlasten, als sich auf einmal ein schwarz gekleideter Mann mit folgenden Worten auf den Lippen zu mir gesellte: „Seit Stunden beobachte ich Sie schon. Warum stehen Sie da so lange herum und setzen sich nicht nieder?“ lautete dazumal seine Frage, auf welche er von mir folgendes zur Antwort bekam: „Wissen Sie, mich quält seit Tagen ein rasender Schmerz in meinem linken Knie, der mich weder schlafen noch sitzen, am ehesten noch stehen läßt und am liebsten würde ich diese Luke da neben mir öffnen und hinunterspringen, um *diesem* Schmerz ein für allemal ein Ende zu bereiten.“ Als mich unmittelbar auf diese meine Aussage der schwarz gekleidete Mann, wie mir schien, unbeeindruckt von meinem Schmerz wiederum alleine stehen ließ, um jedoch, entgegen meiner Annahme, gleich darauf in Begleitung einer ebenfalls schwarz gekleideten Frau wiederum zu meinem *Standplatz* zurückzukehren. „Sind Sie gläubig?“ klang es da auf einmal aus dem Mund der hinter mir befindlichen schwarzen Dame an mein Ohr, wobei sich gleichzeitig, wie mir schien, mein ganzer Körper mit einer Gänsehaut überzog und mir alle Haare zu Berge standen. „Wenn Sie mich so fragen“, gab ich kleinlaut zurück, „ob ich gläubig bin, so glaube ich, daß es eine Fügung gibt, die uns führt“, und überhaupt bei diesem Schmerz hätte ich an alles geglaubt, wenn es mir nur Linderung beschert hätte, als die Stimme hinter mir wiederum anhob: „Ich habe Sie nicht nach Ihrem religiösen Glauben gefragt, sondern danach, ob Sie daran glauben, daß ich Ihren Schmerz durch das Auflegen meiner Hände zu lindern vermag.“ Und in Anbetracht meiner rasenden Schmerzen gab ich zur Antwort: „Ja, ich glaube!“ „Dann setzen Sie sich bitte auf Ihren Platz, damit ich Ihnen meine Hände auflegen kann“, klang es daraufhin an mein Ohr, doch gab ich folgendes zu bedenken:

„Wissen Sie, ich kann meinen linken Fuß gar nicht mehr abbiegen, daher wäre es sinnvoller, wenn Sie sich auf meinen Platz setzen würden und ich vor Ihnen stehen bleibe, dann können Sie mir Ihre Hände ebenfalls auflegen.“ „Wo ist denn Ihr Platz?“ fragte mich die schwarz gekleidete Dame, und mit einer Handbewegung wies ich auf den unmittelbar vor mir in der ersten Reihe gelegenen Platz mit den Worten: „Der leere Sitz da vor uns ist mein Platz“, auf diesen hin. Als daraufhin die schwarze Dame hinter mir zu meinem ungläubigen Erstaunen, statt auf meinem Sitz Platz zu nehmen, mit dem ganzen Körper an die unmittelbar neben meinem Sitz befindliche Seitenwand der Toilettenkabine prallte. *Als mich die Stimme der Frau* mit einem Schlag von meiner Überraschung befreite, um mich gleichzeitig in grenzenloses Erstaunen fallen zu lassen. „Führen Sie mich bitte zu Ihrem Platz. *Ich bin auf beiden Augen blind*“, klang es da auf einmal nach dem Anprall an die Kabinentür an mein Ohr und in der Folge in mein Unterbewußtsein, als ich daraufhin mit meinen Händen die blinde Frau zu meinem Sitzplatz führte und sie ihre Hände auf mein schmerzendes Knie legte. Da stand ich nun vor der blinden Frau, deren Hände auf meinem linken Knie ruhten, Angesicht zu Angesicht mit all den anderen Mitreisenden, und die Tränen rannen über meine Wangen herunter. Tränen der Rührung über das Schicksal der blinden Frau da vor mir, unter deren Händen, wie mir schien, mein geschwollenes Knie kleiner und kleiner wurde, und vermutlich Tränen der Dankbarkeit an mein Schicksal dafür, mir solches zuteil werden zu lassen. Als ich auf einmal von mir aus meine Hände auf den Kopf der blinden Frau vor mir legte und solchermaßen mit ihr einen Energiekreislauf herbeiführte. Da trugen auf einmal der schwarze Mann von zuvor in Begleitung einer ebenfalls schwarz gekleideten, wie sich in der Folge herausstellen sollte, Contergan-geschädigten Frau, welcher die Unterarme fehlten, unter Kudern und Lachen einen querschnittgelähmten jungen Mann nebenan auf die Toilette. Für den Moment war ich sprachlos. „Wer seid ihr denn?“ richtete ich, nachdem ich meine Sprache wiedergefunden hatte, mich fragend an die blinde Frau vor mir in Anbetracht der Handlung, deren Zeuge ich gerade geworden war. „Wir sind vom Orden der Kamillianer aus Bozen und sind unterwegs in ein Lepra-Dorf, das unser Orden in Thailand gegründet hat, um den Menschen zu helfen, *denen es schlechter geht als uns.*“ Spätestens nach dieser Aussage war es mit meinem Schmerz vorbei, kam ich mir doch, in Anbetracht der Größe dieser Menschen, die da als Blinde, als Contergan-Geschädigte, als Querschnittgelähmter unterwegs waren, um Menschen zu helfen, welchen es schlechter ging als ihnen selbst, mit mei-

INSTITUT FÜR
MEDIZINISCHE PSYCHOLOGIE
AN DER MEDIZINISCHEN FAKULTÄT
DER UNIVERSITÄT WIEN
VORSTAND: PROF. DR. ERWIN RINGEL

WIEN, 13.6.1984
WÄHRINGERGÜRTEL 74-76, A-1090 WIEN

Herrn
Fery Ebert
Österr.Brief-Lotterie
Cumberlandstraße 3
1140 Wien

Sehr geehrter Herr Ebert!

Haben Sie herzlichen Dank für Ihre Sendung vom 29.4. Ihr Schicksal bewegt mich sehr, die ist in der Tat ein klassisch österreichisches und es kann kein Zufall sein, daß Ihre Tochter Ihnen gerade mein Buch: "Die österreichische Seele" auf den Frühstückstisch legte. Dies ist erst ein Symbol unserer Verbundenheit, zweitens aber sollte es im Ringelschen Sinne eine Ermutigung darstellen. Bitte geben Sie nicht auf, erlahmen Sie nicht frühzeitig und vor allem lassen Sie sich nicht - wie Sie es ausdrücken: "zum wirtschaftlichen Selbstmord" verleiten. Offensichtlich sind Sie einer von jenen ideenreichen Originalen, die in unserem Vaterland immer seltener werden und da sie unerwünscht sind, auf den entsprechenden Widerstand stoßen! Letztlich scheinen Sie doch sich durchsetzen können und in diesem Sinne rufe ich Ihnen mit Czokor zu: "...nun mach Dein Werk weiter, trotz dem!"

Bleiben Sie uns und auch mir erhalten, ich warte auf weitere Berichte und bleibe mit ferundlichen Grüßen

Ihr

Univ.Prof.Dr.Erwin Ringel

nem Schmerz auf einmal absolut *klein und mickrig* vor. Und wenn im Verlauf dieser Reise, die mich in der Folge noch nach Indien und Nepal führen sollte, mich der Schmerz in meinem Knie wiederum mehr als peinigen sollte, so war er zumindest nach der Begegnung *mit dieser Größe von Menschen* für den Moment wie weggeblasen.

Doch gerade dieses Bemühen um die Verbreitung der Brieflosautomatenidee sollte mir in der Folge, sowohl innerhalb wie auch außerhalb unserer Grenzen lehrreiche Begegnungen und daraus vielerlei Erkenntnisse bescheren, daß es eine reine Freude war. Aus dem Grund eine reine Freude, da es immer wieder Menschen gibt, wo man bei näherem Kennenlernen gar nicht glauben möchte, *daß es solche Menschen unter Gottes Sonne noch gibt.* Daß aber beim Bemühen um die Verwirklichung einer Idee sich auch die Schattenseiten des Lebens in bis dahin ungeahntem Maße zu offenbaren vermögen, zeigte mir gleichfalls jener Weg, welchen ich an der Seite der Brieflosautomaten zu gehen hatte. Solange zu gehen hatte, bis sich so um 1988 herum diesbezüglich graue Wolken am Horizont als Signal dafür zusammenbrauten, daß mir demnächst mein Kind, ohne daß ich mich dagegen zur Wehr setzen könnte, aus wirtschaftspolitischen Gründen entfremdet werden würde. Vermutlich ließ mich diese Vorahnung in der Folge die Verantwortung für mein bisheriges Unterfangen, für meine Mitarbeiter, meine beiden Betriebe auf zwei Jahre in die Hände meiner Familie und eines Geschäftsführers legen, um mich auf eine zwei Jahre währende Reise zu machen, um den Sinn meines Daseins zu ergründen.

Der Gedankenautomat

Diese beiden Reisejahre zu meinem Selbst, die mich unter anderem durch die Wüste des Sinai bis an den Fuß des Bergs des Moses führten, wurden unter anderem zur Geburtsstunde einer Idee, die ich in Form von Briefen von Mensch zu Mensch über vielerlei Themen unseres täglichen Lebens sowohl am Fuße dieses Berges als auch am Roten Meer zu Papier brachte. Ob es die Liebe, ob es die Triebe, ob es die Freude oder der Schmerz gewesen sein mochte, habe ich insgesamt 365 Themen unseres Lebens dazumal meine Aufwartung gemacht und sie allesamt, mutterseelenallein in der Wüste des Sinai sitzend, zu Papier gebracht, und nur meine Gastgeber, die Beduinen, waren die Zeitzeugen meines Wirkens. Doch gerade diese zwei Jahre währende Reise zu meinem Selbst, in welcher ich all meine

Vom Sinn des Lebens

Das Herz eines Menschen ist gefährlicher als ein Berg oder ein Strom und es ist schwerer zu erkennen als der Himmel. Frühling, Sommer, Herbst und Winter und auch der Morgen und der Abend geben dem Himmel ein bestimmtes Gepräge. Das Äußere des Menschen aber verdeckt alles, was in seiner Tiefe steckt.
So kann einer der äußerlich sittlich erscheint, ausschweifend, einer der beeinflussbar erscheint fest und einer der (äußerlich) langsam aussieht, rasch sein.
Oft sind gerade die Menschen, die nach Pflichterfüllung zu dürsten scheinen, die ersten, die vor der kleinsten Aufgabe davonlaufen, als ob sie sich an ihr verbrennen würden. Daher erprobt der Weise seine Leute.
Er schickt sie fort und wartet, ob sie ihm treu bleiben. Er lässt sie zu sich kommen und forscht, ob sie gewissenhaft sind.
Er gibt ihnen schwierige Aufgaben und sieht zu, wie sie diese lösen.
Er stellt unerwartete Fragen an sie und achtet auf die Klugheit ihrer Antworten.
Er bindet sie an Versprechen und wartet, ob sie Wort halten.
Er gibt ihnen Reichtum und prüft ihre Menschlichkeit.
Er setzt sie Gefahren aus und beobachtet ihre Beherrschung.
Er macht sie betrunken mit Wein und wartet auf ihr Benehmen.
Er bringt sie in fragwürdige Gesellschaft und zieht Schlüsse aus ihrer Haltung.
Erst nach dieser neunfachen Erprobung scheidet er die wertvollen von den anderen.

Eine Freundin!

VILLACH 23.5.91

Oben/unten: Briefantworten, vorgefunden in Gedanken- bzw. Märchenautomaten

Glück!

Wenn man im Lotto Geld gewinnt, dann hat man Glück gehabt. Trotzdem sind nicht alle reichen Leute glücklich: Das Geld kann nämlich gestohlen werden. Und dann ist das Glück vorbei. Ein Tresor ist auch nicht geldsicher. Das Wissen kann einem aber nicht gestohlen werden: Wenn man viele Pilze kennt, fremde Sprachen sprechen kann Englisch, Französisch, Italienisch, Jugoslawisch, Russisch, Spanisch, Chinesisch, Türkisch, und Deutsch, wenn man einen Beruf hat, der einem Freude macht oder wenn man viele gute Freunde hat auf die man sich verlassen kann. Das alles sind Dinge die Glück bringen! Auch Gesundheit macht glücklich. Glück kann man nicht kaufen, Glück ist in uns selber, glücklich ist der, den Kleinigkeiten glücklich machen.

gesammelten Erkenntnisse, die mein so intensiv gelebtes Leben mir bis dahin zum Geschenk gemacht hatte, *zeitlos, egolos* zum Wohle des Nächsten, wie ich gedacht hatte, zu Papier gebracht habe, wurde mir in der Folge wiederum zur lehrreichsten und damit auch erkenntnisreichsten Zeit, die österreichische Seele betreffend.

Wollte ich doch nach diesen beiden entbehrungsreichen Jahren all mein zu Papier gebrachtes Gedankengut in Form von Briefen von Mensch zu Mensch wiederum über meine Stummen Diener in der Verkleidung eines nostalgischen Postkastens mit der Aufschrift *„Gedanken von Mensch zu Mensch"* an vielerlei Orten, nicht anders als die Brieflosautomaten auch zur Aufstellung bringen. Doch leider blieb es mehr beim Wollen als bei der Durchführung, da mir die österreichische Seele diesbezüglich ganz gehörig ihre Engstirnigkeit zeigte. Wo immer ich damals bei meinen langjährigen Geschäftsfreunden mit dieser Idee meiner Briefe von Mensch zu Mensch auch vorstellig wurde, wurde mir mit den *fadenscheinigsten* Hinweisen die Tür gewiesen. „Geh' Herr Ebert, mit Sekten und Sektierern wollen wir nichts zu tun haben", hieß es da hinter der einen Tür, um hinter der nächsten mit dem ernst gemeinten Scherz zu enden: „Geh' Herr Ebert, wer liest denn schon deine Gedichte", und anstatt, wie ich in meinem Innersten gehofft hatte, mein aus der Tiefe meiner Seele gequollenes Gedankengut an vielerlei Orten zur freien Entnahme mittels meiner Gedankenautomaten anbieten zu können, wurde daraus eine gar mickrige Zahl. Aber so wenig in der Folge auch diese Gedanken-Automaten ihre Aufstellung finden sollten, um so wertvoller war das Echo, welches mich mancherorts erreichte.

Der Märchenautomat

Doch lag gerade in dieser scheinbaren Niederlage, daß die Menschen meine selbstlosen Gedanken als Sektierertum und Gedichteschreiberei abqualifizieren ließ, wiederum Neues, *wundervolles Neues* begründet. Dachte ich doch dazumal bei mir: Wenn dir die Menschen aufgrund ihrer Voreingenommenheit dermaßen mit Mißtrauen begegnen, dann laß doch die Finger davon und schreib Märchen für Kinder. So lag wiederum im vorläufigen Niedergang des einen der Beginn von etwas wundervollem Neuen begründet. *Märchenbriefe* für Kinder, dargeboten von einem liebevollst dekorierten *Märchenautomaten,* laden nun seit kurzem groß und klein dazu ein, sich ein Märchen zu kaufen, wobei ich auf der Rückseite meiner Märchenbriefe meine kleinen Märchenfreunde gegen Belohnung dazu auffordere, mir ein eigenes Märchen zu schreiben. Niemals vordem in meinem Leben durfte ich *Wertvolleres entgegennehmen*, als es jene Kunstwerke darstellen, die mir heute meine kleinen Märchenfreunde zum Geschenk machen. Immer wieder neue, selbstverfaßte, liebevollst durch Kinderhand dekorierte Märchen erreichen mich nun Tag für Tag um mir zu zeigen, daß, wie es mein Leben auch immer mit sich gebracht haben sollte, es jene Reise darstellt, *die es wert war dafür oftmals auch bezahlt zu haben.*